U0980359

2015年第一季度

Quarter One, 2015

中国货币政策执行报告

CHINA MONETARY POLICY REPORT

中国人民银行货币政策分析小组

Monetary Policy Analysis Group of the People's Bank of China

中国金融出版社

China Financial Publishing House

责任编辑：吕冠华
责任校对：潘　洁
责任印制：裴　刚

图书在版编目(CIP)数据

2015年第一季度中国货币政策执行报告(2015 nian Diyi Jidu Zhongguo Huobi Zhengce Zhixing Baogao)/中国人民银行货币政策分析小组.—北京：中国金融出版社，2015.8

ISBN 978-7-5049-8101-1

Ⅰ.①2… Ⅱ.①中… Ⅲ.①货币政策—研究报告—中国—2015 Ⅳ.①F822.0

中国版本图书馆CIP数据核字(2015)第200175号

出版
发行　中国金融出版社

社址　北京市丰台区益泽路2号
市场开发部　(010)63266347，63805472，63439533 (传真)
网 上 书 店　http://www.chinafph.com
(010)63286832，63365686 (传真)
读者服务部　(010)66070833，62568380
邮编　100071
经销　新华书店
印刷　北京侨友印刷有限公司
装订　平阳装订厂
尺寸　210毫米×285毫米
印张　12
字数　250千
版次　2015年8月第1版
印次　2015年8月第1次印刷
定价　98.00元
ISBN 978-7-5049-8101-1/F.7661
如出现印装错误本社负责调换　联系电话 (010)63263947

本书执笔人

总　　纂：张晓慧　李　波
审　　稿：温信祥　纪志宏　宣昌能　盛松成　朱　隽　刘向耘
　　　　　王允贵
统　　稿：李　斌　张　蓓　管　化
执　　笔：
第一部分：周铁海　曾冬青　陈文弢
第二部分：董忆伟　王文静　穆争社　燕　飞
第三部分：王立元　王伟强　侯海婷
第四部分：赵　岳　胡新杰　马志扬　郑玉玲　张黎娜
第五部分：李文喆　刘　琨
附录整理：付竞卉　林振辉　段　炼等
提供材料的还有：郑志丹　邱潮斌　苏小竞　史蓉菊　张双长
　　　　　　　　程艳芬　李肖钰　曹红钢　闫宇闻　肖　捷
　　　　　　　　鲍欣欣　康建卓　李向瑾　陈建新　孙伊展
　　　　　　　　刘　浏　欧阳昌民　李夏炎　丁　康　樊石磊

英文总纂：张正鑫
英文统稿：曹志鸿
英文翻译：曹志鸿　马　辉　齐　喆　丁　康　王蓓婕
英文审校：Nancy Hearst（美国哈佛大学费正清东亚研究中心）

Contributors to This Report

CHIEF EDITORS:

ZHANG Xiaohui   LI Bo

READERS:

WEN Xinxiang   JI Zhihong   XUAN Changneng   SHENG Songcheng   ZHU Jun
LIU Xiangyun   WANG Yungui

EDITORS:

LI Bin   ZHANG Bei   GUAN Hua

AUTHORS:

PART ONE: ZHOU Yihai   ZENG Dongqing   CHEN Wentao

PART TWO: DONG Yiwei   WANG Wenjing   MU Zhengshe   YAN Fei

PART THREE: WANG Liyuan   WANG Weiqiang   HOU Haiting

PART FOUR: ZHAO Yue   HU Xinjie   MA Zhiyang   ZHENG Yuling   ZHANG Lina

PART FIVE: LI Wenzhe   LIU Kun

APPENDIX: FU Jinghui   LIN Zhenhui   DUAN Lian et al.

OTHER CONTRIBUTORS: ZHENG Zhidan   QIU Chaobin   SU Xiaojing
SHI Rongju   ZHANG Shuangchang   CHENG Yanfen
LI Xiaoyu   CAO Honggang   YAN Yuwen   XIAO Jie
BAO Xinxin   KANG Jianzhuo   LI Xiangjin
CHEN Jianxin   SUN Yizhan   LIU Liu
OUYANG Changmin   LI Xiayan   DING Kang
FAN Shilei

ENGLISH EDITION

CHIEF EDITOR: ZHANG Zhengxin

EDITOR: CAO Zhihong

TRANSLATORS: CAO Zhihong   MA Hui   QI Zhe   DING Kang   WANG Beijie

PROOFREADER:

Nancy Hearst (Fairbank Center for East Asian Research, Harvard University)

内容摘要

2015年第一季度，中国经济保持在合理区间运行，经济增长与预期目标相符。就业形势稳定，居民收入同步增长。结构调整持续推进，第三产业比重进一步提高，新产业、新业态、新主体加快孕育，结构调整起步较早的企业、行业和地区走势较好。新的经济增长动力正在形成之中，但内生增长动力尚待增强，下行压力仍然较大，物价涨幅有所回落。第一季度国内生产总值（GDP）同比增长7.0%，居民消费价格（CPI）同比上涨1.2%。

中国人民银行按照党中央、国务院统一部署，继续实施稳健的货币政策，针对经济下行压力加大、外汇占款变化对流动性影响较大等复杂情况，更加注重松紧适度，适时适度预调微调，保持中性适度的货币金融条件，注重优化流动性和信贷的投向和结构。综合运用公开市场操作、短期流动性调节工具、中期借贷便利等多种工具组合合理调节银行体系流动性。在人民银行分支机构全面推开常备借贷便利操作，完善中央银行对中小金融机构提供正常流动性的渠道。普降金融机构存款准备金率，适当提供长期流动性。运用多种工具组合有效弥补了因外汇占款变化形成的流动性缺口。同时，下调人民币存贷款基准利率，逆回购操作利率相应有所下降。通过量价工具搭配共同引导市场利率下行，降低社会融资成本。完善差别准备金动态调整机制，对部分金融机构实施定向降准，加大再贷款、再贴现政策力度，加强信贷政策的结构引导作用，鼓励金融机构更多地将信贷资源配置到“三农”、小微企业及重大水利工程建设等重点领域和薄弱环节。同时，进一步完善个人住房信贷政策，稳步推进信贷资产证券化扩大试点。各项金融改革有序推进，存款利率浮动区间上限扩大至基准利率的1.3倍，《存款保险条例》正式出台，外汇管理体制改革进一步深化。

稳健货币政策的实施，为经济社会发展创造了良好的货币金融环境，银行体系流动性充裕，货币信贷和社会融资平稳较快增长，贷款结构继续改善，市场利率明显回落，汇率弹性显著增强。2015年3月末，广义货币供应量M2余额同比增长11.6%。人民币贷款余额同比增长14.0%，比年初增加3.68万亿元，同比多增6 018亿元。社会融资规模存量同比增长12.9%。3月末，非金融企业及其他部门贷款加权平均利率为6.56%，同比回落0.62个百分点。3月末，人民币对美元汇率中间价为6.1422元，比上年年末贬值0.38%。

国际金融危机后全球经济进入长期的调整期，各经济板块运行逐渐显示出差异和分化。在经济“新常态”背景下，中国经济正处在新旧产业和发展动能转换的接续关键期。短期看，经济运行中的矛盾和问题依然突出，经济面临下行调整的压力，但结构调整为中长期经济增长注入动力。总体看，中国经济体量大，韧性好，市场广阔，抗风险能力也比较强，通过推动大众创业、万众创新和扩大公共产品、公共服务供给形成的新双引擎将对经济增长形成支撑，宏观政策效果将逐步显现，中国经济有望保持持续健康发展。

中国人民银行将按照党中央、国务院的战略部署，坚持稳中求进工作总基调，更加主动适应经济发展新常态，继续实施稳健的货币政策，保持政策的连续性和稳定性，更加注重松紧适度，适时适度预调微调，为经济结构调整与转型升级营造中性适度的货币金融环境，把握好稳增长和调结构的平衡点。综合运用数量、价格等多种货币政策工具，加强和改善宏观审慎管理，优化政策组合，保持适度流动性，实现货币信贷及社会融资规模合理增长。盘活存量，优化增量，改善融资结构和信贷结构。多措并举，标本兼治，着力降低社会融资成本。同时，更加注重改革创新，寓改革于调控之中，把货币政策调控与深化改革紧密结合起来，更充分地发挥市场在资源配置中的决定性作用。针对金融深化和创新发展，进一步完善调控体系，疏通货币政策向实体经济的传导渠道，着力解决突出问题，提高金融运行效率和服务实体经济的能力。采取综合措施维护金融稳定，守住不发生系统性、区域性金融风险的底线。

Executive Summary

In the first quarter of 2015, the performance of the Chinese economy remained within a reasonable range and growth was in line with expectations. Employment remained stable and household income increased. Structural adjustments continued, while the share of tertiary industry rose further. A stream of new industries, new types of business, and new entities were booming. Those enterprises, industries, and areas that had begun their structural adjustments were enjoying a tailwind. Though new engines of growth were forming, endogenous drivers had not yet been strengthened and downward pressures remained high. Growth of prices moderated. In the first quarter, GDP growth was 7.0 percent year on year and the Consumer Price Index was up 1.2 percent year on year.

In accordance with the decisions and overall arrangements of the CPC Central Committee and the State Council, the PBC has continued its sound monetary policy. Facing complex situations, including mounting downward pressures on growth and the large impact of changes in the RMB equivalent of foreign-exchange purchases on liquidity levels, the PBC focused on implementing a monetary policy that is neither too tight nor too loose, conducted timely and appropriate fine-tuning and preemptive adjustments, created a neutral and proper monetary and financial environment, and optimized the direction and structure of the supply of liquidity and credit. Measures were taken to utilize a number of monetary-policy tools, including open market operations, short-term liquidity operations, and medium-term lending facility to adjust the liquidity volume in the banking system. PBC branches were authorized to carry out Standing Lending Facility (SLF) so as to improve the channels for regular liquidity supplies to small and medium-sized financial institutions. The reserve requirement ratio was cut to properly increase long-term liquidity. Comprehensive use of various monetary- policy tools helped to fill the liquidity gap caused by changes in the RMB equivalent of foreign-exchange purchases. At the same time, benchmark lending and deposit interest rates were cut and interest rates for repo operations were lowered. Both quantitative and price tools were utilized to bring down market rates and to reduce the financing costs for the society as a whole. The PBC also improved the dynamic adjustment mechanism of the differentiated reserve requirement ratio, lowered the reserve requirement ratio for some targeted financial institutions, increased the quotas for central bank lending and discounts, and enhanced the role of credit policy in adjusting the loan structure. Financial institutions were encouraged to provide more credit to the agricultural sector, rural areas, and farmers, small and micro enterprises, important water conservancy projects, and other key areas and weak links in the economy. Meanwhile, the home mortgage policy was further improved and the pilot scheme for credit asset securitization was further expanded. Various financial reforms progressed in an orderly fashion. The upper limit of the floating range for deposit interest rates was raised to 1.3 times the benchmark level. The *Regulations on Deposit Insurance* was formally released, and reform of the foreign-exchange management mechanism was further deepened.

Implementation of a sound monetary policy created a favorable financial environment for economic and social development, as reflected in the adequate liquidity in the banking system, the stable growth of money and credit, the continuous improvement in the loan structure, the substantial decline in market interest rates, and the enhanced flexibility in the exchange rate. At end-March 2015, broad money M2 was up 11.6 percent year on year. Outstanding RMB loans were up 14.0 percent year on year, registering an increase of RMB3.68 trillion yuan from the beginning of 2015, RMB601.8 billion yuan more than the increase during the corresponding period of the last year. All-system financing aggregates grew by 12.9 percent compared with the same period of the last year. In March, the weighted average loan interest rate offered to non-financial enterprises and other sectors was 6.56 percent, a reduction of 0.62 percentage point from the beginning of the year. At the end of March, the central parity of the RMB against the US dollar was RMB6.1422 yuan per dollar, a depreciation of 0.38 percent from end-2014.

After the global financial crisis, the world economy has been undergoing a profound rebalancing, with performance diverging across countries and regions. Against the background of the "new normal," the Chinese economy is in the midst of a key transitional period whereby new industries are replacing old industries and the engine for development is changing. For the short term, there are still profound conflicts and problems in terms of economic performance and the economy is still facing large downward pressures. However, the structural adjustments will inject energy for mid-term growth. In general, as a big and resilient economy with a broad market, China has a strong capability to resist risks and it has much room to maneuver. Growth will be shored up by the new twin engines, namely, the mass entrepreneurship and innovation and the supply of public goods and services, and the effects of the macro policies will gradually unfold. The Chinese economy is expected to continue to maintain sustained and sound growth.

The PBC will follow the strategic arrangements of the CPC Central Committee and the State Council, adhere to the guidelines of seeking progress while maintaining stability, take initiatives to adapt to the new normal in the economy, continue to implement a sound monetary policy that is neither too tight nor too loose, maintain policy consistency and stability, and conduct timely and appropriate fine-tunings and preemptive adjustments to create a neutral and proper monetary and financial environment for the adjustment, transformation, and upgrading of the economic structure and to strike a balance between stable growth and structural adjustments. A combination of quantitative and price-based monetary-policy instruments will be employed, macro-prudential regulations will be improved, and the combination of policy measures will be further optimized to keep liquidity at an appropriate volume and to realize the appropriate growth of money, credit, and all-system financing aggregates. There will be continued efforts to mobilize the stock of credit assets, optimize the structure of new loans, and improve the financing and credit structures. Numerous coordinated measures will be taken to address both the symptoms and the root causes of the high financing costs. At the same time, reform and innovations will be emphasized and the reform measures will be integrated with the macro-economic management policies so that monetary policy will work closely with the reform measures to further tap into the decisive role of the market in terms of resource allocations. In view of the financial deepening and the innovations, the macro-economic management system, including its transmission channels to the real economy, will be improved further. Efforts will focus on solving the conspicuous problems. The efficiency and capacity of the financial sector to provide services to the real sector will be improved. A comprehensive set of measures will be put in place to safeguard the bottom line so as not to allow the occurrence of either systemic financial risks or regional financial risks.

目 录

图

①数据来源：中国人民银行、国家统计局、商务部、海关总署、国家外汇管理局、世界银行、国际货币基金组织、世界贸易组织、联合国贸易和发展会议等。

②数据来源：相关中央银行、国家统计机构、世界银行、国际货币基金组织等。

Contents

Tables

Figures

1. Source: The People's Bank of China, National Bureau of Statistics, Ministry of Commerce, General Administration of Customs, State Administration of Foreign Exchange, World Bank, International Monetary Fund, World Trade Organization, and United Nations Conference on Trade and Development, etc..

1. Source : Central banks, National statistical agencies in relevant countries, The World Bank, IMF, etc..

第一部分 货币信贷概况

2015年第一季度，银行体系流动性较为充裕，货币信贷和社会融资规模平稳增长，市场利率继续回落，汇率弹性显著增强。

一、货币增速运行在预期目标附近

2015年3月末，广义货币供应量M2余额为127.5万亿元，同比增长11.6%。狭义货币供应量M1余额为33.7万亿元，同比增长2.9%。流通中货币M0余额为6.2万亿元，同比增长6.2%。第一季度现金净投放1 690亿元，同比多投放1 932亿元。

总体看，第一季度M2新增4.7万亿元，按全年增长12%左右的预期目标估算，进度已接近三分之一。从结构看，当前货币派生渠道有一些机制性变化，货币派生主要依靠贷款投放，证券投资派生的货币也有所增多。而同业业务和平台债务等的逐步规范，使得商业银行同业业务增长明显放缓，派生货币也有所减少，这既是货币增速回落的主要因素，实际上也是经济结构调整在货币供给上的反映。在货币基数已经较大、传统资金密集型产业增长动力不足、一些低效经济主体占用大量资金且缺乏新经济增长点的情况下，对M2供给的机制性放缓应有客观认识。

3月末，基础货币余额为29.6万亿元，同比增长7.7%，比年初增加1 658亿元。货币乘数为4.31，比上年年末高0.13。金融机构超额准备金率为2.3%[①]。其中，农村信用社为4.4%。

二、金融机构存款增长有所放缓

3月末，全部金融机构（含外资金融机构，下同）本外币各项存款余额为129.1万亿元，同比增长10.6%，增速比上年年末低1.8个百分点，比年初增加4.7万亿元，同比少增1.4万亿元。人民币各项存款余额为124.9万亿元，同比增长10.1%，增速比上年年末低2.0个百分点，比年初增加4.2万亿元，同比少增1.6万亿元。存款增长放缓主要是受到外汇占款和同业业务等渠道派生存款明显减少的影响。外币存款余额为6 940亿美元，同比增长27.6%，比年初增加835亿美元，同比多增398亿美元。

从人民币存款部门分布看，住户存款增速稳中有升，非金融企业存款增长继续放缓，非存款类金融机构存款保持较快增长。3月末，金融机构住户存款余额为53.8万亿元，同比增长9.0%，比年初增加3.6万亿元。非金融企业存款余额为37.3万亿元，同比增长3.2%，比年初减少4 009亿元。财政存款余额为3.4万亿元，比年初减少1 010亿元。非存款类金融机构存款余额为10.4万亿元，比年初增加9 835亿元，同比增长48.6%，受股市交易大幅增长等影响，证券及交易结算类存款余额为3.2万亿元，同比增长72.4%，特殊目的载体（主要是表外理财、证券投资基金等）存款余额为3.4万亿元，同比增长131.4%。

---

①2015年1月，中国人民银行调整了存款准备金缴存基数，将非存款类金融机构存放纳入各项存款口径，并计缴存款准备金，适用的法定存款准备金率为0。超额准备金率按扩大后的存款基数测算，和以前数据并不可比。若按调整前口径测算，超额准备金率要高于2.3%。

三、金融机构贷款增长较快

3月末，全部金融机构本外币贷款余额为91.5万亿元，同比增长13.3%，比年初增加3.9万亿元，同比多增2 939亿元。3月末，人民币贷款余额为85.9万亿元，同比增长14.0%，比上年年末高0.2个百分点，比年初增加3.7万亿元，同比多增6 018亿元。总体看，2015年以来贷款增长较多，金融机构反映贷款需求比较旺盛，特别是金融机构主动对接国家战略，加大了对一带一路、长江经济带、京津冀协同发展等战略经济带的信贷支持。但当前信贷需求也存在行业性和区域性差异。行业方面，水利、基建、房地产等政策拉动相对较多领域的贷款增长较快，制造业持续放缓致使相关贷款增速有所下行；区域方面，东部沿海、中西部地区需求总体较多，东北地区需求偏弱。信贷投放较多与实体经济感受存在一定差距，一方面是由于大量信贷资金对实体经济的拉动需要一个传导过程，另一方面也受到低效企业借新还旧占用资金、部分信贷资源用于维持现有经营而非扩大再生产、表外业务有所收缩等因素的影响。

中长期贷款比重较高。人民币住户贷款增长较为平稳，3月末余额为24.0万亿元，同比增长15.7%，比年初增加8 892亿元，同比少增401亿元。其中，个人住房贷款比年初增加5 353亿元，同比多增853亿元，3月末增速为17.9%，高于各项贷款增速3.9个百分点。总体看，个人住房贷款仍属银行优质资产，金融机构投放意愿依然较高。3月底个人二套房贷政策有所调整，部分金融机构已下调了房贷利率，对个人房贷的影响可能还会逐步体现。非金融企业及机关团体贷款增长稳步加快，3月末余额为61.1万亿元，同比增长13.3%，比上年年末高0.8个百分点，比年初增加2.7万亿元，同比多增6 299亿元。从期限看，中长期贷款比年初增加2.2万亿元，同比多增4 095亿元，增量占比为58.8%，比上年同期提高0.6个百分点。中长期贷款较快增长，对近期审批通过的投资项目提供了较多资金支持，有利于发挥投资在经济增长中的关键性作用。也应看到，银行对固定资产投资项目的贷款投放会受到多种因素影响。如部分项目配套资金到位有时滞；部分项目受拆迁、环评等客观因素影响进度放缓等。包含票据融资在内的短期贷款比年初增加1.4万亿元，同比多增2 310亿

表1　2015年第一季度分机构新增人民币贷款情况

单位:亿元

	新增额	同比多增
中资大型银行①	16 924	2 753
中资中小型银行②	18 176	4 080
小型农村金融机构③	5 443	160
外资金融机构	236	-77

注：①中资大型银行是指本外币资产总量大于等于2万亿元的银行（以2008年年末各金融机构本外币资产总额为参考标准）。

②中资中小型银行是指本外币资产总量小于2万亿元的银行(以2008年年末各金融机构本外币资产总额为参考标准)。

③小型农村金融机构包括农村商业银行、农村合作银行、农村信用社。

数据来源：中国人民银行。

元。分机构看，中资大型银行和中资中小型银行贷款同比多增较多。

外币贷款平稳增长。3月末，金融机构外币贷款余额为9 146亿美元，同比增长4.0%，比年初增加341亿美元，同比少增462亿美元，主要受美元加息预期、美元指数上涨等因素影响。从投向看，境外贷款增加较多，比年初增加336亿美元，同比多增163亿美元，支持“走出去”的力度依然较大；非金融企业及机关团体贷款少增较多，比年初增加11亿美元，同比少增617亿美元，反映出企业对美元汇率预期出现变化。

四、社会融资规模存量适度增长

初步统计，3月末，社会融资规模[①]存量为127.52万亿元，同比增长12.9%；第一季度社会融资规模增量为4.61万亿元，同比少8 949亿元。

第一季度社会融资规模增长主要有以下特点：第一，对实体经济发放的人民币贷款[②]同比多增较多，占同期社会融资规模增量的78.3%，比上年同期高24.1个百分点。第二，对实体经济发放的外币贷款同比少增较多，占同期社会融资规模增量的0.1%，比上年同期低6.9个百分点。第三，受股票市场活跃的影响，股票融资同比显著上升。第一季度非金融企业境内债券和股票合计融资4 995亿元，比上年同期多155亿元；占同期社会融资规模增量的10.8%，比上年同期高2.0个百分点。其中，非金融企业境内股票融资1 808亿元，为上年同期的1.85倍。第四，各项表外融资增长放缓。第一季度实体经济以委托贷款[③]、信托贷款和未贴现的银行承兑汇票方式合计融资3 859亿元，比上年同期少1.14万亿元；占同期社会融资规模增量的8.3%，比上年同期低19.4个百分点。

表2　2015年第一季度社会融资规模增量

单位：亿元

时期	社会融资规模	其中：人民币贷款	外币贷款（折合人民币）	委托贷款	信托贷款	未贴现银行承兑汇票	企业债券	非金融企业境内股票融资
2015年第一季度[①]	46 071	36 065	61	3 242	13	604	3 187	1 808
同比增减	-8 949	6 253	-3 768	-3 399	-2 865	-5 132	-678	833

注：①当期数据为初步统计数。

数据来源：中国人民银行、国家发展和改革委员会、中国证券监督管理委员会、中国保险监督管理委员会、中央国债登记结算有限责任公司和中国银行间市场交易商协会等。

① 社会融资规模是指实体经济（境内非金融企业和住户，下同）从金融体系获得的资金。其中，增量指标是指一定时期内（每月、每季度或每年）获得的资金额，存量指标是指一定时期末（月末、季度末或年末）获得的资金余额。

②社会融资规模中的本外币贷款是指一定时期内实体经济从金融体系获得的人民币和外币贷款，不包含银行业金融机构拆放给非银行业金融机构的款项和境外贷款。

③2015年1月起，委托贷款统计制度进行了调整，将委托贷款划分为现金管理项下的委托贷款和一般委托贷款。社会融资规模中的委托贷款只包括由企事业单位及个人等委托人提供资金，由金融机构（即贷款人或受托人）根据委托人确定的贷款对象、用途、金额、期限、利率等向境内实体经济代为发放、监督使用并协助收回的一般委托贷款。

五、金融机构存贷款利率总体走低

3月，非金融企业及其他部门贷款加权平均利率为6.56%，比上年12月下降0.22个百分点，同比回落0.62个百分点。其中，一般贷款加权平均利率为6.78%，比上年12月下降0.15个百分点；票据融资加权平均利率为5.40%，比上年12月下降0.27个百分点。个人住房贷款利率总体下行，3月加权平均利率为6.01%，比上年12月下降0.23个百分点。

从利率浮动情况看，执行下浮利率的贷款占比下降，执行基准、上浮利率的贷款占比上升。3月，一般贷款中执行下浮利率的贷款占比为11.30%，比上年12月下降1.80个百分点；执行基准、上浮利率的贷款占比分别为19.77%和68.93%，比上年12月分别上升0.14个和1.66个百分点。

外币存贷款利率在国际金融市场利率波动、境内外币资金供求变化等因素的综合作用下，低位小幅波动。3月，活期、3个月以内大额美元存款加权平均利率分别为0.15%和0.71%，比上年12月分别上升0.01个和0.07个百分点；3个月以内、3（含）～6个月美元贷款加权平均利率分别为1.73%和2.28%，比上年12月分别下降0.56个和上升0.06个百分点。

六、人民币汇率双向浮动弹性增强

2015年以来，人民币汇率双向浮动特征明显，汇率弹性明显增强。3月末，人民币对美元汇率中间价为6.1422元，比上年年末贬值0.38%。2005年人民币汇率形成机制改革以来至2015年3月末，人民币对美元汇率累计升值34.75%。根据国际清算银行的计算，2015年第一季度，人民币名义有效汇率升值3.74%，

表3　2015年1～3月金融机构人民币贷款各利率区间占比

单位：%

月份	下浮	基准	上浮					
			小计	(1.0，1.1]	(1.1，1.3]	(1.3，1.5]	(1.5，2.0]	2.0以上
1月	10.20	19.93	69.87	19.90	25.31	11.87	9.37	3.42
2月	10.83	19.40	69.77	19.18	23.72	12.22	10.89	3.76
3月	11.30	19.77	68.93	18.65	23.14	12.55	10.58	4.01

数据来源：中国人民银行。

表4　2015年1～3月大额美元存款与美元贷款平均利率

单位：%

月份	大额存款						贷款				
	活期	3个月以内	3(含3个月)～6个月	6(含6个月)～12个月	1年	1年以上	3个月以内	3(含3个月)～6个月	6(含6个月)～12个月	1年	1年以上
1月	0.14	0.87	1.33	1.75	2.25	1.50	2.06	1.97	2.24	2.50	3.44
2月	0.22	0.64	1.35	1.50	1.92	1.54	1.90	2.08	2.15	2.48	3.50
3月	0.15	0.71	1.18	1.45	1.97	1.25	1.73	2.28	1.77	2.42	3.42

数据来源：中国人民银行。

实际有效汇率升值4.20%；2005年人民币汇率形成机制改革以来至2015年3月，人民币名义有效汇率升值45.76%，实际有效汇率升值57.62%。

七、跨境人民币业务稳步发展

跨境贸易和投资人民币结算业务量保持稳步发展。初步统计，第一季度，银行累计办理跨境贸易人民币结算业务1.65万亿元，与上年同期持平。其中，货物贸易结算金额14 960亿元，服务贸易及其他经常项目结算金额1 586亿元。跨境贸易人民币结算实收9 055.4亿元，实付7 490.5亿元，收付比为1：0.83。直接投资方面，银行累计办理人民币跨境直接投资结算金额2 879亿元，其中，人民币对外直接投资结算金额534亿元，外商直接投资结算金额2 345亿元。

数据来源：中国人民银行。

图1　跨境贸易人民币结算按月情况

第二部分 货币政策操作

2015年第一季度，中国经济下行压力较大，物价涨幅回落，外汇占款变化等不确定因素有所增多。中国人民银行搭配使用多种货币政策工具增加流动性供给，有效弥补因外汇流入减少和市场主体持汇意愿变化形成的流动性缺口，保持流动性总量充裕；同时下调人民币存贷款基准利率，逆回购操作利率相应有所下降，引导各种市场利率下行，促进实际利率维持基本稳定，从量价两个方面保持货币环境的稳健和中性适度。在总量管理的同时更加注重定向调控，引导金融机构优化信贷结构，更多地将信贷资源配置到“三农”、小微企业及重大水利工程建设等重点领域和薄弱环节，支持结构调整。

一、灵活开展公开市场操作

中国人民银行加强对流动性和货币市场利率走势的监测分析，按照稳健货币政策要求灵活开展公开市场操作，与法定存款准备金率等其他货币政策工具相配合，适时适度投放流动性，保持银行体系流动性总量合理充裕。

春节前，针对现金大量投放和新股IPO等因素对流动性形成的短期冲击，安排28天期以内公开市场逆回购操作，弥补流动性供求缺口，并搭配使用短期流动性调节工具（SLO），加强流动性预调微调，确保节前流动性充裕和货币市场平稳运行；春节后，考虑到外汇占款减少等因素，主要通过开展7天期逆回购操作适量投放短期流动性，连续释放稳健货币政策信号，促进货币市场利率稳步回落。第一季度累计开展逆回购操作7 930亿元；开展SLO操作投放流动性1 800亿元。3月末公开市场逆回购操作余额为500亿元，SLO操作余额为0。

在经济仍面临一定下行压力、物价涨幅有所回落的情况下，配合存贷款基准利率下调，适时增强公开市场操作利率弹性，第一季度7天期逆回购操作利率下行30个基点至3.55%，以稳定市场预期，增强货币政策操作效果，促进社会融资成本降低。4月，顺应市场利率下行走势，7天期逆回购操作利率下行20个基点至3.35%。

适时开展中央国库现金管理商业银行定期存款业务。第一季度，共开展3期中央国库现金管理商业银行定期存款业务，操作规模共计1 300亿元，其中，6个月期1 000亿元、9个月期300亿元。

二、适时适度开展常备借贷便利和中期借贷便利操作

为进一步加强地方法人金融机构流动性管理，有效防范中小金融机构流动性风险，促进货币市场平稳运行，2015年年初，中国人民银行在前期10省（市）试点的基础上在全国范围推广分支行常备借贷便利操作。同时，根据货币政策调控需要适时调整利率水平，探索常备借贷便利利率发挥货币市场利率走廊上限的功能。2015年春节期间，中国人民银行总行通过常备借贷便利向符合条件的大型商业银行提供了短期流动性支持；人民银行分支机构向符合条件的中小金融机构

提供了短期流动性支持，稳定了市场预期，促进了货币市场平稳运行。第一季度中国人民银行累计开展常备借贷便利操作3 347亿元，期末常备借贷便利余额为1 700亿元。

为促进经济平稳增长，保证基础货币供给，第一季度，中国人民银行通过中期借贷便利向大型商业银行、政策性银行、股份制商业银行、城市商业银行等累计投放中期基础货币10 145亿元，期限均为3个月，利率均为3.5%，期末中期借贷便利余额为10 145亿元。在提供中期借贷便利的同时，引导金融机构加大对小微企业和“三农”等国民经济重点领域和薄弱环节的支持力度。中期借贷便利利率发挥中期政策利率的作用，引导金融机构降低贷款利率和社会融资成本，支持实体经济发展。

三、普降与定向相结合调整存款准备金率

2015年2月，中国人民银行调整了金融机构人民币存款准备金率。一是普降金融机构存款准备金率0.5个百分点。二是定向降低部分金融机构存款准备金率：将农业发展银行存款准备金率从18%下调至13.5%；在对2014年6月定向降准范围内的金融机构实施动态考核的基础上，对小微企业贷款达到规定标准的城市商业银行和非县域农村商业银行额外下调存款准备金率0.5个百分点。

2015年4月，中国人民银行再次调整了金融机构人民币存款准备金率。一是普降金融机构存款准备金率1个百分点。二是定向降低部分金融机构存款准备金率：将农业发展银行存款准备金率从13.5%下调至10.5%；农村合作银行、农村信用社、村镇银行、财务公司、金融租赁公司和汽车金融公司存款准备金率额外下调1～1.5个百分点，统一执行11.5%的存款准备金率。

2014年以来，在稳健货币政策取向下，为进一步有针对性地加强对“三农”和小微企业的支持，中国人民银行4次实施了定向降准，取得了积极的成效。2014年4月定向下调有关县域农村金融机构存款准备金率，覆盖100%的同类机构，近400家县域农村法人商业银行和县域法人农村合作银行受益。2014年6月对符合审慎经营要求且“三农”或小微企业贷款达到一定比例的国有商业银行、股份制商业银行、中国邮政储蓄银行、城市商业银行、非县域农村商业银行、非县域农村合作银行、外资金融机构等实施定向降准，参与考核的金融机构共377家，其中，302家满足定向降准标准，享受比同类机构低0.5个百分点的存款准备金率优惠。2015年2月，人民银行对2014年6月定向降准参与机构范围实施了动态考核，并进一步提高了定向降准优惠幅度，参与定向降准动态考核机构共383家，总计285家满足定向降准标准，其中，45家享受比同类机构低0.5个百分点存款准备金率优惠，240家满足额外定向降准要求，享受比同类机构低1个百分点存款准备金率优惠。2015年4月，额外下调农村信用社、村镇银行存款准备金率1个百分点，统一下调农村合作银行存款准备金率至农村信用社水平，基本覆盖了全部县域法人金融机构。定向降准政策是通过建立促进信贷结构优化的正向激励机制，引导商业银行把增量中的更高比例和收回再贷中的更高比例投向“三农”和小微企业领域，在不大幅增加贷款总量的同时，使“三农”和小微企业获得更多信贷资源。

四、继续发挥差别准备金动态调整机制的积极作用

加强宏观审慎管理，进一步完善差别准备金动态调整机制，积极发挥其逆周期调节和结构引导作用。结合支小支农贷款投向、资本充足率高低、风险内控状况、机构新设、区域发展五大“元素”，对差别准备金动态调整机制的有关政策参数进行调整，更好地体现差别化和针对性，引导金融机构根据实际需求和季节性规律更好地安排贷款投放节奏，同时将更多的信贷资源配置到小微企业、“三农”以及中西部、欠发达地区等重点领域和薄弱环节，促进信贷合理增长，支持实体经济发展。

五、多措并举引导金融机构优化信贷结构

通过加大再贷款再贴现力度、及时拨付抵押补充贷款资金、推动金融服务创新等方式，引导金融机构加大对“三农”、小微企业、民生金融等重点领域和关键环节的金融支持。3月末，全国支农再贷款余额1 928亿元，同比增加472亿元；支小再贷款余额618亿元，同比增加618亿元；再贴现余额1 322亿元，同比增加268亿元。根据棚户区改造项目贷款进度，第一季度对国家开发银行拨付抵押补充贷款资金1 318亿元，累计拨付5 149亿元。此外，鼓励银行业金融机构拓宽农村抵质押担保范围，积极对家庭农场等经营主体开展“一对一”金融服务；鼓励商业银行对小微企业开展信用保证保险保单融资业务，支持符合条件的商业银行发行小微企业金融债券。继续完善扶贫、就业、助学、少数民族等民生金融。总体看，各项措施精准发力，取得了较好的政策效果，有利于引导金融机构扩大对小微、“三农”的信贷投放，降低国民经济薄弱环节微观主体的融资成本，促进缓解“融资难、融资贵”问题。

引导金融机构盘活存量、优化增量，支持经济结构调整和转型升级。引导商业性、政策性、开发性金融助力七大领域投资工程、六大领域消费工程、三大战略重点项目建设及支持“走出去”，发挥好投资对稳增长的关键作用。保证符合条件的在建续建工程和项目的合理资金需求，积极支持棚户区改造、铁路、农田水利、地下管网等既惠民生也能提升增长质量和效益的重大基础设施和民生工程建设。做好化解产能过剩矛盾金融服务工作，根据“区别对待、不搞一刀切”的原则，督促金融机构按照“消化一批、转移一批、整合一批、淘汰一批”的要求，改进和强化信贷管理。加大消费信贷产品创新力度。进一步完善个人住房信贷政策，支持居民自住和改善型住房需求，促进房地产市场平稳健康发展。进一步改进和完善信贷政策导向效果评估。通过信贷资产证券化、用好收回再贷资金等方式盘活存量资产，优化资金配置，增加可贷资金。

从实施效果看，信贷结构继续优化，信贷投放对稳增长、促转型和保民生的支持作用不断增强。一是投向产业部门和基础设施领域的贷款增长较快。截至2015年3月末，全部产业部门中长期贷款余额为30.74万亿元，同比增长15.8%，增速较上年同期提高5.7个百分点。基础设施行业中长期贷款余额14.45万亿元，同比增长11.1%，增速同比提高4.7个百分点。二是服务业中长期贷款增长较快，产能过剩行业中长期贷款增速回落。3月末，服务业中长期贷款余额同比增长18.7%，

增速同比提高3.6个百分点；产能过剩行业中长期贷款余额同比增长3.2%，增速同比回落2.9个百分点。三是投向小微企业的贷款增长较快。3月末，小微企业贷款余额15.89万亿元，同比增长16%，增速比同期各项贷款增速高2个百分点。

六、协同推进调整存贷款基准利率和利率市场化改革

自2014年11月22日下调存贷款基准利率后，为继续发挥基准利率的引导作用，进一步巩固社会融资成本下行的成果，为经济结构调整和转型升级营造中性适度的货币金融环境，中国人民银行决定，自2015年3月1日起再次下调金融机构人民币贷款和存款基准利率。其中，1年期贷款基准利率下调0.25个百分点至5.35%；1年期存款基准利率下调0.25个百分点至2.5%。由于央行公布的基准利率仍具有较强的指导意义，再次下调贷款基准利率可直接对金融机构贷款利率产生一定下拉作用。存款基准利率的进一步下调，也有利于降低金融机构筹资成本，带动各类市场利率和企业融资成本继续下行，对于进一步缓解企业融资成本高问题具有积极作用。

结合推进利率市场化改革，进一步将存款利率浮动区间上限由基准利率的1.2倍扩大至1.3倍。存款利率浮动区间扩大后，金融机构自主定价空间进一步拓宽，有利于促进其完善定价机制建设、增强自主定价能力、加快经营模式转型并提高金融服务水平，同时也有利于健全市场利率形成机制，更好地发挥市场在资源配置中的决定性作用。

专栏1　进一步推进利率市场化改革后存款定价行为分析

按照国务院统一部署，自2015年3月1日起，中国人民银行再次下调金融机构人民币贷款和存款基准利率，并进一步扩大存款利率浮动区间上限。从此次利率政策调整后存款利率的执行情况看，金融机构存款利率随基准利率下调总体有所下行，金融机构存款定价的精细化、差异化程度进一步提升，分层定价、有序竞争的存款定价格局基本形成。

此次利率政策调整后，金融机构存款平均利率总体下降，各期限品种利率浮动区间有所扩大，但距1.3倍的上限仍有一定空间。据调查，2015年3月，活期存款加权平均利率为0.38%，与降息前（2014年10月，下同）大体持平；定期存款加权平均利率为3.14%，比降息前下降0.18个百分点。其中，3个月、1年期定期存款加权平均利率分别为2.54%和3.06%，分别较降息前下降0.28个和0.20个百分点。

从金融机构挂牌利率情况看，不同类型机构存款定价分化为“三大阵营”。第一阵营以国有银行为代表，包括少数股份制银行，其存款利率总体上浮比例较低，1年期以内上浮10%，活期及2年期以上执行基准或略有上浮；第二阵营以股份制商业银行为代表，还包括少数城市商业银行，其存款利率上浮比例居中，1年期以内上浮20%，活期及2年期以上约上浮10%；第三阵营以地方法人金融机构为代表，其存款利率上浮比例较高，各期限品种均上浮

20%～30%。同时，在利率调控政策出台初期，一些股份制银行和城市商业银行将全部期限档次存款利率上浮到顶后，又根据自身经营特点、同业竞争情况等适当下调了存款挂牌利率。

金融机构存款定价趋于分化既与当前间接融资为主的金融体系下，金融机构经营管理模式相关，又受到存款定价能力、定价策略以及同业竞争等多方面因素的影响。从经营管理模式看，公司治理结构完善、财务约束和自主定价能力较强的金融机构，客户结构和收入来源更为多元，成本控制和风险管理能力相对较强，其存款利率差异化、精细化定价程度也较高，利率水平通常较低。从定价能力和定价策略看，大型银行定价能力较强，存款市场份额较高，在存款利率定价中通常发挥引领者的作用，利率水平一般较低；中小银行则往往是市场价格的追随者，多采取跟随大型银行定价的策略，利率要略高于大型银行。从市场环境看，受不同地区金融生态、同业竞争环境差异的影响，存款竞争越激烈的地区，金融机构存款利率的上浮幅度可能越高。

总体而言，随着利率市场化改革的不断推进，金融机构经营管理模式转型加快，自主定价和风险管控能力提升，长期看存款利率差异化、精细化定价的特点将进一步显现。在此过程中，为有效防控风险，应发挥好市场利率定价自律机制的激励约束作用，引导和督促金融机构科学合理定价，维护公平有序的市场定价秩序。

七、进一步完善人民币汇率形成机制

继续按主动性、可控性和渐进性原则，进一步完善人民币汇率市场化形成机制，让市场供求在汇率形成中发挥更大作用，增强汇率双向浮动弹性，保持人民币汇率在合理均衡水平上的基本稳定。

第一季度，人民币对美元汇率中间价最高为6.1617元，最低为6.1188元，57个交易日中24个交易日升值、33个交易日贬值，最大单日升值幅度为0.17%（105点），最大单日贬值幅度为0.16%（96点）。

人民币对欧元、日元等其他国际主要货币汇率双向波动。3月末，人民币对欧元、日元汇率中间价分别为1欧元兑6.6648元人民币、100日元兑5.1272元人民币，分别较上年年末升值11.87%和贬值0.19%。2005年人民币汇率形成机制改革以来至2015年3月，人民币对欧元和日元汇率分别累计升值50.3%和42.5%。银行间外汇市场人民币直接交易成交活跃，流动性明显提升，降低了微观经济主体的汇兑成本。

表5　2015年第一季度银行间外汇即期市场人民币对各币种交易量

单位：亿元人民币

币种	美元	欧元	日元	港币	英镑	澳元	新西兰元	新加坡元	加拿大元	林吉特	卢布	泰铢
交易量	67 871	1 312.5	801.2	324	351.4	309.5	59.4	1 052.5	7.1	3.7	11.6	0.2

数据来源：中国外汇交易中心。

第一季度，在中国人民银行与境外货币当局签署的双边本币互换协议下，境外货币当局共开展交易449.50亿元人民币，实际动用165.04亿元人民币；人民银行共开展交易折合4.81亿美元，实际动用折合4.81亿美元。3月末，境外货币当局动用人民币余额175.04亿元，人民银行动用外币余额折合6.71亿美元，对促进双边贸易投资发挥了积极作用。

八、深入推进金融机构改革

存款保险制度出台。2015年3月31日，《存款保险条例》公布，自2015年5月1日起施行。2015年4月1日，国务院公布对《存款保险制度实施方案》的批复，明确存款保险基金管理工作由中国人民银行承担，履行存款保险职责，要求中国人民银行会同有关部门按照《存款保险条例》等法律法规认真组织实施。存款保险通过充分保障存款人的利益，可以完善金融安全网，建立维护金融稳定的长效机制。存款保险制度的出台，对于进一步提升金融体系稳健性，促进银行业改革，提高银行业的发展水平和竞争力，提升服务实体经济的水平，都具有十分重要的意义。

政策性、开发性金融机构改革取得突破性进展。国务院于2014年12月批复同意农业发展银行改革实施总体方案，于2015年3月批复同意国家开发银行深化改革方案和进出口银行改革实施总体方案。根据批准的改革方案，农业发展银行和进出口银行将进一步强化政策性职能定位，坚持以政策性业务为主体，合理界定业务范围，明确风险补偿机制，提升资本实力，建立资本充足率约束机制，强化内部管控和外部监管，建立规范的治理结构和决策机制，努力建设成为定位明确、业务清晰、功能突出、资本充足、治理规范、内控严密、运营安全、服务良好、具备可持续发展能力的政策性银行。国家开发银行将坚持开发性金融机构定位，适应市场化、国际化新形势，充分利用服务国家战略、依托信用支持、市场运作、保本微利的优势，进一步完善开发性金融运作模式，不断完善组织架构和治理结构，明确资金来源支持政策，合理补充资本金，强化资本约束机制，加强内部管控和外部监管，建设成为资本充足、治理规范、内控严密、运营安全、服务优质、资产优良的开发性金融机构。通过改革，有助于更好地发挥开发性金融和政策性金融作用，在支持棚户区改造和重大项目建设、推进产业升级、推动中国装备制造业“走出去”和更多企业开拓国际市场、保障粮棉油收储、支持农业农村基础设施和重大水利工程建设等方面持续发力、精准发力，为稳增长、促改革、调结构、惠民生作出更大贡献。

农村信用社改革稳步推进，经营财务状况和涉农金融服务继续改善。3月末，按照贷款五级分类口径，全国农村信用社不良贷款余额和比例分别为4 361亿元和3.9%。资本充足率为11.0%。贷款余额为11.2万亿元，占全国金融机构各项贷款余额的比例为13.1%，比上年年末提高0.2个百分点。涉农贷款和农户贷款余额分别为7.3万亿元、3.5万亿元，同比分别增长12.7%和10.9%。截至3月末，全国共组建以县（市）为单位的统一法人农村信用社1 458家，农村商业银行693家，农村合作银行83家。部分农村信用社探索引进民营企业股东，注重发挥股东的治理作用，法人治理水平有所提高。

九、深化外汇管理体制改革

大力推进外汇管理简政放权。取消直接投资项下外汇登记核准，将保险公司外汇业务资格审批下放分局，切实节约了经济主体成本。深入推进法规清理整合，公布废止和失效的外汇管理法规50件，促进外汇管理依法行政。

着力提升贸易投资便利化水平。在全国范围内开展部分支付机构跨境外汇支付业务试点，为跨境电子商务活动提供了便利。在全国范围内实施外商投资企业外汇资本金结汇管理方式改革，更好地满足和便利外商投资企业经营与资金运作需要。发布《保险业务外汇管理指引》，进一步简化外汇保险业务手续和流程。深化直接投资外汇管理改革。大幅简化直接投资手续，取消境外再投资外汇备案，取消直接投资外汇年检，提升服务的便利化水平。开展企业外债比例自律的宏观审慎管理试点，一定程度上缓解了企业融资难融资贵问题。在2014年基础上大幅度调增2015年境内机构短期外债余额指标总规模，便利境内金融机构开展进口融资业务。

加强跨境收支监测管理体系建设。提高数据透明度。首次按月公布符合《国际收支和国际投资头寸手册》（第六版）要求的国际货物和服务贸易数据，及时释疑解惑，稳定市场预期。开展个人外币现钞等重点领域和银行等重点主体的专项检查，遏制外汇资金异常流动。严厉打击外汇违法违规活动。

第三部分 金融市场分析

2015年第一季度，金融市场健康平稳运行。货币市场交易活跃，市场利率总体平稳；债券发行规模显著扩大，国债收益率先降后升；股票市场沪深指数明显上升，成交量大幅增长。

一、金融市场运行概况

（一）货币市场交易活跃，市场利率先升后降

银行间回购交易量增速大幅上升，拆借交易量快速增长。第一季度，银行间市场债券回购累计成交66.4万亿元，日均成交1.1万亿元，同比增长70.9%，增速同比提高68.2个百分点；同业拆借累计成交8.3万亿元，日均成交1 376亿元，同比增长15.8%，增速同比提高46.3个百分点。从期限结构看，市场交易仍主要集中于隔夜品种，回购和拆借隔夜品种的成交量分别占各自总量的75%和73.7%，占比较上年同期分别下降3.1个和5.3个百分点。交易所债券回购累计成交21.8万亿元，同比增长14%。

从融资主体看，主要呈现以下特点：一是交易规模同比大幅增长，其中，大型银行通过回购和同业拆借共融出资金26.85万亿元，同比增长110%，中资中小型银行融入资金量是上年同期的4倍多；二是大型银行成为市场唯一的资金供给方，外资金融机构由上年同期的资金供给方变为需求方；三是保险机构融入资金量同比减少，当季融入4 823亿元，同比减少61%。

第一季度，人民币利率互换市场发生交易1.7万笔，名义本金总额1.7万亿元，同比增长105.7%。从期限结构来看，1年及1年期以

表6　2015年第一季度金融机构回购、同业拆借资金净融出、净融入情况

单位：亿元

	回购		同业拆借	
	2015年第一季度	2014年第一季度	2015年第一季度	2014年第一季度
中资大型银行①	-250 410	-114 858	-18 076	-12 716
中资中小型银行②	114 535	32 693	-9 005	-7 179
证券及基金公司	53 937	48 336	15 268	14 147
保险公司	4 805	11 762	18	35
外资金融机构	14 744	1 589	5 001	-2 147
其他金融机构及产品③	62 390	20 478	6 794	7 860

注：①中资大型银行包括中国工商银行、中国农业银行、中国银行、中国建设银行、国家开发银行、交通银行、中国邮政储蓄银行。

②中资中小型银行包括招商银行等17家中型银行、小型城市商业银行、农村商业银行、农村合作银行、村镇银行。

③其他金融机构及产品包括城市信用社、农村信用社、财务公司、信托投资公司、金融租赁公司、资产管理公司、社保基金、投资公司、企业年金、其他投资产品等，其中部分金融机构和产品未参与同业拆借市场。

④负号表示净融出，正号表示净融入。

数据来源：中国外汇交易中心。

表7　2015年第一季度利率衍生产品交易情况

	利率互换		债券远期		远期利率协议		标准利率衍生产品	
	交易笔数（笔）	名义本金额（亿元）	交易笔数（笔）	交易量（亿元）	交易笔数（笔）	名义本金额（亿元）	交易笔数（笔）	名义本金额（亿元）
2014年第一季度	8 878	8 067.3	—	—	—	—	—	—
2015年第一季度	17 391	16 596.9	—	—	—	—	346	1 295.5

数据来源：中国外汇交易中心。

下交易最为活跃，其名义本金总额为1.4万亿元，占总量的83.3%。从参考利率来看，人民币利率互换交易的浮动端参考利率主要包括7天回购定盘利率和Shibor,与之挂钩的利率互换交易名义本金占比为91.9%和7.2%。标准利率衍生产品成交346笔，成交金额为1 295.5亿元。

同业存单发行交易日趋活跃。截至3月末，已有85家金融机构披露了2015年同业存单年度发行计划。第一季度，已有58家金融机构在银行间市场陆续发行同业存单965只，发行总量为7 138亿元，二级市场交易总量为5 375亿元，同业存单发行交易全部参照Shibor定价。同业存单市场的较快发展，有利于进一步提高中长端Shibor的基准性。3月，3个月期同业存单发行加权平均利率为5.11%，较同期3个月Shibor高21个基点。

受资本市场持续升温、新股密集发行的影响，同时在外汇占款下降、财政库款下拨较慢等因素作用下，第一季度货币市场利率总体略有上升。3月同业拆借和质押式回购月加权平均利率分别为3.69%和3.61%，比上年12月分别上升20个和12个基点，比上年同期分别高1.21个和1.12个百分点。3月中下旬以来，随着人民银行通过多种渠道提供流动性、连续降低公开市场操作利率以及前期下调存贷款基准利率的效果逐步显现，货币市场利率明显回落。3月末，隔夜、1周Shibor分别为3.18%和3.89%，分别较上年年末下降35个和75个基点；3个月和1年期Shibor为4.90%和4.78%，分别下降24个和上升5个基点。4月以来货币市场利率继续下行，4月下旬隔夜拆借和质押式回购利率已降至2%以内，7天期拆借和质押式回购利率也降至3%以下。

专栏2　市场利率的变化及相关问题

近年来，各方面对市场利率的关注明显上升。从时间序列数据看，近年来市场利率（尤其是短端利率）在某些时点波动有所加大，货币市场利率中枢也出现了一定抬升，而近期市场利率又有一些新的变化。观察这些现象背后复杂的宏微观机理，对于理解经济金融运行规律、理解货币政策调控框架都有重要的意义。

首先观察实际利率。经济学理论一般认为，货币政策并不能够在中长期对实际利率产生影响。实际利率水平是由意愿储蓄和意愿投资来共同决定的。近几年来中国的储蓄率和投资率均有所下降，但前者降幅明显超出后者，这就会出现在投资增速总体趋缓的情况下（实际）利率反而上升的情况，这背后反映的是全社会投资和债务需求相对储蓄供给更多。软约束主体较快扩张、刚性兑付等都可能是造成需求过快扩张的重要原因。经济理论中还有所谓均衡（实际）利率的概念。根据理论中的黄金法则，均衡（实际）利率应大致等于该经济体的投资回报率（一般用经济增长率代表）。利率市场化一定程度上是一个去金融抑制、促使市场利率向均衡水平回归的过程，在此过程中往往会出现一定的利率水平上行，不少经济体都出现过类似的现象。当然上述因素都是动态变化的，若意愿储蓄相对意愿投资上升，实际利率就可能发生反向的变化，而这又与实体经济运行状况有很大关系。因此，也有研究认为在计算均衡利率时应考虑储蓄率的高低。

接下来观察名义利率。一般而言，中央银行能够对名义利率尤其是短端利率产生影响，但影响名义利率的还有其他因素。近几年来，货币政策调控面临的环境发生了显著变化。从供给端看，随着国际收支渐趋平衡，由外汇渠道被动吐出的流动性（基础货币）明显减少，中央银行开始更多地向市场主动供给流动性，流动性格局由之前的偏宽松逐步回归“常态”。从需求端看，随着各类创新融资渠道发展，对流动性的需求及敏感性都显著增大。在过往的一段时期里，传统贷款外的融资渠道（表外业务、理财、信托和委托贷款等）快速扩张，而其直接或间接地都需要银行体系流动性来支持。在这样的格局下，流动性闸门对控制全社会融资规模和货币条件的作用开始增强。若货币信用扩张过快，超出了预期调控目标和宏观经济所需，中央银行就需要适当调节流动性水平，以保持货币条件的合理适度。在此过程中，过多的市场需求与适度的流动性供给之间就可能产生短期的“冲突”，从而表现为市场利率的变化。同时，财政存款波动、税收清缴、节假日现金需求、新股IPO冻结资金、主要经济体货币政策变化等都可能会对流动性进而对市场利率造成扰动。

2014年下半年后的一段时间里，由于货币政策措施的主动引导，同时受监管强化后表外融资下降等影响，流动性需求相应减少，货币市场利率小幅下行。12月后，受股票市场投资热情升高影响，增大了对流动性的需求，货币市场利率又出现一定上行。近期随着人民银行通过多种渠道提供流动性、连续降低公开市场操作利率以及下调存贷款基准利率的效果逐步显现，货币市场利率明显回落，4月7天期质押式回购加权平均利率降至2.94%，较上年12月回落1.4个百分点。在增加流动性供给的过程中，货币信贷运行总体较为平稳。

从上述分析可以看出，转型期的货币政策实际上需要兼顾“量”与“价”目标的平衡。在宏观经济的不同周期阶段，量价目标有时会产生较为明显的“冲突”，有时这种冲突会有所缓解。但随着金融创新和金融市场化快速发展，货币政策兼顾量、价目标平衡的难度总体会趋于上升，以“量”为目标容易导致“价”的波动。这也是国际上主要经济体央行货币政策框架大多转为价格型调控，即通过宣布政策利率或建立利率走廊机制来稳定市场利率的重要原因。目前，我国的货币政策调控也正处于从数量型调控为主向价格型调控为主逐步转型的过程中。由于存在软约束等体制机制性问题，金融改革尚在逐步推进，目前完全转向以“价”为目标的时机尚不成熟。在转型阶段数量目标依然有其作用，需要统筹协调好量价目标，综合使用多种工具调节好整体货币条件。

总体来看，货币市场利率及其中枢变化是经济结构性变化和一系列复杂因素在金融市场上的反映，需要客观、全面看待。未来可进一步强化信息沟通与政策协调，减少对货币市场的外部扰动和冲击，加强和改善金融监管，抑制软约束主体过快扩张，完善金融生态环境。同时，推动货币政策调控从数量型为主逐步向价格型为主转变，进一步疏通货币政策的传导机制。

（二）债券现券交易日趋活跃，债券发行大幅增加，发行利率总体回落

第一季度，银行间债券市场现券交易量12.6万亿元，日均成交2 102亿元，同比增长77.8%。从交易主体看，中资中小型银行是银行间现券市场的主要净卖出方，当季净卖出现券3 038亿元；其他金融机构及产品是主要的净买入方，净买入现券3 172亿元。从交易品种看，国债现券交易累计成交1.2万亿元，占银行间市场现券交易的9.8%；金融债券和公司信用类债券现券交易分别累计成交6.7万亿元和4.7万亿元，分别占52.8%和37.4%。交易所债券现券成交7 714亿元，同比多成交7 422亿元。

银行间债券市场指数小幅下行。第一季度，中债综合净价指数由上年年末的101.42点下降至3月末的101.00点，降幅0.41%；中债综合全价指数由上年年末的114.50点下降

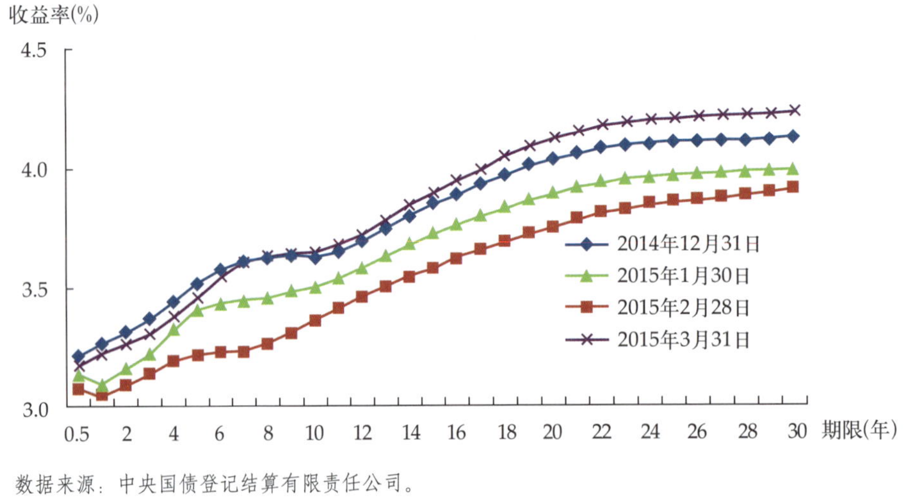

数据来源：中央国债登记结算有限责任公司。

图2　银行间市场国债收益率曲线变化情况

至3月末的114.33点，降幅0.15%。交易所国债指数由上年年末的145.60点上升至3月末的147.97点，升幅1.63%。

银行间市场国债收益率先降后升，收益率曲线陡峭化特征明显。3月末，1年、3年、5年期国债收益率较上年年末分别下降4个、6个、5个基点，7年期国债收益率与上年年末基本持平，10年期国债收益率较上年年末上升3个基点。10年期与1年期国债期限利差为42个基点，较上年年末扩大6个基点。经济基本面企稳预期有所增强，地方政府债务置换方案出台使市场对地方政府债供给大幅增长的预期上升，加之商业银行负债成本提高，收益率较低的利率债配置需求下降，这些因素都推动了国债收益率有所上升。

债券发行规模显著扩大。第一季度累计发行各类债券（含中央银行票据）3.1万亿元，同比多发行9 271亿元，主要是金融债券中的同业存单多发行6 790亿元，公司信用类债券中的非金融企业债务融资工具多发行1 907亿元，企业债和国债分别少发行838亿元和41亿元。3月末国内各类债券余额为37万亿元，同比增长19.7%。

国债发行利率与上年年末持平，金融债券和公司信用类债券发行利率回落。第一季度，10年期国债发行利率为3.77%，与上年年末发行的同期限国债利率持平。国开行发行的10年期金融债利率为4.3%，比上年年末低0.07个百分点。公司信用类债券发行利率下行，主体评级AAA的企业发行的短期融资券（债券评级A-1）平均利率为4.96%，比上年年末低0.34个百分点；7年期公司债发行利率为5.5%，比上年年末低0.5个百分点。Shibor对债券产品定价基准作用继续提升。第一季度，发行以Shibor为基准定价的浮动利率债券9只，总量为27亿元；发行固定利率企业债85只，总量为871亿元，全部参照Shibor定价；发行参照Shibor定价的固定利率短期融资券1 716亿元，占固定利率短期融资券发行总量的95%。

表8　2015年第一季度各类债券发行情况

单位：亿元

债券品种	发行额	比上年同期增减
国债①	2 099	-41
中央银行票据	0	0
金融债券②	17 130	8 198
其中：国家开发银行及政策性金融债	7 111	481
同业存单	7 138	6 790
公司信用类债券③	11 537	1 114
其中：非金融企业债务融资工具	10 382	1 907
企业债券	867	-838
公司债	209	40
合计	30 766	9 271

注：①国债含财政部代理发行的地方政府债券。

②金融债券包括国家开发银行金融债、政策性金融债、商业银行普通债、商业银行次级债、商业银行资本混合债、证券公司债券、同业存单等。

③公司信用类债券包括非金融企业债务融资工具、企业债券以及公司债、可转债、可分离债、中小企业私募债等。

数据来源：中国人民银行、国家发展和改革委员会、中国证券监督管理委员会、中央国债登记结算有限责任公司。

（三）票据融资平稳增长，利率呈下降趋势

票据承兑业务平稳发展。第一季度，企业累计签发商业汇票5.4万亿元，同比下降4.8%；期末商业汇票未到期金额为10.2万亿元，同比增长7.2%。3月末，承兑余额较年初增加2 958亿元，同比增速趋缓。从行业结构看，企业签发的银行承兑汇票余额集中在制造业、批发和零售业。从企业结构看，由中小型企业签发的银行承兑汇票约占三分之二。票据承兑业务的持续稳定增长有效地加大了对实体经济，特别是小微企业的融资支持。

票据融资余额稳定增长，票据市场利率呈下降趋势。第一季度，金融机构累计贴现19.2万亿元，同比增长77.6%；期末贴现余额为3.1万亿元，同比增长63.3%。3月末，票据融资余额比年初增加1 643亿元，各月均呈小幅增长趋势；占各项贷款的比重为3.6%，同比上升1.1个百分点。第一季度银行体系流动性合理充裕，在票据市场供求较为均衡的情况下，票据市场利率呈现小幅波动下行趋势。

（四）股票市场指数和成交均大幅上升，筹资额大幅增加

股票市场指数继续大幅上涨。3月末，上证综合指数收于3 748点，比上年年末上升15.9%；深证成份指数收于13 161点，比上年年末上升19.5%；创业板指数收于2 335点，比上年年末上升58.7%。沪市A股加权平均市盈率从上年年末的16倍升至19倍，深市A股加权平均市盈率从上年年末的35倍升至46倍。

股票市场成交量大幅增长。第一季度，沪、深股市累计成交41万亿元，同比增长238.7%，日均成交7 354亿元，同比增长250%。创业板累计成交3.8万亿元，同比增长97.3%。3月末，沪、深股市流通市值39.3万亿元，同比增长101.2%；创业板流通市值为2.2万亿元，同比增长141.1%。

股票市场筹资额大幅增加。第一季度，各类企业和金融机构在境内外股票市场上通过发行、增发、配股、权证行权等方式累计筹资1 969亿元，同比多筹资625亿元。

（五）保险业资产快速增长

第一季度，保险业累计实现保费收入8 425亿元，同比增长20.4%，增速同比回落15.5个百分点；累计赔款、给付2 311亿元，同比增长24.3%，其中，财产险赔付同比增长9.7%，人身险赔付同比增长36.3%。

保险业资产增长加快。3月末，保险业总资产10.9万亿元，同比增长21.5%，增速同比提高4.8个百分点。其中，银行存款同比增长5.4%，投资类资产同比增长26.9%。

表9　2015年3月末主要保险资金运用余额及占比情况

单位：亿元、%

	余额		占资产总额比重	
	2015年3月末	2014年3月末	2015年3月末	2014年3月末
资产总额	108 703	89 459	100.0	100.0
其中：银行存款	26 386	25 031	24.2	28.0
投资	72 555	57 197	66.7	63.9

数据来源：中国保险监督管理委员会。

（六）外汇掉期和远期交易增长较快

第一季度，人民币外汇即期成交1.2万亿美元，同比增长4.6%；人民币外汇掉期交易累计成交金额折合1.3万亿美元，同比增长26.2%，其中，隔夜美元掉期成交6 761亿美元，占掉期总成交额的53.5%；人民币外汇远期市场累计成交85亿美元，同比减少37.1%。第一季度“外币对”累计成交金额折合193亿美元，同比增长24.2%，其中，成交最多的产品为欧元对美元，占市场份额比重为40.9%。

外汇市场交易主体进一步扩展。截至3月末，共有即期市场会员474家，远期、外汇掉期、货币掉期和期权市场会员各104家、103家、90家和45家，即期市场做市商30家，远掉期市场做市商27家。

（七）黄金市场交易大幅增长

黄金价格先扬后抑，但跌势趋缓。第一季度，国际黄金现货价格最高为1 295.75美元/盎司，最低为1 147.25美元/盎司，3月末收于1 187.00美元/盎司，较年初上涨2.75美元/盎司，涨幅为0.23%。上海黄金交易所AU9999最高价为265.00元/克，最低价为230.00元/克，3月末收于235.55元/克，较年初下跌5.04元/克，跌幅2.09%。国内外金价的价差水平总体保持平稳，日均价差0.89元/克。

上海黄金交易所总体交易规模大幅增长。第一季度，黄金累计成交7 788.4吨，同比增长128.9%；成交金额1.9万亿元，同比增长118.9%。白银累计成交20.3万吨，同比增长116.9%；成交金额0.7万亿元，同比增长86.7%。铂金累计成交12.9吨，同比下降35.5%；成交金额32.5亿元，同比下降44.9%。

二、金融市场制度建设

（一）扩大债券市场主体范围，规范债券市场发展

进一步规范发展债券市场。1月16日，证监会发布《公司债券发行与交易管理办法》，扩大公司债券发行的主体范围，丰富债券发行方式和交易场所，简化发行审核流程，强化市场监管和持有人权益保护，提升债券市场服务实体经济的能力。

允许保险公司在银行间市场发行资本补充债券。1月22日，人民银行与保监会联合发布公告，允许保险公司在全国银行间债券市场发行资本补充债券。此举有利于拓宽保险公司的资本补充渠道，提高保险公司偿付能力和抵御风险能力，同时也有利于增加银行间债券市场发行主体、丰富市场投资品种。

（二）股票期权交易试点启动，沪港通业务稳步推进

股票期权交易试点启动。1月9日，证监会批准上交所开展上证50ETF期权交易试点，并于同日发布《股票期权交易试点管理办法》，对股票期权业务的交易场所和结算机构、从业资格、投资者保护和风控措施等问题作了规定，有助于完善资本市场的风险管理功能和价格发现机制，促进资本市场平稳健康发展。

沪港通业务稳步推进。3月27日，证监会发布《公开募集证券投资基金参与沪港通交易指引》，对公募基金参与沪港通交易的资格和程序、信息披露、风险管理和内控制度等有关事项提出了具体要求。允许基金参与沪港通交易，有利于金融产品和业务的创新，推进沪港通业务发展，进一步促进两地

市场的互联互通。

（三）保险市场改革逐步推进

保险业"偿二代"规则发布并进入实施过渡期。2月，保监会发布中国风险导向偿付能力体系（简称"偿二代"）的17项监管规则，并进入试运行过渡期。偿二代采用三支柱框架。第一支柱是"定量监管要求"，包括资本分级、资产负债评估、最低资本计算和压力测试等标准；第二支柱是"定性监管要求"，针对难以量化的风险建立风险综合评级等制度，全面评价保险公司偿付能力；第三支柱是"市场约束机制"，通过信息公开披露和保险公司信用评级等方式，发挥市场相关方的监督约束作用。在过渡期内，保险公司分别按照现行偿付能力监管制度"偿一代"和"偿二代"标准编制两套偿付能力报告报送保监会，仍以"偿一代"为监管依据。

推进费率市场化改革。经国务院批准，保监会于2月启动万能型人身险费率改革，万能险最低保证利率由保险公司根据产品特性、风险程度自主确定，不再执行2.5%的最低保证利率限制，同时将责任准备金评估利率上限由2.5%提至3.5%，强化准备金和偿付能力等监管。同月，保监会印发《关于深化商业车险条款费率管理制度改革的意见》，明确由中国保险行业协会动态发布商业车险基准风险保费表，保险公司根据自身实际合理确定费率调整标准，根据市场发展情况，逐步扩大保险公司商业车险自主定价权，最终形成高度市场化的费率形成机制。3月，保监会发布商业车险费率改革试点工作方案，确定黑龙江、山东、广西、重庆、陕西、青岛为改革试点地区。

拓展保险资金境外投资范围。3月，保监会发布《关于调整保险资金境外投资有关政策的通知》，将保险资产管理机构受托集团内保险资金的境外投资范围由香港市场扩展至45个国家和地区，固定收益类产品应具备的信用评级由BBB级以上调整为BBB-以上，在原先放开对香港股票主板市场投资的基础上增加对香港创业板股票投资。

（四）促进外汇市场健康发展

推动外汇市场业务创新，规范个人本外币兑换特许业务发展。在银行间外汇市场推出标准化外汇掉期交易，丰富衍生产品交易机制。加强个人本外币兑换特许业务和外币代兑业务市场准入管理，严格申请资质审查，防范操作风险，维护市场秩序。

第四部分　宏观经济形势

一、世界经济金融形势

2015年第一季度，全球经济形势较为复杂，总体有所企稳。受严寒天气等影响美国经济增速有所放缓，长期就业状况有待继续观察。欧元区经济出现部分复苏迹象，根基有待继续稳固。日本经济重回正增长，消费价格涨幅总体放缓。部分新兴市场经济体增长放缓，金融市场波动增大。

（一）主要经济体经济状况

美国经济保持复苏势头，受严寒天气、西海岸港口罢工等因素影响经济增速有所放缓。第一季度美国实际国内生产总值（GDP）环比折年率仅增长0.2%。投资、消费和工业增速均有所下行，但密歇根大学消费者信心指数和sentix投资信心指数仍维持高位。在恶劣天气、美元走强等因素影响下，第一季度美国出口同比减少7.2%，自2014年第一季度以来首次出现负增长。受油价下跌等影响，美国面临较大的通胀下行压力。劳动力市场基本稳定，2月以来失业率降至5.5%，处于近七年来最低水平，但劳动参与率仍位于历史低位，3月新增非农就业人数受天气等因素影响出现明显回落，长期就业状况仍有待继续观察。美联储3月将2015年美国GDP增速的预测值下调至2.3%～2.7%。

欧元区经济出现部分复苏迹象，根基有待稳固。受益于欧央行刺激政策和欧元贬值

表10　2015年第一季度主要经济体宏观经济金融指标

国别	指　标	2014年第一季度			2014年第二季度			2014年第三季度			2014年第四季度			2015年第一季度		
		1月	2月	3月	4月	5月	6月	7月	8月	9月	10月	11月	12月	1月	2月	3月
美国	实际GDP增速(环比折年率，%)	-2.1			4.6			3.9			2.2			0.2 (初值)		
	失业率 (%)	6.6	6.7	6.7	6.3	6.3	6.1	6.2	6.1	5.9	5.8	5.8	5.6	5.7	5.5	5.5
	CPI (同比，%)	1.6	1.1	1.5	2.0	2.1	2.1	2.0	1.7	1.7	1.7	1.3	0.8	-0.1	0.0	-0.1
	DJ工业平均指数 (期末)	15 699	16 322	16 458	16 581	16 717	16 852	16 563	17 098	17 043	17 391	17 828	17 983	17 165	18 133	17 776
欧元区	实际GDP增速(环比折年率，%)	1.3			0.3			0.6			0.9			—		
	失业率 (%)	11.9	11.8	11.7	11.7	11.6	11.6	11.6	11.6	11.5	11.5	11.5	11.4	11.3	11.3	11.3
	HICP综合物价指数 (同比，%)	0.8	0.7	0.5	0.7	0.5	0.5	0.4	0.4	0.3	0.4	0.3	-0.2	-0.6	-0.3	-0.1
	EURO STOXX 50 (期末)	2 853	2 968	2 916	2 978	3 033	3 228	3 115	3 044	3 067	2 998	3 076	3 004	3 198	3 401	3 435
日本	实际GDP增速(环比折年率，%)	5.8			-6.7			-1.9			2.2			—		
	失业率 (%)	3.7	3.6	3.6	3.6	3.6	3.7	3.7	3.5	3.6	3.5	3.5	3.4	3.6	3.5	3.4
	CPI (同比，%)	1.4	1.5	1.6	3.4	3.7	3.6	3.4	3.3	3.2	2.9	2.4	2.4	2.4	2.2	2.3
	日经225指数 (期末)	14 915	14 841	14 828	14 304	14 632	15 162	15 621	15 425	16 174	16 414	17 460	17 451	17 674	18 847	19 207

数据来源：各经济体相关统计部门及中央银行。

等因素，欧元区经济下行风险有所缓解，消费者和企业信心总体有所提高，制造业呈现扩张态势。3月制造业采购经理指数（PMI）升至52.2，为2014年6月以来的最高水平。3月综合物价指数（HICP）为-0.1%，降幅继续收窄。劳动力市场温和改善，1月以来欧元区失业率降至11.3%，为2012年6月以来最低水平。欧央行3月将2015年欧元区GDP增速的预测值调升至1.5%。但国别分化依然明显，除德国外其他主要国家的工业产出与危机前仍有较大差距，结构化改革有待继续推进。

日本经济重回正增长，消费价格涨幅总体放缓。自上年第四季度以来，日本GDP增速重回正增长。对外贸易形势有所好转，工业生产扩张速度有所提升，随着企业利润改善，企业固定资产投资温和增长。但家庭支出和零售销售额下降，表明消费者支出依旧疲弱。受调高消费税导致国内需求萎缩和原油价格下跌等因素影响，日本通胀预期承压，CPI涨幅有所下滑。

新兴市场经济体增长总体有所放缓，部分经济体金融市场波动加剧。受经济结构单一、金融市场深度不足、债务水平持续上升等长期结构性因素制约，新兴市场经济体增长动能减弱。在国际油价下跌等因素影响下，一些主要石油出口国经济增速持续放缓。在美联储加息不确定性较大、地缘政治冲突加剧等背景下，投资者避险情绪上升，部分新兴市场经济体金融市场波动增大，汇率大幅贬值，其中巴西雷亚尔和土耳其里拉贬值幅度尤其明显。

（二）国际金融市场概况

第一季度，发达经济体金融市场整体向好，美元相对其他货币继续保持升值态势，受量化宽松政策影响欧日股市大幅上涨，新兴市场经济体金融市场波动性有所增大。

美元汇率继续上行，主要发达经济体和部分新兴市场经济体货币对美元继续贬值。3月31日，欧元对美元汇率收于1.0730美元/欧元，较上年年末贬值11.3%。英镑和日元对美元汇率分别收于1.4816美元/英镑和120.12日元/美元，分别较上年年末贬值4.9%和0.4%。大多数新兴市场货币对美元贬值，其中巴西雷亚尔和土耳其里拉汇率贬值幅度较大，分别达到16.8%和10.1%。

伦敦同业拆借市场美元Libor小幅上升，欧元区同业拆借利率Euribor有所走低。受美国经济逐步走强、美联储加息预期有所增强等因素影响，美元Libor较年初总体有所上升。截至3月31日，1年期Libor为0.6942%，比年初上升6.5个基点；1年期Euribor为0.198%，比年初下降12.7个基点。

美德国债收益率下行，日本国债收益率小幅上行，新兴市场经济体国债收益率波动性增大。3月31日，美国10年期国债收益率收于1.934%，较上年年末下降24个基点。日本10年期国债收益率收于0.400%，较上年年末上升7个基点。德国10年期国债收益率收于0.185%，较上年年末下降36个基点。新兴市场经济体国债收益率升降不一，但波动性较大，其中巴西10年期国债收益率上升63个基点，俄罗斯10年期国债收益率下降197个基点。

欧日股指大幅上行，新兴市场经济体股指波动性增大。3月31日，道琼斯工业平均指数、欧元区STOXX50指数和日经225指数分别收于17 776点、3 435点和19 207点，较上年年末分别下降0.3%、上升14.3%和10.1%。同期，多数新兴市场经济体股市震荡走高。其中，印度孟买敏感30指数、印度尼西亚雅加达综合指数和南非约翰内斯堡指数分别上升1.7%、5.6%和4.7%。

（三）主要经济体货币政策

美联储加息时点未定，欧洲中央银行等加大宽松政策力度。2015年3月18日，美联储公开市场委员会（FOMC）在货币政策例会后发布声明，调整了前瞻性指引措辞，删除了“对美联储货币政策正常化保持耐心”的表述，但强调“目前将联邦基金利率维持在0～0.25%的目标区间仍是合适的”，并认为“合适的加息时点应在劳动力市场进一步改善且通胀率在中期回升至2%目标的情况下”。英格兰银行继续维持0.5%的基准利率和3 750亿英镑的资产购买规模。日本央行承诺以每年80万亿日元的速度扩大基础货币，并将继续执行量化和质化宽松货币政策直至通胀水平稳定在2%。与此同时，欧央行开始落实公共部门债券购买计划，部分中小发达经济体也开始放松货币政策。2015年以来，欧央行维持主要再融资利率、边际贷款便利利率和存款便利利率不变，从3月9日起实施欧央行公共部门债券购买计划，该计划与私人部门债券购买计划的每月购买规模合计600亿欧元。瑞士央行于1月15日宣布放弃瑞郎兑欧元的1.20汇率上限，下调活期存款利率至-0.75%，4月22日又大幅减少豁免存款负利率账户的机构数量。丹麦央行四次降息，将存款利率从-0.05%降至-0.75%。瑞典央行扩大资产购买计划，并两度降息至-0.25%。加拿大央行于1月21日下调基准利率25个基点至0.75%。澳大利亚央行于2月3日和5月5日两次下调基准利率共计50个基点至2.0%。

为提振经济增长，更多新兴市场经济体开始放松货币政策。印度储备银行于1月15日和3月4日两次下调回购利率各25个基点至7.5%。土耳其央行于1月20日和2月24日分别下调基准回购利率50个、25个基点至7.5%。俄罗斯央行于2月2日、3月16日和5月5日分别下调政策利率200个、100个基点和150个基点至12.5%。印度尼西亚央行2月17日下调政策利率25个基点至7.5%。韩国央行3月12日下调政策利率25个基点至1.75%。尽管也面临增长放缓压力，但一些发展中经济体迫于通胀和货币贬值压力而不得不加息。巴西中央银行于1月21日和3月4日两次上调政策利率各50个基点至12.75%。乌克兰央行于2月5日和3月3日两次上调基准利率共计1 600个基点至30%。

专栏3　欧央行推出大规模量化宽松政策

2015年1月22日，欧央行召开首次由19个成员国（立陶宛于年初加入）组成的理事会会议，为实现价格稳定目标，决定推出“欧版”量化宽松政策。主要内容包括：一是继续扩大资产购买计划的规模。从3月起每月资产购买规模提升至600亿欧元，将持续至2016年9月或中期通胀率接近2%，预计总资产购买规模达1.1万亿欧元。二是扩大资产购买计划的范围。在此前购买资产支持证券和担保债券（每月约110亿欧元）的基础上，将购买范围扩大到投资级的成员国政府机构债券和欧盟机构发行的债券（每月约490亿欧元）。三是欧央行和成员国央行共同参与。对于新增资产部分，欧央行购买和持有成员国政府机构债券的8%；成员国央行购买和持有剩余的92%，其中，12%为欧洲机构债券，80%为成员国政府机构债券（以各成员国央行在欧央行持有的股份比例为基础进行分配）。四是欧央行和各成员国央行共同分担所持部分资产风险。欧央行所购8%的政府机构债券，以及各成员国所购12%的欧洲机构债券纳入共担风险的范围，其余资产的风险由各成员国央行自行承担。2015年3月5日，欧央行进一步公布了QE细节，并于3月9日开始正式执行。

量化宽松政策推出以来，欧元区经济金融状况有所改善。一是欧元区多数国家各期限国债收益率进一步下降，股票及其他资产价格上升。二是银行融资成本和贷款利率降低，信贷条件更加宽松。三是通胀预期触底回升，综合物价指数（HICP）降幅也逐步收窄。四是欧元区经济呈现部分复苏迹象，消费者和企业信心总体有所提高。

欧央行量化货币政策对其他经济体产生了溢出效应。瑞士在欧央行正式宣布量化宽松政策之前采取行动，于1月15日宣布放弃自2011年以来实行的瑞郎与欧元挂钩的汇率政策，丹麦、加拿大、埃及、土耳其、秘鲁和印度等多家央行纷纷降息以应对可能带来的冲击。

目前，欧元区成员国仍处于“紧缩改革”和“增长优先”的激烈争论中，量化宽松政策的长期效果还有待观察。欧元区各成员国竞争力差异较大，从根本上看，加快经济结构调整和改革才是经济复苏的治本之策。此外，也有观点认为，风险共担机制虽然减少了欧央行的风险，强化了各成员国风险责任，但也可能会降低危机国家主权债券对市场的吸引力，弱化“欧版”量化宽松政策的可信度和政策效力。

（四）国际经济展望

国际货币基金组织（IMF）在2015年4月发布的《世界经济展望》中，将2015年全球经济增速预测值维持在3.5%不变。其中，美国经济增速预测值下调为3.3%，欧元区经济增速预测值上调为1.4%，日本经济增速预测值上调为1.0%，新兴市场和发展中经济体经济增速维持在4.3%。总体看，全球经济和物价形势有走稳迹象，资本流动的不确定性仍然较大。

一是发达经济体经济前景有所改善，结构性改革有待继续深入。美国第一季度经济增速和就业数据有所下行，主要是受季节因素影响，消费者和投资者信心依然稳固。欧元区货币信贷情况有所好转，M3增速提高，私人部门信贷增速回稳，银行融资成本和贷款利率下降，货币政策传导有所改善，有助于实体经济恢复。但结构性问题依然是经济复苏的较大制约，未来结构性改革进展仍在根本上决定着各经济体的增长状况。

二是大宗商品价格低位企稳，有助于减轻全球通缩压力。受页岩气厂商可能减产、也门等地缘政治事件冲击等供给面因素影响，加之市场对美联储加息时点的预期出现反复，大宗商品价格下行压力一定程度上得到缓解，有助于减轻全球通缩压力。

三是美国加息时点及跨境资本流动不确定性较大。近期美国主要经济数据略有走低，市场对美联储加息时点的预期已较前期有所推后。在美联储货币政策正常化持续推进、加息时点难以准确判断、美元指数走势有较大不确定性及诸多经济体陆续调整货币政策的情况下，国际资本流动的不确定性仍然较大。

专栏4　中央银行沟通与预期管理

全球金融危机之后，一些非传统货币政策工具逐渐进入公众视野，其中之一就是“前瞻性指引”（forward guidance）。“前瞻性指引”是个新名词，但其背后的经济学思想却有更久远的渊源。与之相关的是两个更广泛的概念，预期和中央银行的沟通。近二十年来，随着对预期管理认识的深入，同时也伴随央行独立性的提高和问责的需要，中央银行神秘的面纱一点点撩开，沟通日益成为重要的货币政策工具。

理论和实践发展促进了对中央银行沟通及预期引导重要性的认识。有关央行透明度和沟通的研究在20世纪90年代中期逐渐展开。尤其是在货币形态与金融资产日趋复杂、规模不断扩大的情况下，稳定预期对于货币政策调控的作用就显得更加重要。1996年，Alan Blinder提出更多沟通有利于央行提升政策效果，2001年Michael Woodford提出货币政策的精髓就是管理预期，在2003年出版的著作《利息与价格》中，他指出货币政策的有效性取决于其影响政策利率未来路径的市场预期的能力，而不仅仅是当期的政策利率水平本身。如果市场参与者更多了解有关货币政策意图和未来可能的政策路径，其行为就可能向调控所希望的方向趋同，从而提高政策调控的有效性。这意味着现代的货币政策调控不仅要靠操作，还要靠对预期的引导。还有一些文献从学习角度对预期管理和沟通进行了研究，提出由于经济环境或者政策规则的动态变化，公众的预期并非完全理性，央行和公众之间存在信息不对称，公众通过学习来了解央行，因此央行需要通过沟通建立与公众之间的桥梁，帮助公众正确理解央行的意图，从而有效地达到政策效果。

基于上述理论研究和实践发展，中央银行不断改进和完善沟通。最开始披露总体目标和策略；其次公布决策结果，如目标利率水平等；之后，在决策结果之外，还公布决策的原因以及对经济的展望。近年来，面临零利率下限约束，一些央行尝试引进前瞻性指引，即央行直接发布利率的未来预期路径，但这并非是一种政策承诺，而是表明如何就未来的形势发展作出合理的政策反应。总体看，货币政策调控框架的演进更加强调了透明度和规则性，这本身就是强化沟通的一种重要方式，通过有效的沟通，可以更好地帮助公众形成对未来政策路径的合理预期，并据此作出经济决策。中央银行的沟通经历了一个发展的过程。以美联储为例，20世纪80年代至90年代初，美联储在明确政策目标和策略上作出了一些尝试；1994年美联储开始在公开市场委员会（FOMC）例会之后发布公告，最开始的公告只有一个政策方向性的信息，之后内容逐渐扩展，逐步公布利率调整的幅度、决策的原因、对风险的评估等；2012年美联储开始引入前瞻性指引。一些对央行沟通实践的实证研究也表明，有效的沟通能够影响金融市场，提高货币政策的可预测性，帮助货币当局实现宏观经济目标。

总体看，各方对预期管理和沟通在央行政策中的重要作用已基本形成共识，但仍然有许多开放性的问题值得进一步研究和讨论。

一是如何把握沟通的程度，是否透明度越高越好？比如披露决策细节，虽然可能有助于提高透明度并对决策者形成激励，但也有可能使之屈从各方面压力而从众；披露的细节过多，由于经济形势复杂多变可能导致前后信息不一致，或者不同渠道发布内容表述不完全一致，反倒可能损害央行信誉，且过多信息也可能成为噪音。此外正如前文提到的，央行透明度与独立性也有关联，一般而言，独立性越高，对透明度的要求越高，否则做法上可能会不一样。

二是如何提高沟通的有效性？很多因素，包括公众的理解能力、媒体的倾向性报道都可能影响沟通的有效性。再比如，在一些新兴市场经济体和发展中国家，因制度建设有待完善，央行不一定有优势来指导市场参与者。如果沟通并未包括很多有用的信息，对于指导市场参与者的意义并不大。

三是有没有最优的沟通策略？由于各国情况不同，各国采取的沟通策略存在差异，目前尚未有所谓的最佳实践。特别是围绕最近发展起来的前瞻性指引还有不少争论。比如，通过设立单一指标简化经济模型，对货币政策设置门槛值，虽然方便了央行与公众的沟通，但宏观经济形势与市场发展瞬息万变，过于简化的做法可能影响货币政策的连续性。此外，前瞻性指引是在面临零利率下限、传统货币政策操作空间有限情况下的一种尝试，经济环境不同的国家还应根据本国情况谨慎使用。

二、中国宏观经济形势

2015年第一季度，中国经济保持在合理区间运行，结构调整持续推进。消费平稳增长，网络零售保持强劲；投资增速放缓，但基础设施投资增长较快；民营企业成为出口主要拉动力量，服务业实际使用外资保持较快增长。第三产业比重进一步提高，新产业、新业态、新主体加快孕育，结构调整起步较早的企业、行业和地区走势较好。就业基本稳定，消费价格温和上涨。经济指标及其相互之间关系的变化显示，经济正处在新旧产业和发展动能转化的接续关键期。

初步核算，第一季度实现国内生产总值（GDP）14.1万亿元，按可比价格计算，同比增长7.0%，环比增长1.3%；居民消费价格（CPI）同比上涨1.2%；以人民币计价的货物贸易顺差为7 553亿元。

（一）消费平稳增长，投资增速放缓，进出口增速回落

城乡居民收入和消费需求平稳增长。第一季度，城镇居民人均可支配收入8 572元，同比名义增长8.3%，扣除价格因素实际增长7.0%；农村居民人均可支配收入3 279元，同比名义增长10.0%，实际增长8.9%。第一季度人民银行城镇储户问卷调查显示，当期收入感受指数为50.8%，较上季度提高1.6个百分点；居民消费意愿平稳，倾向于“更多消费”的居民占18.5%，比上季度略降0.2个百分点，居民未来3个月旅游意愿为29%，较上季度提高2.9个百分点。第一季度，社会消费品零售总额为7.1万亿元，同比名义增长10.6%，扣除价格因素实际增长10.8%。乡村商品零售增长继续快于城镇，城镇消费品零售额为6.1万亿元，同比增长10.4%；乡村消费品零售额为1.0万亿元，增长11.6%。网络零售保持强劲，全国网上商品和服务零售额为7 607亿元，同比增长41.3%。消费结构继续调整，通信、新能源汽车销售快速增长，大众化消费带动餐饮消费稳步回升。第一季度，限额以上单位通讯器材销售同比增长38.5%，新能源汽车销量增长2.8倍；餐饮收入同比增长11.3%，较上年加快1.5个百分点。

固定资产投资增速放缓，基础设施投资增长较快。第一季度固定资产投资（不含农户）7.8万亿元，同比名义增长13.5%，扣除价格因素实际增长14.5%。其中，民间固定资产投资占65%，同比提高0.2个百分点。三次产业投资分别增长32.8%、11.0%和14.7%。第三产业中，基础设施投资（不含电力）1.3万亿元，同比增长23.1%，其中，水利管理业投资增长15.8%，公共设施管理业投资增长23.5%，道路运输业投资增长23.8%，铁路运输业投资增长14.9%。分地区看，东部、中部、西部地区同比分别增长12.2%、15.9%和12.6%。施工和新开工项目情况有所好转，第一季度施工项目计划总投资55.8万亿元，同比增长7.0%；新开工项目计划总投资5.8万亿

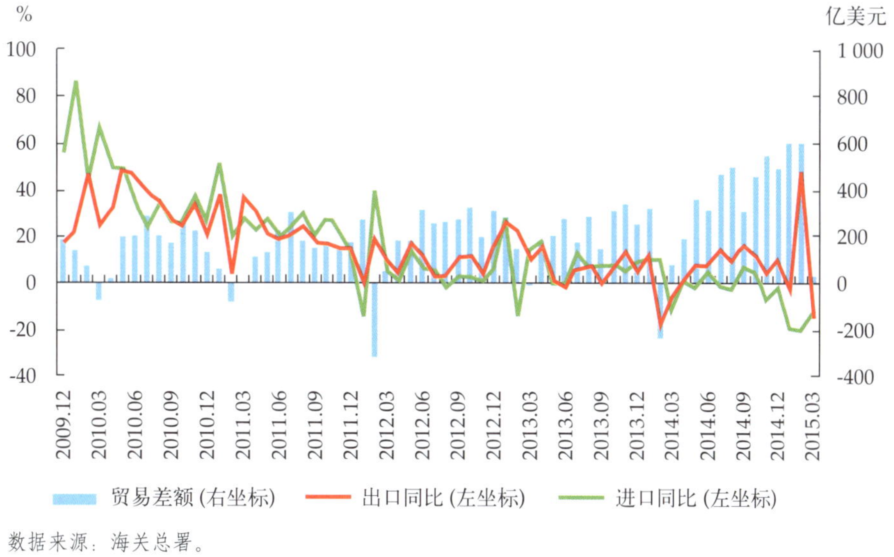

数据来源：海关总署。

图3 进出口增速与贸易差额

元，同比增长6.1%。

货物贸易顺差大幅增加，民营企业对出口贡献较大。第一季度货物进出口总额为5.54万亿元，同比下降6%，其中，出口3.1万亿元，同比增长4.9%，进口2.4万亿元，同比下降17.3%，顺差7 553亿元。一般贸易出口增长较快，同比增长12.2%，快于总体出口增速7.3个百分点，带动出口增长6.2个百分点。民营企业成为出口主要拉动力量，民营企业出口增长12.5%，对出口增量贡献102.7%。从产品看，机电产品、传统劳动密集型产品出口增长较快，部分高端制造业产品出口增速在20%以上。

外商直接投资结构继续调整，对外直接投资增长较快。第一季度，实际使用外商直接投资348.8亿美元，同比增长11.3%。境内非金融类投资者对外直接投资257.9亿美元，同比增长29.6%。服务业实际使用外资保持较快增长，制造业实际使用外资有所下降。第一季度，服务业实际使用外资215.9亿美元，同比增长21.4%，在全国总量中的比重为61.9%；制造业实际使用外资112.2亿美元，同比下降3.6%。

（二）农业生产形势稳定，工业生产增速有所回落

2015年第一季度，第一产业增加值7 770亿元，同比增长3.2%；第二产业增加值60 292亿元，增长6.4%；第三产业增加值72 605亿元，增长7.9%，第三产业增加值增长快于第二产业。三次产业增加值占GDP比重分别为5.5%、42.9%和51.6%，第三产业占比较上年同期提高2.6个百分点，高于第二产业8.8个百分点。

农业生产形势稳定。根据全国11万多农户种植意向调查，2015年全国稻谷意向种植面积增长0.2%，小麦增长0.7%，玉米增长1.9%，棉花减少11.2%。目前，主产区苗情正常。第一季度，猪牛羊禽肉产量2 315万吨，同比下降1.4%，其中猪肉产量1 557万吨，下降3.1%。

工业生产增速有所回落，新兴产业运行相对平稳，传统产业压力较大。全国规模以上工业增加值按可比价格计算同比增长6.4%，增速较上年同期低2.3个百分点。其中，高技术产业、电子制造业、医疗行业增加值同比分别增长11.4%、12%和10.6%。第一季度，规模以上工业企业产销率达到97.2%，比上年同期提高0.1个百分点。全国规模以上工业企业实现利润总额1.3万亿元，同比下降2.7%，主营业务收入利润率为5.18%。在41个工业大类行业中，30个行业利润总额同比增长，其中，计算机、通信和其他电子设备制造业增长22.9%，电力、热力生产和供应业增长16.4%。受有效需求不足和产能过剩影响，钢铁行业、水泥、平板玻璃的利润同比分别下降36%、67.6%和26.6%。

（三）消费价格温和上涨

居民消费价格涨幅保持低位。第一季度，居民消费价格（CPI）同比上涨1.2%，比上季度回落0.3个百分点，各月涨幅分别为0.8%、1.4%和1.4%。从食品和非食品分类看，食品价格同比上涨1.9%，比上季度低0.7个百分点，拉动CPI上涨约0.7个百分点；非食品价格同比上涨0.8%，比上季度低0.2个百分点，拉动CPI上涨约0.5个百分点。从消费品和服务分类看，消费品价格同比上涨0.9%，涨幅比上季度低0.5个百分点；服务价格同比上涨1.9%，涨幅与上季度持平。

生产价格降幅扩大。第一季度，工业生产者出厂价格（PPI）同比下降4.6%，降幅比上季度扩大1.8个百分点，各月分别下降4.3%、4.8%和4.6%。其中，生活资料价格下降0.1%，与上季度持平；生产资料价格下降5.9%，比上季度扩大2.3个百分点，影响PPI下降约4.6个百分点。工业生产者购进价格同比下降5.6%，降幅比上季度扩大2.4个百分点，各月分别下降5.2%、5.9%和5.7%。企业商品价格（CGPI）同比下降5.6%，降幅比上年同期扩大3.6个百分点。初级产品价格跌幅较大，投资品价格跌幅大于消费品。农业生产资料价格降幅大于农产品生产价格降幅，农产品生产价格同比下降0.7%，农业生产资料价格同比下降0.9%。

受国际大宗商品价格下降影响，进口价格降幅显著扩大。第一季度，洲际交易所布伦特原油期货当季平均价格比上年同期下跌48.9%，比上季度下跌28.5%。伦敦金属交易所铜现货当季平均价格比上年同期下跌17.4%，比上季度下跌12.2%。第一季度各月，进口价格分别同比下降9.6%、9.3%和10.5%，平均下降9.8%，比上季度扩大4.3个百分点；出口价格分别同比上涨0.4%、-3.3%和-0.3%，平均下降1.1%，上季度上涨0.5%。

GDP平减指数继续回落。第一季度，GDP平减指数（按当年价格计算的GDP与按固定价格计算的GDP的比率）变动率为-1.1%，比上年同期回落1.6个百分点，比上年全年回落1.9个百分点。

价格改革继续推进。1月21日，国家发展改革委等部门发出通知，要求按照“污染付费、公平负担、补偿成本、合理盈利”原则，综合考虑本地区水污染防治形势和经济社会承受能力等因素合理制定和调整污水处理收费标准。1月29日，国家发展改革委发出通知，适当调整铁路货运价格，并建立上下浮动机制。2月26日，国家发展改革委发出通知，理顺非居民用天然气价格，实现存量气和增量气价格并轨，试点放开直供用户用气门站价格，居民用气门站价格暂不调整。4月8日，国务院常务会议决定，为降低企业成本、稳定市场预期、促进经济增长、有扶有控调整产业结构，适当下调燃煤发电上网电价和工商业用电价格。

（四）财政收支低速增长

第一季度，全国财政收入3.6万亿元，按可比口径[①]同比增长2.4%，增速同比低6.9个百分点。全国财政支出3.3万亿元，按可比口径同比增长6.9%，增速同比低5.7个百分点。全国财政收支盈余为3 592亿元，比上年同期减少1 001.4亿元。

从收入结构看，非税收入5 844亿元，按可比口径同比增长8.8%，税收收入3.1万亿元，同比增长1.2%。其中，国内增值税、国内消费税、营业税分别同比增长1.9%、9.2%和4.6%，进口货物增值税和消费税同比下降13.0%，企业所得税和个人所得税同比分别增长7.7%和12.8%。从支出结构看，增长较快的有交通运输支出、节能环保支出、医疗卫

① 2015年财政收支口径进行了调整，把11项政府性基金转列入一般公共预算。“按可比口径”指调整上年基数后计算出的可比增幅，与2015年预算草案增幅口径一致。其余增幅则为2015年收支绝对额比上年同期收支绝对额的增幅。

生与计划生育支出，同比分别增长43.3%、26.4%和13.3%。

（五）就业形势基本稳定

第一季度，全国城镇新增就业324万人，同比少增20万人。3月末城镇登记失业率为4.05%，同比和环比均小幅下降。第一季度，中国人力资源市场信息监测中心对全国100个城市的公共就业服务机构市场供求信息进行的统计分析显示，劳动力市场需求略大于供给，求人倍率为1.12，比上年同期上升0.01，比上季度下降0.03。分行业看，制造业、批发和零售业、住宿和餐饮业、居民服务和其他服务业等行业用人需求同比下降幅度较大，但环比仍有较大幅度增长。从求职人员看，新成长失业青年、就业转失业人员、外埠人员、本市农村人员等各类人员的求职人数同比均有所减少。从专业技术职务看，对初、中级专业技术职务的用人需求同比有所下降，对高级工程师的用人需求略有增长，高级工程师、技师、高级技师、高级工的缺口较大。

（六）国际收支基本平衡

2014年，经常项目顺差为2 197亿美元，与同期GDP之比为2.1%，继续处于国际公认的合理范围之内。资本和金融项目顺差为382亿美元，较2013年下降89%。截至2014年年末，外汇储备余额3.84万亿美元，外汇储备资产增加1 178亿美元。

外债总规模继续上升。为进一步提高外债统计质量，逐步与最新国际标准接轨，从2014年开始中国按照国际货币基金组织“数据公布特殊标准（SDDS）”的分类标准公布外币外债数据，并将特别提款权（SDR）分配纳入外债统计。截至2014年年末，外债余额为8 955亿美元，按可比口径（含SDR分配）计算，同比增长2.5%。其中，短期外债余额为6 211亿美元，同比增长0.4%，占外债余额的69.4%。

（七）行业分析

1. 房地产行业

第一季度，全国商品房成交量同比下降，降幅较1～2月收窄，70个大中城市房价同比下降的城市个数增加，环比下降的城市个数减少，房地产开发投资继续回落，房地产贷款增速小幅回升。

房价同比下降的城市个数增加，环比下降的城市个数减少。2015年3月，全国70个大中城市新建商品住宅价格均同比下降，下降城市个数比上年12月增加2个，环比下降的城市有50个，比上年12月减少16个。二手住宅价格同比下降的城市有69个，比上年12月增加2个；二手住宅价格环比下降的城市个数有48个，比上年12月减少12个。

商品房销售面积和销售额同比下降，但降幅较1～2月收窄。第一季度，全国商品房销售面积为1.83亿平方米，同比下降9.2%，降幅比1～2月减少7.1个百分点，比上年全年扩大1.6个百分点。商品房销售额为1.2万亿元，同比下降9.3%，降幅比1～2月减少6.5个百分点，比上年全年扩大3个百分点。其中，商品住宅的销售面积和销售额分别占商品房销售面积和销售额的88.1%和83.7%。

房地产开发投资继续回落。第一季度，全国完成房地产开发投资16 651亿元，同比增长8.5%，增速比上年全年回落2个百分点。其中，住宅投资11 156亿元，占房地产开发投资的比重为67%，同比增长5.9%，增速比上年全年回落3.2个百分点。全国房屋新开工面积为2.4亿平方米，同比下降18.4%，降幅比上年全年扩大7.7个百分点。全国房屋施工面积为58.4亿平方米，同比增长6.8%，增速比上年全年回落2.4个百分点。全国房屋竣工面积1.7亿平方米，同比下降8.2%，而上年全年为同比增长5.9%。

房地产贷款增速小幅回升。截至3月末，主要金融机构（含外资）房地产贷款余额为18.4万亿元，同比增长19.4%，增速比上年年末高0.5个百分点。房地产贷款余额占各项贷款余额的21.4%，比上年年末高0.1个百分点。其中，个人住房贷款余额为11.2万亿元，同比增长17.9%，增速比上年年末高0.3个百分点；住房开发贷款余额为3.5万亿元，同比增长24.2%，增速比上年年末低0.2个百分点；地产开发贷款余额为1.5万亿元，同比增长30.6%，比上年年末高4.9个百分点。第一季度，新增房地产贷款9 935亿元，占各项贷款新增额的27%，比上年同期占比水平高0.6个百分点。

2015年《政府工作报告》提出，要加大城镇棚户区和城乡危房改造力度，全年保障性安居工程新安排740万套，其中，棚户区改造580万套，增加110万套。截至3月末，全国保障性住房开发贷款余额为1.3万亿元，同比增长64.3%，增速比房产开发贷款高42.1个百分点。此外，利用住房公积金贷款支持保障性住房建设试点工作稳步推进，截至3月末，已按进度发放住房公积金贷款802亿元，支持了82个城市的359个保障房建设项目，收回贷款本金335亿元。

2. 新能源汽车产业

近年来，为有效缓解能源和环境压力，中国加快培育和发展新能源汽车产业。经过十余年的研究开发和示范运行，新能源汽车已经初步建立了以纯电动、油电混合动力、燃料电池三条技术路线为基础的产业发展格局，配套基础设施建设也取得初步进展，部分城市和城际之间建立了充电服务网络雏形。截至2014年年末，共建成充换电站778座，充电桩3.1万个。2015年1月，京沪高速快充网络也已建成。

在一系列扶持政策和市场需求推动下，中国新能源汽车产业迎来跨越式发展的机遇，生产和销售均呈现快速增长。据中国汽车工业协会统计，2014年新能源汽车共生产7.8万辆，销售7.5万辆，比上年分别增长3.5倍和3.2倍，年销量仅次于美国。2015年第一季度，新能源汽车累计生产2.5万辆，同比增长3倍。截至2014年年末，中国新能源汽车的保有量已经超过12万辆，仅次于美国。

新能源汽车产业在快速发展的同时，也存在一些问题亟待解决。主要是基础研发相对滞后，新能源汽车整车和部分核心零部件的关键技术尚未突破，产品成本和市场售价较高；社会配套体系不完善，基础设施营运维护机制不明确，充电换电等必需的设施建设亟须加速。从国际经验看，包括财政补贴和税收优惠在内的扶持政策对各国新能源汽车发展均起到了重要推动作用，但随着产业规模的扩大和市场化程度不断提高，需在政府、企业和消费者之间建立可持续的激励相容的政策机制。下一阶段，要多措并举推动新能源汽车产业健康发展。一是加大研发力度，突破关键技术，加快形成具有自主知识产权的技术、标准和品牌。二是坚持政府引导与市场驱动相结合，逐步形成多方参与的运营机制，尤其是打破部门和地区藩篱、加快充电换电等基础设施网络建设。三是构建多层次投融资体制，加大金融对新能源汽车行业的资金支持，更多引入风险资本和民间资本参与行业发展。

第五部分 货币政策趋势

一、中国宏观经济展望

国际金融危机爆发以来，全球经济进入长期的再平衡调整期，各经济板块运行逐渐显示出差异和分化。总的来看，弹性较强、市场出清和结构调整较快的经济体表现出了更强的复苏势头。在全球性调整的大背景下，中国经济也正处于增速换挡、结构调整和前期政策消化三期叠加的阶段，从增速变化、结构调整和动力转换等角度看，经济进入“新常态”的特征更趋明显。结构调整为中长期的经济增长注入动力，但短期看则面临下行调整的压力，需要坚持处理好稳增长、调结构、促改革和防风险之间的关系。虽然面临的内外部形势依然错综复杂，中国经济保持平稳较快增长仍有不少有利条件。一是经济体量较大，市场空间广阔，回旋余地大，抗风险能力也比较强。从产业看，传统增长引擎放缓，但新业态、新商业模式快速发展，以互联网经济等为代表的新增长点加快成长，消费热点不断涌现；从区域看，部分老工业地区、资源性地区较为困难，但结构调整起步早、转型升级步伐快的东部地区和部分中西部省份经济逐步趋向平稳运行。二是伴随着力于激发经济活力的改革和结构调整措施陆续出台，新登记注册企业快速增长，创业浪潮正在兴起，有助于增强经济增长的内生动力，“一带一路”、“京津冀”及“长江经济带”战略逐步推进，铁路、水利、棚改等一系列重大工程和公共设施项目启动实施，都有利于稳定投资和经济增长。三是宏观政策效果逐步显现，货币政策更加注重松紧适度和预调微调，流动性整体充裕，市场利率明显回落，社会融资成本有所下行，有利于促进金融支持实体经济，随着统筹使用和盘活存量资金力度逐步加大，也将助推财政政策更好地加力增效，加大对实体经济的支持力度。在上述因素的共同推动下，国民经济有望保持平稳较快发展态势。

当然，经济运行中面临的矛盾和问题依然突出。从国际上看，受多种因素影响，外需改善对出口的拉动作用较为有限，全球经济再平衡调整过程中各区域运行和宏观政策继续分化，溢出效应加大，国际主要货币汇率波动和跨境资本流动的不确定性都可能会比较大，地缘政治等非经济扰动因素也比较多，环境复杂多变。从国内情况看，经济下行压力加大，内生增长动力尚待增强，经济增长仍在较大程度上依靠政府主导的投资推动，在投资率已处高位和债务约束增强的情况下进一步扩张空间有限，且持续增长的债务规模导致大量资源用于归还和维系债务，容易使宏观经济产生内生的紧缩效应，结构调整和去产能过程仍将伴随经济的下行压力。稳增长、调结构、促改革、惠民生和防风险的任务艰巨。需要适应经济结构和需求结构的变化，在一些关键领域取得突破，加快培育和强化新的经济增长点，激发经济活力，提高增长的质量和效益，拓展金融资源有效配置的领域和空间。

在多方面因素共同作用下，价格涨幅

保持低位。物价变化主要受供需两方面因素的影响。从需求面看，经济增速有所放缓，从供给面看，受全球经济缓慢复苏、美元波动中走强等影响，以美元计价的大宗商品价格可能低位盘整，将对价格走势持续产生影响，总体看物价保持低位运行的概率较大。中国人民银行2015年第一季度城镇储户问卷调查显示，未来物价预期指数为59%，较上季度下降了5.5个百分点。应当看到，在经济增速换挡和结构调整过程中，难免会出现一定的物价下行压力，其中，大宗商品和原材料价格下降、电子商务快速发展减少物流费用、创新带来的生产效率提升等都有利于降低成本，从而产生正面供给冲击的作用，中国人民银行2015年第一季度企业家问卷调查显示，产品销售价格指数较上季度下降了1.5个百分点，较上年同期下降3.1个百分点，同时原材料购进价格指数则较上季度下降1.6个百分点，较上年同期下降了6.4个百分点，当然若物价持续走低也可能对市场预期产生影响，并推高实际利率水平，因此对物价变化及其影响应全面、客观研判。未来的物价走势取决于内外部经济环境的变化，而前期出台的一系列政策措施的效果也正在逐步显现，须继续密切监测和观察。

二、下一阶段主要政策思路

中国人民银行将认真贯彻落实党的十八大、十八届三中、四中全会、中央经济工作会议和政府工作报告精神，按照党中央、国务院的战略部署，坚持稳中求进工作总基调和宏观政策要稳、微观政策要活的总体思路，更加主动适应经济发展新常态，保持政策的连续性和稳定性，继续实施稳健的货币政策，更加注重松紧适度和预调微调，既要防止过度“放水”固化结构扭曲、推升债务和杠杆水平，也要根据流动性供需、物价和经济形势等基础条件的变化进行适度调整，为经济结构调整与转型升级营造中性适度的货币金融环境，促进经济科学发展、可持续发展。更加注重改革创新，寓改革于调控之中，把货币政策调控与深化改革紧密结合起来，更充分地发挥市场在资源配置中的决定性作用。针对金融深化和创新发展，进一步完善调控模式，疏通货币政策向实体经济的传导渠道，着力解决突出问题，提高金融运行效率和服务实体经济的能力。

一是综合运用多种货币政策工具，加强和改善宏观审慎管理，优化政策组合，保持适度流动性，实现货币信贷和社会融资规模合理增长。根据内外部经济金融形势变化，灵活运用各种货币政策工具，完善中央银行抵押品管理框架，调节好流动性水平，保持货币市场稳定。目前各类货币政策工具都有较大的空间，能够有效调节和供给流动性，无须以量化宽松的方式大幅扩张流动性水平。继续引导商业银行加强流动性和资产负债管理，做好各时点的流动性安排，合理安排资产负债总量和期限结构，提高流动性风险管理水平。继续发挥差别准备金动态调整机制的逆周期调节和结构引导作用。结合支小支农贷款投向、资本充足率高低、风险内控状况、机构新设、区域发展等五大“元素”，合理确定并适时调整政策参数，更好地体现差别化和针对性，引导金融机构根据实需和季节性规律安排好贷款投放节奏，同时将更多的信贷资源配置到“三农”、小微企业等重点领域和薄弱环节，支持实体经济发展。继续探索和完善宏观审慎管理的机制和手段。

二是盘活存量、优化增量，支持经济结构调整和转型升级。优化流动性的投向和结构，落实好“定向降准”的相关措施，发挥好信贷政策支持再贷款和再贴现政策的作用，引导金融机构优化信贷结构。推动金融产品和服务创新，支持农业适度规模经营，加大对水利建设项目的倾斜力度，积极做好新型城镇化的各项金融服务；继续贯彻落实扶持小微企业的政策措施，拓宽小微企业多元化融资渠道，支持小微企业健康发展；进一步完善信贷政策导向效果评估，加强评估结果与货币政策、金融市场工具的关联，引导金融机构加大对“三农”、小微企业的信贷资金投入；做好创新驱动发展战略的金融服务工作，开发适合企业技术创新需求特点的融资产品，引导金融机构加大对重点行业和科技、文化、战略性新兴产业等重点领域的金融支持，努力做好化解产能严重过剩矛盾的金融服务工作；做好扶贫开发金融服务，积极稳妥推动发展扶贫小额信贷，加强连片特困地区金融服务协调联动；积极发展普惠金融，努力做好就业、助学、少数民族、农民工、大学生村官等“民生”领域的金融支持和服务。落实好差别化住房信贷政策，改进对保障性安居工程建设的金融服务，继续支持居民家庭合理的住房消费，进一步拓宽正常化、市场化的融资渠道。进一步发挥开发性和政策性金融作用，支持棚户区改造、水利、中西部铁路等重大项目建设。继续通过保持货币信贷合理增长、完善银行公司治理、清理不合理金融服务收费、完善多层次资本市场、增加金融供给、加大改革和结构调整力度等多措并举，标本兼治，着力降低社会融资成本。

三是进一步推进利率市场化和人民币汇率形成机制改革，提高金融资源配置效率，完善金融调控机制。进一步健全市场利率定价自律机制，提高金融机构自主定价能力。继续推进同业存单发行和交易，探索发行面向企业及个人的大额存单，逐步扩大金融机构负债产品市场化定价范围。继续培育上海银行间同业拆放利率（Shibor）和贷款基础利率（LPR），建设较为完善的市场利率体系。建立健全中央银行的利率调控框架，加强预期引导，强化价格型调控和传导机制。进一步完善人民币汇率市场化形成机制，加大市场决定汇率的力度，增强人民币汇率双向浮动弹性，保持人民币汇率在合理、均衡水平上的基本稳定。加快发展外汇市场，坚持金融服务实体经济的原则，为基于实需原则的进出口企业提供汇率风险管理服务。支持人民币在跨境贸易和投资中的使用，稳步拓宽人民币流出和回流渠道。推动人民币对其他货币直接交易市场发展，更好地为跨境贸易人民币结算业务发展服务。密切关注国际形势变化对资本流动的影响，加强对跨境资本的有效监控。

四是完善金融市场体系，切实发挥好金融市场在稳定经济增长、推动经济结构调整和转型升级、深化改革开放和防范金融风险方面的作用。加强市场基础性建设，为经济结构调整和转型升级提供高效的投融资市场。推动市场创新，丰富债券市场产品和层次，更好地满足投资者需求。继续完善做市商制度，提高债券市场流动性，为培育有效的收益率曲线夯实基础。丰富投资者群体，培育多元化的参与主体，继续推动金融市场、金融产品、投资者和融资中介多元化发展，推动符合条件的境内外机构投资者投资银行间债券市场，强化市场化约束和风险分担机制。大力发展直接融资，推动多层次资本市场建设。强化市场监管，充分发挥公司信用类债券部际协调机制的作用，加强监管协调，进一步加强信息披露、信用评级等市场化约束机制建设，规范市场主体交易行为，防范金融风险，促进金融市场安全高效运行和规范发展。

五是深化金融机构改革，通过增加供给和竞争改善金融服务。继续深化大型商业银行和其他大型金融企业改革，完善公司治理，形成有效的决策、执行、制衡机制，把公司治理的要求真正落实于日常经营管理和风险控制之中。落实政策性、开发性金融机构改革方案，科学建立资本约束机制，健全治理结构，完善财税扶持政策，构建符合中国特色、能更好地为经济发展服务、可持续运营的政策性和开发性金融机构及其政策环境。继续推动资产管理公司商业化转型。在加强监管前提下，鼓励各类型金融机构和金融服务组织、中介机构有序发展，形成各种市场主体共同参与竞争的金融生态。进一步完善互联网金融相关标准和制度，促进公平竞争，加强行业自律，提升风险防控能力，切实维护投资者权益，促进互联网金融健康发展。

六是有效防范系统性金融风险，切实维护金融体系稳定。加强宏观审慎管理，引导金融机构稳健经营，督促金融机构加强内部控制，切实改进信贷管理和流动性管理，提高防控风险的能力和水平。健全系统性金融风险的防范预警和评估体系，继续加强对地方政府性债务、房地产市场、产能过剩行业、各类影子银行业务、企业互保联保等风险领域的监测分析，动态排查风险隐患，督促金融机构及有关方面做好各种情景下的应对预案。充分发挥金融监管协调部际联席会议制度的作用，强化交叉性、跨市场金融产品的风险监测和监管协调，促进各类金融市场、各类金融工具的协调发展，建立健全金融综合统计体系和信息共享机制。扎实做好存款保险制度的组织实施工作。采取综合措施维护金融稳定，守住不发生区域性系统性金融风险的底线。

PART 1 Money and Credit Performance

In the first quarter of 2015 liquidity in the banking sector was sufficient, and money, credit, and all-system financing aggregates grew in a stable manner. Market interest rates continued to decline, and the flexibility of the exchange rate improved significantly.

I.Growth of monetary aggregates close to the expected target

At the end of March 2015, outstanding M2 stood at RMB127.5 trillion yuan, up 11.6 percent year on year. Outstanding narrow money (M1) stood at RMB33.7 trillion yuan, up 2.9 percent year on year. Cash in circulation (M0) grew by 6.2 percent, reaching RMB6.2 trillion yuan. On a net basis, in the first quarter the central bank injected RMB169 billion yuan into the economy in cash, an increase of RMB193.2 billion yuan year on year.

In the first quarter, M2 increased by RMB4.7 trillion yuan, which, based on the annual growth target of 12 percent, was estimated to be about one-third of the annual incremental amount. The increase in monetary aggregates has undergone some structural changes. Specifically, monetary growth mainly relies on credit supply, and portfolio investment generates more monetary supply. As efforts are made to gradually regulate the inter-bank business and borrowing by local government financing vehicles, growth of the inter-bank business among commercial banks slowed down markedly, generating less monetary supply. This is a major factor behind the decline in monetary growth, and it is also a reflection of the structural adjustments in the monetary supply. Against the backdrop of an already large volume of base money, weak growth momentum in the traditional capital-intensive industries, inefficient companies occupying a large amount of funds, and the absence of new drivers for growth, an objective assessment of the structural slowdown in M2 is necessary.

At end-March, outstanding base money registered RMB29.6 trillion yuan, up 7.7 percent year on year. This represented an increase of RMB165.8 billion yuan from the beginning of the year. The money multiplier stood at 4.31, which was 0.13 higher than that at the end of 2014. The excess reserve ratio of financial institutions was 2.3[1] percent and that of rural credit cooperatives was 4.4 percent.

II. Deceleration in the growth of deposits in financial institutions

At the end of March, outstanding deposits

1. In January 2015 the PBC adjusted the coverage of the reserve requirement. Deposits of non-deposit-taking financial institutions are now to be recorded as "all deposits," based on which the reserve requirement should be calculated in line with the applicable legal reserve requirement ratio of 0. The excess reserve requirement ratio calculated based on the expanded coverage is not comparable with the previous data. If calculated based on the previous coverage, the excess reserve requirement ratio should be higher than 2.3 percent.

of domestic and foreign currencies in all financial institutions (including foreign-funded financial institutions, the same hereafter) posted RMB129.1 trillion yuan, up 10.6 percent year on year and a deceleration of 1.8 percentage points from end-2014. This was an increase of RMB4.7 trillion yuan from the beginning of the year and a deceleration of RMB1.4 trillion yuan year on year. Outstanding RMB deposits registered RMB124.9 trillion yuan, up 10.1 percent year on year and a deceleration of 2.0 percentage points from end-2014. This was an increase of RMB4.2 trillion yuan from the beginning of the year and a deceleration of RMB1.6 trillion yuan year on year. The slowdown in deposit growth was mainly due to a significant decrease in deposits generated from foreign-exchange purchases and inter-bank businesses. Outstanding deposits in foreign currencies registered USD694 billion, up 27.6 percent year on year. This was an increase of USD83.5 billion from the beginning of the year and an acceleration of USD39.8 billion year on year.

Broken down by sector, the growth of household deposits accelerated amidst a stabilizing trend, and the growth of non-financial corporate sector deposits continued to moderate, while deposits of non-deposit-taking financial institutions maintained relatively rapid growth. At end-March, outstanding household deposits posted RMB53.8 trillion yuan, up 9.0 percent year on year and an increase of RMB3.6 trillion yuan from the beginning of the year. Outstanding deposits in the non-financial corporate sector registered RMB37.3 trillion yuan, up 3.2 percent year on year and a decrease of RMB400.9 billion yuan from the beginning of the year. Outstanding fiscal deposits registered RMB3.4 trillion yuan, a decline of RMB101 billion yuan from the beginning of the year. Outstanding deposits of non-deposit-taking financial institutions registered RMB10.4 trillion yuan, up 48.6 percent year on year and an increase of RMB983.5 billion yuan from the beginning of the year. Supported by a surge in stock market trading, outstanding deposits of securities and trading settlement accounts grew by 72.4 percent year on year to reach RMB3.2 trillion yuan, whereas outstanding deposits of special purpose vehicles (mainly off-balance-sheet wealth management products, securities investment funds, and so forth) grew by 131.4 percent year on year to RMB3.4 trillion yuan.

III. Loans of financial institutions registered rapid growth

At end-March, outstanding loans in domestic and foreign currencies of all financial institutions posted RMB91.5 trillion yuan, up 13.3 percent year on year. This was an increase of RMB3.9 trillion yuan from the beginning of the year and an acceleration of RMB293.9 billion yuan year on year. At end-March, outstanding RMB loans stood at RMB85.9 trillion yuan, representing growth of 14 percent year on year and an acceleration of 0.2 percentage point from the end of the last year. This was an increase of RMB3.7 trillion yuan from the beginning of the year and an acceleration of RMB601.8 billion yuan year on year. In general, growth of new loans has been fairly rapid since the beginning of 2015. Financial institutions have reported a strong demand for loans. In particular, in line with national strategies, financial institutions increased credit support to strategic economic belts, such as the one belt and one road initiative, the Yangtze River economic belt, and the Beijing-Tianjin-Hebei coordinated development belt. However, credit demand differs across industries and regions. Broken down by industry, growth of loans to sectors that are policy-supported, such as cement, infrastructure construction, and the real-estate sectors, posted relatively rapid growth, whereas growth of loans to the manufacturing sector slowed down as the growth of the sector moderated. Broken down by regions, demand for loans was generally strong in the eastern, central, and western regions, whereas demand for loans in the northeastern region was relatively weak. There was a gap between the large volume of credit injections into the real economy and the perception in the real economy because on the one hand it took time for the effects of the credit supply to pass through to the real economy and on the other hand poorly-performing enterprises used the new loans to roll over the old, and some of the loans were used to maintain current operations rather than to increase output. The off-balance-sheet activities declined somewhat.

Medium- and long-term loans accounted for a large share of loans. Growth of RMB loans to the household sector remained relatively stable. At end-March, outstanding RMB loans to the household sector posted RMB24.0 trillion yuan, up 15.7 percent year on year. This represented an increase of RMB889.2 billion yuan from the beginning of the year and a deceleration of RMB40.1 billion yuan year on year. In particular, home mortgage loans increased by RMB535.3 billion yuan from the beginning of the year, an acceleration of RMB85.3 billion yuan year on year. Growth of home mortgage loans registered 17.9 percent at end-March, 3.9 percentage points higher than that of total loans. In general, home mortgage loans are still regarded by banks as high-quality assets, thus financial institutions are willing to issue such loans. At end-March, as the policy on mortgage loans for second homes was adjusted, some financial institutions cut home mortgage interest rates. The impact of such adjustments will be felt gradually. Outstanding loans to non-financial businesses and other sectors posted RMB61.1 trillion yuan, up 13.3 percent year on year. This represented an acceleration of 0.8 percentage point from the end of the last year, an increase of RMB2.7 trillion yuan from the beginning the year and an acceleration of RMB629.9 billion yuan year on year. In terms of the maturity brackets of the RMB loans, new medium- and long-term RMB loans increased RMB2.2 trillion yuan from the beginning of the year, an acceleration of RMB409.5 billion yuan year on year. The share of new medium- and long-term RMB loans in total new loans was 58.8 percent, an increase of 0.6 percentage point from the same period of the last year. The relatively rapid growth of medium- and long-term loans provided funding for recently approved investment projects and will help put into play the key role of investment in boosting economic growth. It is worth noting that the issuance of loans to fixed-asset investment projects is subject to

Table 1 RMB Loans of Financial Institutions in Q1 2015

Unit: RMB100 million yuan

	New loans	Acceleration
Chinese-funded large-sized banks [1]	16,924	2,753
Chinese-funded small- and medium-sized banks[2]	18,176	4,080
Small-sized rural financial institutions[3]	5,443	160
Foreign-funded financial institutions	236	-77

Notes: 1. Chinese-funded large-sized banks refer to banks with assets (both in domestic and foreign currencies) of RMB2 trillion yuan and above (according to the amount of total assets in both domestic and foreign currencies at end-2008).
2. Chinese-funded small- and medium-sized banks refer to banks with total assets (both in domestic and foreign currencies) of less than RMB2 trillion yuan (according to the amount of total assets in both domestic and foreign currencies at end-2008).
3. Small-sized rural financial institutions include rural commercial banks, rural cooperative banks, and rural credit cooperatives.
Source: The People's Bank of China.

numerous factors. For example, some projects suffer from a time lag in the disbursement of supporting funds, whereas some projects are delayed due to factors such as relocations or environmental appraisals. Outstanding short-term loans (including bill financing) increased by RMB1.4 trillion yuan from the beginning of the year, an acceleration of RMB231 billion yuan year on year. Broken down by institutions, Chinese-funded large-sized national banks and small- and medium-sized local banks registered a larger year-on-year acceleration in loan growth.

Foreign-currency loans grew steadily. At end-March, outstanding foreign-currency loans of financial institutions posted USD914.6 billion, up 4.0 percent year on year. This was an increase of USD34.1 billion from the beginning of the year and a year-on-year deceleration of USD46.2 billion. The deceleration was mainly due to factors such as expectations of an interest-rate hike by the Federal Reserve and the rally of the dollar index. In terms of the loan structure, outward loans increased by a large margin of USD33.6 billion from the beginning of the year, an acceleration of USD16.3 billion compared to the same period of the last year, signifying strong support for the "going global" strategy. Loans to non-financial businesses and other sectors decelerated steeply by USD61.7 billion in year-on-year terms, though increasing by USD1.1 billion from the beginning of the year, reflecting the changing expectations of the corporate sector regarding the US dollar exchange rate.

IV. Stocks of all-system financing aggregates grew moderately

According to preliminary statistics, at end-March the stock of all-system financing aggregates[1]

1. All-system financing aggregates refer to the total volume of financing provided by the financial system to the real economy during a certain period of time. The flow amount refers to financing that is provided to the real economy (every month, quarter, or year), whereas the stock amount refers to the outstanding volume of financing at the end of a certain period (at the end of a month, quarter, or year).

reached RMB127.52 trillion yuan, representing an increase of 12.9 percent year on year; the flow of all-system financing aggregates in the first quarter posted RMB4.61 trillion yuan, a decrease of RMB894.9 billion yuan year on year.

The growth of all-system financing aggregates in the first quarter was characterized by the following: first, RMB loans to the real economy[1] accelerated rapidly compared with the same period of the last year. During the same period, new RMB loans accounted for 78.3 percent of the all-system financing aggregates, an increase of 24.1 percentage points from the same period of 2014. Second, foreign currency loans decelerated notably from the same period of the last year. New loans denominated in foreign currencies accounted for 0.1 percent of the increment in all-system financing aggregates, down by 6.9 percentage points from the same period of the previous year. Third, as stock market trading was brisk, equity financing grew markedly year on year. The combined amount of bond and equity financing on the domestic market by non-financial enterprises grew by RMB15.5 billion yuan year on year to reach RMB499.5 billion yuan, accounting for 10.8 percent of the increment in all-system financing aggregates over the same period, and an acceleration of 2.0 percentage points from the same period of the last year. Among this figure, equity financing by non-financial enterprises on the domestic market reached RMB180.8 billion yuan, is 1.85 times a year earlier. Fourth, the growth of off-balance-sheet financing slowed down. In the first quarter, the combined amount of new entrusted loans,[2] trust loans, and undiscounted bankers'

Table 2 The Increment in All-system Financing Aggregates in Q1 2015

Unit: RMB100 million yuan

	All-system financing aggregates[1]	Of which:						
		RMB loans	Foreign currency-denominated (RMB equivalent)	Entrusted loans	Trust loans	Undiscounted bankers' acceptances	Enterprise bonds	Financing by domestic institutions via domestic stock markets
Q1 2015[2]	46,071	36,065	61	3,242	13	604	3,187	1,808
YOY change	-8,949	6,253	-3,768	-3,399	-2,865	-5,132	-678	833

Notes: 1. Data for the current period are preliminary.
Sources: The People's Bank of China, National Development and Reform Commission, China Securities Regulatory Commission, China Insurance Regulatory Commission, China Government Securities Depository Trust & Clearing Co., Ltd., National Association of Financial Market Institutional Investors, and so forth.

1. Loans denominated in RMB and foreign currencies in the all-system financing aggregates refer to the total volume of RMB and foreign currency loans provided by the financial system to the real economy during a certain period of time, excluding funds lent by banking financial institutions to non-banking financial institutions and to overseas borrowers.
2. Starting from January 2015, the statistical coverage of entrusted loans was adjusted and divided into the two categories of entrusted loans under cash management operations and general entrusted loans. In the statistics of the all-system financing aggregates, entrusted loans refer only to general entrusted loans, i.e., loans issued by financial institutions (lenders or entrusted agents) to specified borrowers in specified volumes on specified terms with money provided by companies, organizations, individuals, and other principals.

acceptances registered RMB385.9 billion yuan, a decrease of RMB1.14 trillion yuan year on year, accounting for 8.3 percent of the increment in all-system financing aggregates, down by 19.4 percentage points from the same period of the last year.

V. Interest rates on loans of financial institutions declined

In March, the weighted average loan interest rate offered to non-financial companies and other sectors was 6.56 percent, down 0.22 percentage point from December 2014. In particular, the weighted average loan interest rate was 6.78 percent, down 0.15 percentage point from December 2014; the weighted average bill financing rate was 5.40 percent, down 0.27 percentage point from December 2014. The mortgage loan interest rate generally fell, with the weighted average home mortgage interest rate posting 6.01 percent in March, down 0.23 percentage point from December 2014.

The share of loans with interest rates lower than the benchmark rates dropped, whereas the share of loans offered at or above the benchmark rates rose. In March, the share of loans with interest rates lower than the benchmark rates was 11.30 percent, down 1.80 percentage points from December 2014, whereas the shares of loans offered at and above the benchmark rates was 19.77 percent and 68.93 percent respectively, up 0.14 and 1.66 percentage points respectively from December 2014.

The deposit and lending rates of foreign currencies fluctuated slightly but remained at low levels due to fluctuations in the interest

Table 3 Shares of Loans with Rates at, above, or below the Benchmark Rate, January through March 2015

Unit:%

Month	Lower than the benchmark	At the benchmark	Higher than the benchmark					
			Sub-total	(1.0,1.1]	(1.1,1.3]	(1.3,1.5]	(1.5,2.0]	Above 2.0
January	10.20	19.93	69.87	19.90	25.31	11.87	9.37	3.42
February	10.83	19.40	69.77	19.18	23.72	12.22	10.89	3.76
March	11.30	19.77	68.93	18.65	23.14	12.55	10.58	4.01

Source: The People's Bank of China.

Table 4 Average Interest Rates of Large-value Deposits and Loans Denominated in US Dollars, January through March 2015

Unit:%

Month	Large-value deposits						Loans				
	Demand deposits	Within 3 months	3-6 months (including 3 months)	6-12 months (including 6 months)	1 year	Above 1 year	Within 3 months	3-6 months (including 3 months)	6-12 months (including 6 months)	1 year	Above 1 year
January	0.14	0.87	1.33	1.75	2.25	1.50	2.06	1.97	2.24	2.50	3.44
February	0.22	0.64	1.35	1.50	1.92	1.54	1.90	2.08	2.15	2.48	3.50
March	0.15	0.71	1.18	1.45	1.97	1.25	1.73	2.28	1.77	2.42	3.42

Source: The People's Bank of China.

rates on international markets and changes in supply and demand for foreign currencies in the domestic market. In March, the weighted average interest rate of large-value US dollar demand deposits and large-value US dollar deposits with maturities within 3 months registered 0.15 percent and 0.71 percent respectively, up 0.01 and 0.07 percentage point from December 2014. The weighted average interest rates of US dollar loans with maturities within 3 months and with maturities between 3 to 6 months (including 3 months) posted 1.73 percent and 2.28 percent respectively, down 0.56 and up 0.06 percentage point respectively from December 2014.

VI. The RMB exchange rate fluctuated in both directions with enhanced flexibility

Since the beginning of 2015, the RMB exchange rate moved in both directions with much stronger flexibility. At the end of March, the central parity of the RMB against the US dollar was RMB6.1422 yuan per dollar, representing a depreciation of 0.38 percent from the end of 2014. From the reform of the RMB exchange-rate regime in 2005 to the end of March 2015, the RMB registered a cumulative appreciation of 34.75 percent against the US dollar. According to calculations by the BIS, in the first quarter of 2015 the NEER and the REER of the RMB appreciated by 3.74 percent and 4.20 percent respectively, and from the RMB exchange-rate regime reform in 2005 to December 2014, the NEER and REER of the RMB exchange rate appreciated by 45.76 percent and 57.62 percent respectively.

VII. Cross-border RMB business developed steadily

RMB settlements of cross-border trade and investments continued to grow in a stable manner. According to preliminary statistics, in the first quarter, commercial banks processed a total of RMB1.65 trillion yuan in RMB settlements of cross-border trade,

Figure 1 Monthly RMB Settlements of Cross-border Trade

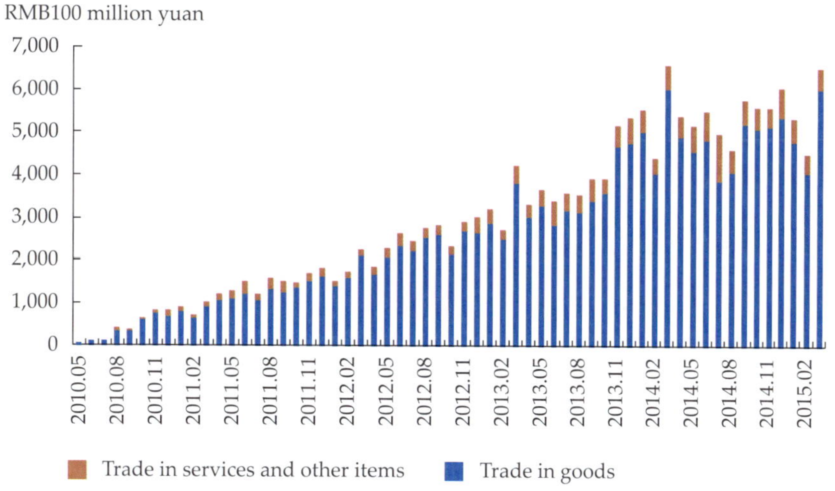

Source: The People's Bank of China.

at par with that during the same period of the last year. In particular, settlements of trade in goods registered RMB1.496 trillion yuan and settlements of trade in services and other items under the current account registered RMB158.6 billion yuan. RMB receipts and payments from cross-border trade registered RMB905.54 billion yuan and RMB749.05 billion yuan respectively, resulting in a receipt-to-payment ratio of 1:0.83. Bank settlements of cross-border direct investments in RMB totaled RMB287.9 billion yuan. Specifically, outward direct investments settled in RMB totaled RMB53.4 billion yuan and foreign direct investments settled in RMB totaled RMB234.5 billion yuan.

PART 2 Monetary Policy Operations

In the first quarter of 2015, the Chinese economy faced substantial downward pressures because the overall price inflation had moderated and uncertainties had grown in terms of the changes in the RMB supply as a result of foreign-exchange purchases. The PBC used a number of monetary-policy tools to increase the supply of liquidity, which effectively filled the liquidity gaps caused by the dwindling inflows of foreign exchange and the increased willingness of market participants to hold foreign exchange, and maintained the total liquidity at adequate levels. At the same time, benchmark deposit and lending rates and interest rates of repo operations were lowered to guide market rates down and to keep real interest rates stable. A neutral and proper monetary environment was achieved by utilizing both quantitative and price tools. While managing aggregate credit, the PBC also paid more attention to targeted adjustments. To support the structural adjustments, financial institutions were guided to optimize the structure of their loans and to provide more credit to the agricultural sector, rural areas, and farmers, small and micro enterprises, important water conservancy projects, and other key areas and weak links in the economy.

I. Flexible open market operations were conducted

The PBC closely monitored the movements of liquidity and money-market rates, and enhanced analysis of trends. Based on the monitoring and analysis, the PBC conducted open market operations flexibly in line with a sound monetary policy, supplemented by other monetary tools, such as the reserve requirement ratio, to inject liquidity in the system in a timely and appropriate manner and to maintain banking liquidity at adequate levels.

To counter the short-term liquidity shocks caused by the massive supply of cash and initial public offerings before the Spring Festival, the PBC used 28-day reversed repo operations as a major tool to fill the liquidity gap and it conducted short-term liquidity operations (SLO) to make pre-emptive adjustments and fine-tunings for the purpose of ensuring adequate liquidity and the stable functioning of the money market in the run-up to the Spring Festival. After the Spring Festival, taking into consideration the decline in the RMB equivalent of foreign-exchange purchases, the PBC injected short-term liquidity in the system mainly through 7-day reversed repos to release signals of continuity in the sound monetary policy and to steadily guide money-market rates down. In the first quarter of 2015, a total of RMB793 billion yuan of reversed repo operations was conducted, and RMB180 billion yuan of liquidity was injected into the system through SLO operations. At the end of March, outstanding reversed repos and SLOs posted RMB50 billion yuan and zero respectively.

Against the background of downward pressures on the economy and the softening of price growth, the PBC enhanced the flexibility of open market operations when appropriate as a supplement to the cut in the benchmark deposit and lending rates. In Q1, 7-day reversed repo rates dropped by 30 basis points to 3.55 percent to anchor market expectations, enhance the effects of monetary-policy operations, and reduce financing costs in the entire economy. In April, in view of the trend in market interest-rate movements, 7-day reversed repo rates decreased by 20 basis points to 3.35 percent.

Central treasury cash management operations were conducted at appropriate times. In the first quarter of the year, a total of RMB130 billion yuan of treasury funds was deposited in commercial banks on three separate operations, including RMB100 billion yuan in six-month deposits and RMB30 billion yuan in nine-month deposits.

II. The Standing Lending Facility (SLF) and the Medium-term Lending Facility (MLF) were carried out appropriately when necessary

In order to improve liquidity management of financial institutions incorporated at local levels, effectively prevent liquidity risks in small- and medium-sized financial institutions, and facilitate smooth operations in the money market, at the beginning of 2015 the PBC and its branches expanded the coverage of the pilot SLF program from 10 provinces (municipalities) to the entire country. Meanwhile, interest rates were adjusted to be in line with the purpose of monetary policy, and the role of the SLF interest rates as the ceiling for the interest-rate corridor in the money market was explored. During the Spring Festival, the PBC headquarters provided short-term liquidity support to eligible large commercial banks through SLF operations, while PBC branches also injected short-term liquidity into eligible small- and medium-sized financial institutions. These measures stabilized market expectations and facilitated smooth operations of the money market. In the first quarter of the year, the volume of outstanding SLFs registered RMB170 billion yuan.

In the first quarter, to maintain stable economic growth and ensure the supply of base money, the PBC provided a total of RMB1,014.5 billion yuan in medium-term base money to large commercial banks, policy banks, and joint stock commercial banks through MLF operations, offering an interest rate of 3.5 percent with a maturity of three months. At the end of the quarter, the volume of outstanding MLF operations stood at RMB1,014.5 billion yuan. While providing MLFs, the PBC also guided financial institutions to beef up support to small and micro firms, the agricultural sector, rural areas, and farmers, and other key areas and weak links in the economy. The interest rate of MLF operations was used as the medium-term policy rate to lower the lending interest rates and the social financing costs, and to support the real economy.

III. Targeted and universal cuts in the reserve requirement ratio were combined

In February 2015 the PBC lowered the RMB deposit reserve requirement ratio (RRR) for financial institutions. First, the RRR for all financial institutions was reduced by 0.5 percentage point; second, the RRR for targeted financial institutions was cut: the ratio for the Agricultural Development Bank of China was reduced from 18 percent to 13.5 percent. Based on the results of dynamic evaluations of financial institutions whose RRRs were lowered in June 2014, the PBC cut an additional 0.5 percentage point the RMB RRR for some urban commercial banks and non-county-level rural commercial banks that had extended a specific share of loans to small and micro companies.

In April, the PBC decided to further cut the RMB deposit RRR for financial institutions. The RRR for all depository financial institutions was cut by 1 percentage point; furthermore, RRR cuts were carried out for targeted institutions: the RRR for the Agricultural Development Bank of China was reduced from 13.5 percent to 10.5 percent and that for rural cooperative banks, rural credit cooperatives, village and township banks, financial companies, financial leasing companies, and auto financing companies were lowered by 1 or 1.5 percentage points to a uniform rate of 11.5 percent.

Since the beginning of 2014, to step up targeted support to the agricultural sector, rural areas, and farmers, and micro and small enterprises under a sound monetary stance, the PBC carried out four targeted RRR cuts, which achieved positive results. The targeted reduction in the RRR for county-level rural financial institutions in April 2014 covered every institution in this category and benefited about 400 county-level rural commercial banks and rural cooperative banks with legal person status. In June 2014, there was another targeted RRR reduction for state-owned commercial banks, joint stock commercial banks, the Postal Savings Bank of China, urban commercial banks, non-county-level rural commercial banks, non-county-level rural cooperative banks, and foreign banks that met the macro-prudential requirements and extended a certain share of loans to agriculture-related or small and medium-sized enterprises. Among the 377 financial institutions being evaluated, 302 met the requirements and enjoyed a reserve requirement ratio that was 0.5 percentage point lower than that of comparable institutions. In February 2015, the PBC conducted a dynamic evaluation of financial institutions that had participated in the review for the targeted reserve requirement ratio cut in June 2014 and this time increased the percentage of the rate cut. A total of 383 institutions were evaluated and 285 met the requirements for the targeted rate cut. Among the 285 institutions, 45 enjoyed a rate that was 0.5 percent lower, while the other 240 met the requirements for additional cuts and thus enjoyed a preferential rate which was 1 percent lower than that of comparable institutions. In April 2015, the reserve requirement ratio for rural cooperatives and village and township banks was reduced by 1 percentage point. The rate for rural cooperative banks was reduced to the same level of that of rural cooperatives. This time, the reduction covered almost all county-level financial institutions with legal person status. The targeted reduction of the reserve requirement ratio provides incentives to facilitate optimization of the loan structure and to guide commercial banks to increase the percentage of new or recovered loans for agriculture-related enterprises and SMEs so that those enterprises can receive more credit resources even though the total amount of loans does not grow tremendously.

IV. The dynamic adjustment mechanism of the differentiated reserve requirements continued to play an active role

Macro-prudential management was strengthened. The dynamic adjustment mechanism of the differentiated reserve requirements was further improved to play an active role in counter-cyclical management and structural adjustments. The parameters of the dynamic adjustment mechanism were calibrated according to the performance of financial institutions in five respects, including: the amount of loans for micro enterprises and agriculture-related enterprises, the capital adequacy ratio, internal risk controls, the launch of new branch offices, and regional development, so that the mechanism can be more differentiated and targeted. Financial institutions were encouraged to keep the pace of credit extensions in line with real and seasonal demands, and to increase the proportion of lending to small and micro enterprises, the agricultureal sector, rural areas, and farmer, businesses in the central/western and underdeveloped regions, and other key areas and weak links in the economy, so as to support the appropriate growth of credit and development of the real economy.

V. Multiple measures were taken to guide financial institutions to optimize their loan structures

By strengthening central bank lending and discounts, timely disbursing the Pledged Supplementary Lending (PSL), and facilitating innovations in financial services, the PBC guided financial institutions to step up their credit support to key areas in the economy, such as the agricultural sector, rural areas, and farmers, small and micro enterprises, and financial support for the people's livelihood. By the end of March, the central bank's outstanding agricultural-supporting loans reached RMB192.8 billion yuan, up RMB47.2 billion yuan from the same period of the last year; outstanding micro enterprise supporting loans registered RMB61.8 billion yuan, an increase of RMB61.8 billion yuan year on year; and the outstanding amount of central bank discounts was RMB132.2 billion yuan, up RMB26.8 billion yuan from the same period of the last year. In accordance with the timeline of the shantytown renovation project, the PBC issued PSL in the amount of RMB131.8 billion yuan to the China Development Bank; as a result the Bank received a total of RMB514.9 billion yuan in PSLs. Banking institutions were encouraged to expand the scope of collateral in rural areas and to customize financial services to businesses, such as family farms. Furthermore, commercial banks were encouraged to provide credit guarantee insurance financing for micro and small firms. Banks meeting certain requirements were allowed to issue financial bonds for micro and small firms. In general, these targeted and effective measures produced good results and helped to encourage financial institutions to increase loans to micro and small firms, and agriculture-related businesses, lower financing costs for enterprises in economic weak links, and ease the problems of a lack of access to financing and the high costs of financing.

Financial institutions were guided to mobilize the stock of credit assets, optimize the structure of new loans, and support structural adjustments and upgrading. In order to allow investment to play an important role in stabilizing growth, commercial, policy, and development financial institutions were urged to provide support to investment projects in seven large categories, to consumption programs in six areas, to three kinds of key projects with strategic importance, and to "going global" projects. The reasonable funding needs of key ongoing and follow-up projects were met and efforts were made to support major infrastructure and livelihood projects, such as the reconstruction of shanty dwellings, railway construction, irrigation systems, and underground pipe networks that both enhance the people's livelihood and help improve the quality and efficiency of economic growth. With respect to financial services for industries with excess capacity, in line with the principle of "differentiated treatment and no one-size-fits-all approach," the PBC urged financial institutions to strengthen and improve credit management by way of absorbing, relocating, consolidating, and eliminating excess capacity. Innovations in consumer credit products were facilitated. The housing credit policy was further improved to facilitate the purchase of owner-occupied or improvement-oriented homes and to promote the stable and healthy development of the housing market. Assessments of the effects of credit policy guidance were further refined. Financial institutions were encouraged to revitalize their stocks of credit assets through credit asset securitization and by properly using recollected funds, optimizing fund allocations, and increasing the amount of loanable funds.

As a result, the credit structure was further optimized and credit inputs played a greater role in promoting stable growth, transformation of the growth model, and improving the people's livelihood. First, there was a rapid growth in loans extended to the industrial sector and to infrastructure construction. By the end of March 2015, outstanding medium- to long-term loans for the entire industrial sector stood at RMB30.74 trillion yuan, up 15.8 percent and an increase of 5.7 percentage points compared with the same period of the last year. Outstanding medium- to long-term loans for infrastructure construction registered RMB14.45 trillion yuan, an increase of 11.1 percent or 4.7 percentage points year on year. Second, medium- and long-term loans for tertiary industry grew rapidly, whereas those for industries with an over-capacity dropped by a large margin. At the end of March, outstanding medium- and long-term loans to tertiary industry grew by 18.7 percent, up 3.6 percentage points year on year; whereas those to industries with an over-capacity went up by 3.2 percent, down 2.9 percentage points from the same period of the last year. Third, loans to SMEs increased rapidly. At the end of March, outstanding loans to SMEs posted RMB15.89 trillion yuan, registering a year-on-year increase of 16 percent, which is 2 percentage points higher than the growth of total loans during the same period.

VI. Benchmark deposit and lending rates were cut in coordination with the market-based interest-rate reform

Benchmark deposit and loan rates were lowered on November 22, 2014. Since then, in order to have benchmark rates continuously guide the pricing behavior of banks, to consolidate the achievements made so far in lowering the financing costs, and to create a neutral monetary and financial environment for the adjustment, transformation, and upgrading of the economic structure, the PBC decided to lower the RMB benchmark loan and deposit interest rates for financial institutions as of March 1, 2015. The one-year RMB benchmark loan interest rate and the deposit interest rate were both lowered by 0.25 percentage point, to 5.35 percent and 2.5 percent, respectively. As the benchmark rates released by the central bank play a significant guiding role, a further reduction in the benchmark loan rate is expected to reduce the real lending rates of financial institutions. In the meantime, declines in the benchmark deposit rates will help lower the funding costs of financial institutions, further reduce market interest rates and the financing costs of the corporate sector, and play an active role in alleviating the problem of the high financing costs for enterprises.

At the same time, the upper limit of the floating range for deposit interest rates was raised from 1.2 to 1.3 times the benchmark level to support the market-oriented interest-rate reform. With this enlargement, financial institutions will have more space for independent pricing to help them further improve their interest-rate pricing mechanism, enhance their independent pricing capacity, accelerate transformation of the operation model, and improve financial services. The measure will also help improve the market interest-rate mechanism and enable the market to better play a role in determining the allocation of resources.

Box 1 An Analysis of Deposit Interest-Rate Pricing Against the Background of Progress in the Market-Based Interest-Rate Reform

In accordance with the overall arrangements of the State Council, the PBC decided to further cut the benchmark interest rates of RMB deposits and loans and to raise the upper ceiling of the floating range of deposit interest rates. Looking at the deposit interest-rate movements since the rate adjustments, the deposit interest rates have generally moved downward as a result of the cut in the benchmark rate, and the pricing of deposit interest rates has become further differentiated and case-specific. Additionally, the deposit interest-rate pricing has become more layered and competitive.

After the rate cut, deposit interest rates have generally declined and the floating range of interest rates of different maturities has expanded, but they still have not reached the upper limit of 1.3 times of the benchmark. In March 2015, the weighted average interest rates of demand deposits was 0.38 percent, roughly unchanged compared with the pre rate-cut level (in October 2014); the weighted average interest rate of time deposits was 3.14 percent, 0.18 percentage point lower than the level before the rate cut. In particular, the weighted average interest rate of 3-month deposits and 1-year deposits was 2.54 percent and 3.06 percent respectively, a decline of 0.28 and 0.20 percentage point from the pre-rate-cut level respectively.

Looking at the interest-rate quotations at bank counters, financial institutions can be divided into three groups. The first group mainly consists of state-owned banks and a small number of joint stock banks that have offered a small floating margin from the benchmark deposit interest rates, with a 10 percent upward floating for deposits with a maturity within one year; the second group are mainly joint stock commercial banks and a small number of urban commercial banks that have offered an upward floating margin that is larger than that in the first group but smaller than that in the third group, with a 20 percent upward floating margin for deposits with a maturity within one year, and a 10 percent upward floating margin for demand deposits and time deposits with a maturity of more than two years; the third group mainly consists of locally incorporated financial institutions with legal person status that have offered a large upward floating margin between 20 to 30 percent from the benchmark interest rate. In the early days after adoption of the rate adjustment policy, some joint stock banks and urban commercial banks floated deposit interest rates of all maturities to the upper limit and then adjusted downward the deposit interest-rate quotes based on their own circumstances and inter-bank competition.

The differentiated approach of deposit interest-rate pricing among financial institutions is related to the management and operational styles of financial institutions in a financial system dominated by indirect financing, and it is also affected by many factors, including the deposit pricing capacity, the pricing strategy, and inter-bank competition. In terms of the operational style, financial institutions with a sound governance structure, financial constraints, and a strong pricing capacity have a diversified customer structure and income sources, and are fairly strong in terms of cost controls and risk management. Therefore, the pricing of their deposit interest rates is more differentiated and more case-specific, and their interest-rate levels are fairly low. Looking at pricing capacity and strategy, large banks have a strong pricing capacity and large shares in the deposit market. As such, they play a leading role in pricing the deposit interest rates and they usually offer fair interest rates;

small- and medium-sized banks usually follow market prices and adopt a strategy of following the large banks in terms of pricing, thus their interest rates are slightly higher than those of the large banks. In terms of the market environment, due to the different financial eco-environments and inter-bank competition, in regions where the financial institutions vie fierecely for deposits, a larger range of the floating margin will be offered for deposit interest rates.

In general, as the market-based interest-rate reform progresses and transformation of the operations and management of financial institutions accelerates, their pricing and risk management capacities will improve and thus in the long run the deposit interest rates will be priced in a more differentiated and case-specific manner. During this process, in order to effectively control risks it is necessary to tap into the role of the self-regulatory mechanism of market interest-rate pricing in order to guide financial institutions to rationally and sensibly price their interest rates and to maintain fair and orderly pricing.

VII. The RMB exchange-rate regime was further improved

The market-based RMB exchange-rate formation regime was further improved in a self-initiated, controllable, and gradual manner to allow market supply and demand to play an increasingly important role, to enhance the flexibility of the RMB exchange rate in both directions, and to keep the exchange rate basically stable at an adaptive and equilibrium level.

In the first quarter, the highest and lowest central parity of the RMB against the US dollar were RMB6.1617 yuan and RMB6.1188 yuan respectively. Among the 57 trading days, the RMB appreciated on 24 days and depreciated on 33 days. The largest daily appreciation was 0.17 percent (105 basis points) and the largest daily depreciation was 0.16 percent (96 basis points).

The RMB floated in both directions against other major currencies, including the euro and the Japanese yen. At the end of March, the central parity of the RMB against the euro and the Japanese yen was RMB6.6648 yuan per euro and RMB5.1272 yuan per 100 yen respectively, an appreciation of 11.87 percent and a depreciation of 0.19 percent respectively from the end of the last year. From the start of the reform of the RMB exchange-rate regime in 2005 until March 2015, the RMB appreciated against the euro and the yen by 50.3 percent and 42.5 percent respectively. Direct trading between the RMB and other currencies in the inter-bank foreign-exchange market was active and market liquidity increased notably, thus helping to lower the costs of currency conversion for market participants at the micro level.

In the first quarter, under the bilateral local currency swap agreements signed by the PBC and the relevant foreign monetary authorities, overseas monetary authorities conducted a total of RMB44.950 billion

Table 5 The Trading Volume of the RMB against Foreign Currencies in the Inter-bank Foreign-Exchange Spot Market in Q1 2015

Unit: RMB100 million yuan

Currency	USD	Euro	Japanese Yen	HKD	GBP	Australian Dollar	New Zealand Dollar	Singapore Dollar	Canadian Dollar	Malaysian Ringgit	Russian Ruble	Thai Baht
Trading volume	67,871	1,312.5	801.2	324	351.4	309.5	59.4	1,052.5	7.1	3.7	11.6	0.2

Source: China Foreign Exchange Trade System.

yuan in transactions, actually using a total of RMB16.504 billion yuan in RMB; the PBC conducted transactions equivalent to USD481 million, actually using foreign currency equivalent to USD481 million. At end-March, the outstanding amount of RMB used by foreign monetary authorities stood at RMB17.504 billion yuan whereas the amount used by the PBC equaled USD671 million. This has played an active role in facilitating bilateral trade and investment.

VIII. Reforms of financial institutions were deepened

Institutional arrangements for the deposit insurance scheme were launched. On March 31, 2015, the *Regulations on Deposit Insurance* was published and came into effect on May 1, 2015. On April 1, 2015, the State Council released approval of the *Implementation Program of the Deposit Insurance Scheme*, designating the PBC to manage the deposit insurance fund, with responsibility for carrying out the scheme, requiring the PBC, together with other relevant government agencies, to carefully implement the *Regulations on Deposit Insurance* and related laws and regulations. Providing sufficient protection for the rights and interests of depositors, deposit insurance contributes to improving the financial safety net and serves as a long-term mechanism for safeguarding financial stability. The launch of deposit insurance is important to maintain financial stability, promote banking reform, boost the development and competitiveness of the financial industry, and improve the quality of financial services to the real economy.

The reform of policy and development banks achieved breakthroughs. In December 2014, the State Council approved the reform plan of the Agricultural Development Bank of China (ADBC) and in March 2015 it approved the plan for deepening the reform of the China Development Bank (CDB) and the implementation plan for the reform of the Export-Import Bank of China (Exim Bank). According to these plans, the ADBC and the Exim Bank will further define and enhance their policy roles, continue to focus on policy-related businesses, properly define their business scopes, establish an explicit risk compensation mechanism, enhance their capital strength, establish capital adequacy restraint mechanisms, improve internal controls and external supervision, and establish a sound governance framework and decision-making mechanism for the purpose of becoming policy banks with clearly defined roles and business scopes, specific functions, adequate capital, sound corporate governance, rigorous internal controls, and safe operations that provide good services and have a capacity for sustainable development. The CDB shall continue to define its role as a development financial institution, adapt to the market-based and globalization context, and make full use of its advantages in serving national strategies, providing access to credit support, market operations, and a guaranteed principal with a marginal profit, further improve its operational mode for development finance, refine its organizational arrangements and governance structure, clarify the sources of its capital and related supporting policies, replenish capital, strengthen its capital restraint mechanisms, and enhance internal controls and external supervision so that it will become a development financial institution with adequate capital, sound corporate governance, strict internal controls, safe operations, good services, and high-quality assets. The reform will enhance these banks' role in development and policy-related finance, and will enable them to provide sustained and targeted support to large construction programs, such as reconstruction of shantytowns, industrial upgrading, the going global strategy of China's equipment manufacturing industry, the internationalization of Chinese enterprises, grain purchases and reserves, oil and cotton, infrastructure building in rural areas, and water conservancy projects. In addition these banks will make larger contributions to stabilize growth, promote reform and structural adjustments, and improve the people's livelihood.

The reform of the rural credit cooperatives (RCCs) proceeded smoothly, and the RCCs have continuously improved their operations, financial conditions, and agro-related financial services. At the end of March, under the five-category classification of loans, the outstanding amount of NPLs and the average NPL ratio of RCCs stood at RMB436.1 billion yuan and 3.9 percent respectively. Their capital adequacy ratio was 11 percent. Outstanding loans of the RCCs across the country stood at RMB11.2 trillion yuan, accounting for 13.1 percent of the total loans of all kinds of financial institutions during the same period, up 0.2 percentage point from the end of 2014. Outstanding agro-linked loans and loans to farmers posted RMB7.3 trillion and RMB3.5 trillion yuan, up 12.7 percent and 10.9 percent respectively from the end of 2014. At end-March, there were 1,458 RCCs, 693 rural commercial banks, and 83 rural cooperative banks with legal-person status at the county (city) level. Some RCCs explored the possibility of introducing private enterprises as shareholders, which will not only enhance the role of shareholders in management, but will also improve the corporate governance of the RCCs.

IX. Reform of foreign exchange administration was deepened

Great efforts were made to streamline administrative procedures and delegate powers for foreign exchange administration. Measures were taken to help enterprises save costs, including: abolishing the foreign-exchange registration and review under direct investments and delegating approvals of insurance companies' foreign-exchange businesses to branches of the

State Administration of Foreign Exchange. Laws and regulations were streamlined and consolidated. Furthermore, 50 foreign-exchange regulations were abrogated and revoked. All those measures facilitated rule of law.

Trade and investment were made more convenient. A pilot program of cross-border foreign-exchange payments was carried out by some payment institutions in the country, making cross-border e-commerce more convenient. Regulation of RMB funds derived from the settlement of foreign-exchange capital by foreign-funded enterprises was reformed to meet the business operations demands of foreign-funded enterprises. The *Guidelines for Foreign-Exchange Management of the Insurance Business* was released to further simplify the processes and procedures of the foreign-exchange insurance business. Reform of foreign exchange administration under direct investments was deepened. Procedures for direct investments were simplified with the abolition of the foreign-exchange filing for overseas reinvestments and the annual foreign-exchange inspections for direct investments in order to provide convenient services. A pilot program on macro-prudential regulation of enterprise self-discipline in terms of the ratio of foreign debts was implemented in some enterprises, partially easing the financing difficulties and the high financing costs. In 2015 the quotas for outstanding short-term foreign debts of domestic institutions were lifted considerably from those in 2014, thus boosting the financing of import bills by domestic financial institutions.

The building of a cross-border receipts and payments monitoring system was promoted. Data transparency has been improved. Data on international trade in goods and services were published for the first time on a monthly basis, consistent with the requirements in the *Balance of Payments and International Investment Position Manual (Sixth Edition)*. Questions were addressed in a timely manner to anchor market expectations. Special inspections of important business including retail foreign currency cash and important players including banks were carried out to prevent abnormal flows of foreign exchange and to crack down on illegal activities.

PART 3

Financial Market Analysis

In Q1 2015, the performance of the financial market was sound. The money market traded briskly, while market rates were generally stable. The volume of bond issuances increased significantly, and the yield curve of government securities shifted downward before moving upward. The Shanghai and Shenzhen stock indices rallied and trading volume surged.

I. Financial market analysis

1. The money market traded briskly and market interest rates climbed before declining.

Growth of repo transactions on the inter-bank market surged, while the turnover of inter-bank borrowing increased rapidly. In Q1, the turnover of bond repos on the inter-bank market reached RMB66.4 trillion yuan, representing an average daily turnover of RMB1.1 trillion yuan, up 70.9 percent year on year and an acceleration of 68.2 percentage points from Q1 2014. The turnover of inter-bank borrowing reached RMB8.3 trillion yuan, with an average daily turnover of RMB137.6 billion yuan, up 15.8 percent year on year and representing an acceleration of 46.3 percentage points. In terms of the maturity structure, overnight products still dominated the bond repos and inter-bank borrowing transactions, accounting for 75 percent and 73.7 percent of their respective turnovers. The turnover of government securities repos on the stock exchanges rose 14 percent year on year to RMB21.8 trillion yuan.

Table 6 Fund Flows among Financial Institutions in Q1 2015

Unit: RMB100 million yuan

	Repos		Inter-bank borrowing	
	Q1 2015	Q1 2014	Q1 2015	Q1 2014
Chinese-funded large banks[1]	-250,410	-114,858	-18,076	-12,716
Chinese-funded small- and medium-sized banks[2]	114,535	32,693	-9,005	-7,179
Securities and fund management companies	53,937	48,336	15, 268	14,147
Insurance companies	4,805	11,762	18	35
Foreign-funded financial institutions	14,744	1,589	5,001	-2,147
Other financial institutions and vehicles[3]	62,390	20,478	6,794	7,860

Notes: 1. Large Chinese-funded banks include the Industrial and Commercial Bank of China, the Agricultural Bank of China, the Bank of China, the China Construction Bank, the China Development Bank, the Bank of Communications, and the Postal Savings Bank of China.
2. Small- and medium-sized Chinese-funded banks include the China Merchants Bank and sixteen other medium-sized banks, small-sized city commercial banks, rural commercial banks, rural cooperative banks, and village and township banks.
3. Other financial institutions and vehicles include urban credit cooperatives, rural credit cooperatives, finance companies, trust and investment companies, financial leasing companies, asset-management companies, social security funds, investment companies, corporate annuities, and other investment vehicles. Some of these financial institutions and vehicles do not participate in the inter-bank funding market.
4. A negative sign indicates net lending and a positive sign indicates net borrowing.
Source: China Foreign Exchange Trade System.

Table 7 Transactions of Interest-Rate Derivatives in Q1 2015

	Interest-rate swaps		Bond forwards		Forward-rate agreements		Standard Interest-rate derivatives	
	Number of deals (lots)	Amount of notional principal (RMB100 million yuan)	Transactions (lots)	Amount (RMB100 million yuan)	Transactions (lots)	Amount of notional principal (RMB100 million yuan)	Transactions (lots)	Amount of notional principal (RMB100 million yuan)
Q1 2014	8,879	8,067.3	—	—	—	—	—	—
Q1 2015	17,391	16,596.9	—	—	—	—	346	1,295.5

Source: China Foreign Exchange Trade System.

The flow of funds among financial institutions displayed the following characteristics. First, the volume of trading increased by a large margin year on year. Net lending of large commercial banks increased 110 percent year on year to reach RMB26.85 trillion yuan. Net borrowing of Chinese-funded small- and medium-sized banks was more than four times the amount in Q1 2014. Second, large banks became the sole fund providers, with foreign-funded institutions changing from fund suppliers to fund borrowers. Third, borrowing by insurance companies decreased year on year by 61 percent to RMB482.3 billion yuan.

In Q1, 17,000 deals were reached on the RMB interest-rate swap market, with the total notional principal volume reaching RMB1.7 trillion yuan, up 105.7 percent year on year. In terms of the term structure, contracts with maturities of within one year traded most briskly and their aggregate notional principal posted RMB1.4 trillion yuan, accounting for 83.3 percent of the total. In terms of the reference rates, the base rate of the floating leg of the RMB interest-rate swaps mainly included the 7-day fixing rate (FR007) and the Shibor, and their notional principal accounted for 91.9 percent and 7.2 percent of the total respectively. In Q1 2015, a total of 346 standard products of interest-rate derivatives was traded, with a gross turnover of RMB129.55 billion yuan.

The issuance and trading of inter-bank certificates of deposit (CD) were active. By the end of March, 85 financial institutions had disclosed CD issuance plans. In Q1, 58 financial institutions issued 965 CDs on the inter-bank market, in a total amount of RMB713.8 billion yuan. The trading volume on the secondary market was RMB537.5 billion yuan. The issuance and trading are both priced based on the Shibor. The rapid development of the CD market has helped enhance the role of the Shibor at the medium to long ends. In March, the weighted average interest rate for the issuance of 3-month CDs was 5.11 percent, 21 basis points higher than the average rate of the 3-month Shibor in March.

Due to the rally in the capital market and the frequent issuance of new stocks, and as a result of the decline in the RMB equivalence of foreign-exchange purchases and the slow progress in disbursements of State Treasury funds, money-market interest rates moved up in Q1. In March, the inter-bank borrowing and pledged repo rate posted 3.69 percent and 3.61 percent respectively, up 20 and 12 basis points from December 2014, up 1.21 and 1.12 percentage points year on year. Since the second half of March, as the PBC used various channels to provide liquidity, and moved to reduce the interest rates of open market operations, and with the unfolding of the impact of the previous reductions in loan and deposit interest rates, money-market interest rates declined considerably. At end-March, the overnight and one-week Shibor were 3.18 percent and 3.89 percent respectively, down 35 and 75 basis points from the end of 2014; the 3-month and one-year Shibor were 4.90 percent and 4.78 percent respectively, down 24 basis points and up 5 basis points respectively. Since the beginning of April, money-market interest rates have continued to decline. In the run-up to the end of April, overnight borrowing and bond pledged repo interest rates were below 2 percent and the 7-day lending and pledged repo interest rates were below 3 percent.

Box 2 Movements of Market Interest Rates and Related Issues

In recent years, market interest rates have attracted increasing attention. Looking at the time-series data, market interest rates (especially short-end interest rates) fluctuated in larger margins at certain time points, and money-market rates moved up modestly. Recently, there have been new changes in the market interest rates. Observing the micro and macro mechanisms behind these phenomena are of great significance for an understanding of inherent laws based on which the economic and financial system work and an understanding of the monetary-policy framework.

The first is to observe is the real interest rates. According to economics theory, monetary policy has no impact on real interest rates in the medium and long run. Real interest rates are determined by the propensity to save and to invest. In recent years, the savings rate and the investment rate have both declined, with the latter declining by a larger margin. This led to a climb in the real interest rates against the background of a moderation in investment growth, and it reflected the shortage of savings compared with aggregate demand for investment and borrowing. The rapid expansion of entities with soft financial constraints and the rigidity of bond payments and trust product payments may have contributed to the excessive expansion of demand for money. In economics theory, there is an equilibrium (real) interest rate concept. According to the golden rule, an equilibrium (real) interest rate is equivalent to the rate of return from investment (the approximation of which is the rate of economic growth). Interest-rate liberalization is a process of removing financial depressions and promoting market rates to move back to the equilibrium level. In the process, the interest-rate level will generally move up, as shown in the experience of many economies. The above factors are dynamic. When the propensity to save increases, compared with the propensity to invest, real interest rates may change in the opposite direction, which is closely related to the performance of the real economy.

Therefore, according to some research the level of the savings rate should be considered when calculating the equilibrium interest rates.

The next is to observe is the nominal interest rate. In general, nominal interest rates, especially short-end interest rates, are affected by the central bank. But other factors also have an impact. In recent years, the monetary-policy environment has changed considerably. On the supply side, with the BOP position approaching equilibrium, the passive supply of liquidity (the monetary base) as a result of foreign-exchange purchases has dwindled and the central bank has taken active measures to supply liquidity to the market. The liquidity situation has changed from being relatively loose to becoming normal. On the demand side, with the development of innovative financing channels, the demand for liquidity and sensitivity toward liquidity have both increased. During the previous period, financing channels other than traditional lending, such as off-balance-sheet businesses, wealth management businesses, and trust and entrusted loans, have expanded rapidly, but these channels are directly or indirectly supported by the liquidity in the banking system. As such, management of liquidity has a stronger role to play in the management of the total volume of financing and monetary conditions. If there is an excessive expansion of money and credit beyond the intended objective of economic management and the needs of the macro-economy, the central bank will have to adjust the level of liquidity supply to maintain appropriate monetary conditions. In this process, there may be a temporary "conflict" between the excessive market demand and the appropriate liquidity supply, as reflected in the movements in the market rates. In addition, fiscal deposit fluctuations, tax payment factors, demands for cash in the run-up to and during the holidays, the freezing of funds related to new IPOs, and monetary-policy changes in the major economies may all produce shocks to market interest rates.

During a period of time after June 2014, due to the effects of the monetary-policy measures and guidance, and affected by the decline in off-balance-sheet financing, demand for liquidity dwindled and interest rates in the money market declined slightly. In December, the boom in stock market investments promoted demand for liquidity and consequently pushed up interest rates in the money market. In the recent period, with the effects of the PBC measures, including liquidity injections through many channels, reduction of open market interest rates, and benchmark lending and deposit rate cuts, money-market interest rates have declined notably. In April, the weighted average interest rate of 7-day pledged repo declined 1.4 percentage points from December to 2.94 percent. The performance of money and credit has been stable in the process of increasing the supply of liquidity.

From the above analysis, it can be observed that monetary policy during the transition period needs to strike a balance between quantity and price. In the cycle of macro-economic movements, at a certain stage the quantitative and price goals might conflict with one another, while at another stage such conflicts might ease. Yet, against the background of financial innovation and the rapid development of the financial market, it will be increasingly difficult to strike a balance between the quantitative goals and the price goals. In the cases of the major economies, this is an important reason for the shift in their monetary-policy frameworks to price-based adjustments. At present, the conduct of monetary policy is gradually moving from quantity-based adjustments to price-based adjustments. With the existence of soft constraints and other institutional issues, reform of the financial sector is progressing, and thus at this stage it is premature to consider a thorough shift to price-based adjustments. Quantitative goals still have a role to play in the transition. Thus it is necessary to coordinate between the quantitative and price instruments and to use a number of tools to manage overall monetary conditions.

In general, money-market interest rates and their movements reflect the structural changes in the economy and the interactions among a series of complex factors. In the future, it will be necessary to strengthen communications and policy coordination, to reduce the shocks to the money market, to strengthen and improve financial regulation, to contain the excessive expansion of entities with soft financial constraints, and to improve the financial eco-environment. Furthermore, the conduct of monetary policy will gradually move from quantity-based adjustments to price-based adjustments and the transmission mechanism will be improved.

2. Spot bond trading became increasingly brisk, and bond issuances expanded rapidly, while coupon rates generally declined.

In Q1, the volume of spot bond trading on the inter-bank market posted RMB12.6 trillion yuan, with the daily trading volume averaging RMB210.2 billion yuan, up 77.8 percent. In terms of the trading entities, Chinese-funded small- and medium-sized banks were mainly net bond sellers, with total net spot bond sales of RMB303.8 billion yuan in Q1; other financial institutions and vehicles were net bond purchasers, with net spot bond purchases of RMB317.2 billion yuan. In terms of traded products, a total of RMB1.2 trillion yuan of spot government securities was traded, accounting for 9.8 percent of the total spot bond transactions on the inter-bank market; the turnover of spot financial bonds and corporate debenture bonds was RMB6.7 trillion yuan and RMB4.7 trillion yuan respectively, accounting for 52.8 percent and 37.4 percent. A total of RMB771.4 trillion yuan of spot bonds was traded on the stock exchanges, an acceleration of RMB742.2 billion yuan year on year.

Bond indices on the inter-bank markets edged downward. In Q1, the China Bond Composite Index (net price) declined from 101.42 points at the end of 2014 to 101.00 points at end-March, down 0.41 percent; the China Bond Composite Index (full price) declined from 114.50 points at end-2014 to 114.33 points at end-March, down 0.15 percent. The

Figure 2 Yield Curves of Government Securities on the Inter-bank Bond Market

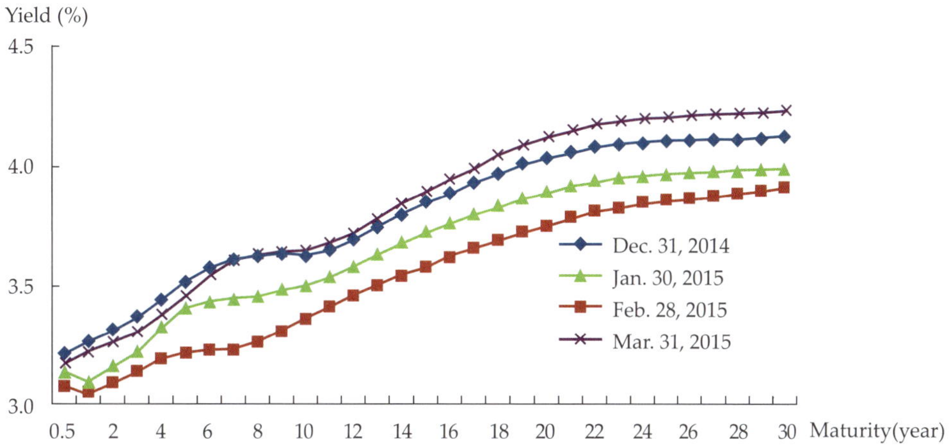

Source: China Government Securities Depository Trust and Clearing Co., Ltd..

Government Securities Index on the stock exchanges rose 1.63 percent, from 145.60 points at end-2014 to 145.60 points at end-March.

The yield curve of government securities on the inter-bank market moved downward before again rising, and the yield curve became steeper. At end-March, the yields of 1-year, 3-year, and 5-year government securities declined by 4, 6, and 5 basis points respectively from the end of 2014; the yield of 7-year government securities was roughly the same as that at end-2014, while the yield of 10-year government securities was up 3 basis points. The spread between 10-year and 1-year government securities was 42 basis points, an expansion of 6 basis points from end-2014. Stronger expectations of stable fundamentals and release of a program to convert local government borrowing have enhanced market expectations for a larger supply of local government borrowing. Furthermore, commercial bank demand for allocations of interest-rate bonds have declined due to the increase in the costs of their liability. Working together, these factors have pushed up the yield of government securities.

The volume of bond issuances expanded significantly. In Q1, a total of RMB3.1 trillion yuan of bonds (including central bank bills) was issued. This represented an increase of RMB927.1 billion yuan year on year, among which the year-on-year increase of CD issuances and the issuance of debt-financing instruments by non-financial businesses posted RMB679 billion yuan and RMB190.7 billion yuan respectively, while the volume of issuances of enterprise bonds and government securities decreased by RMB83.8 billion yuan and RMB4.1 billion yuan year on year respectively. At end-March, the total volume of outstanding bonds posted RMB37 trillion yuan, up 19.7 percent year on year.

The coupon rates of government securities remained unchanged, while the coupon rates of financial bonds and corporate debenture bonds declined compared with those at

Table 8 Bond Issuances in Q1 2015

Type of bonds	Issuance (RMB100 million yuan)	Year-on-year growth (RMB100 million yuan)
Government securities[1]	2,099	-41
Central bank bills	0	0
Financial bonds[2]	17,130	8,198
Of which: Financial bonds issued by the China Development Bank and policy financial bonds	7,111	481
Corporate debenture bonds[3]	7,138	6,790
Of which: Debt-financing instruments of non-financial enterprises	10,382	1,907
Enterprise bonds	867	-838
Corporate bonds	209	40
Total	30,766	9,271

Notes: 1. Including municipal bonds issued by the Ministry of Finance on behalf of local governments.

2. Including financial bonds issued by the China Development Bank, policy financial bonds, ordinary bonds issued by commercial banks, subordinated bonds issued by commercial banks, hybrid bonds issued by commercial banks, bonds issued by securities firms, and so forth.

3. Including debt-financing instruments issued by non-financial enterprises, enterprise bonds, corporate bonds, convertible bonds, bonds with detachable warrants, privately placed SME bonds and so forth.

Sources: The People's Bank of China, National Development and Reform Commission, China Securities Regulatory Commission, and China Government Securities Depository Trust and Clearing Co., Ltd..

end-2014. In Q1, the coupon rate of 10-year government securities was 3.77 percent, on a par with that issued in December 2014. The coupon rate of 10-year financial bonds issued by the China Development Bank was 4.3 percent, down 0.07 percentage point from that of the same maturity issued in December 2014. The coupon rates of corporate debenture bonds declined. The average coupon rate of short-term financing bills (rated A-1) issued by AAA-rated enterprises was 4.96 percent, down 0.34 basis point from end-2014; the average coupon rate of 7-year corporate bonds was 5.5 percent, down 0.5 percentage point from end-2014. The Shibor played an increasingly significant role in bond pricing. In Q1, nine floating-rate bonds were issued based on the Shibor, with a gross issuance volume of RMB2.7 billion yuan; 85 fixed-rate enterprise bonds were issued based on the Shibor, with a gross issuance volume of RMB87.1 billion yuan; and a total of RMB171.6 billion yuan of fixed-rate short-term financing bills was issued based on the Shibor, accounting for 95 percent of all fixed-rate short-term financing bills.

3. The volume of bill financing increased steadily and interest rates declined

The bill acceptance business increased slightly. In Q1 2015, commercial bills issued by enterprises totaled RMB5.4 trillion yuan, down 4.8 percent year on year; outstanding commercial bills posted RMB10.2 trillion yuan at end of Q1, up 7.2 percent year on year. At end-March 2015, the balance of bill acceptances increased RMB295.8 billion yuan from the beginning of 2015, with decelerated growth year on year. In terms of the industries of the issuing enterprises, outstanding bankers' acceptances were mainly issued by enterprises in the manufacturing, wholesale, and retail industries, with small- and medium-sized enterprises issuing about two-thirds of the total. The steady growth in bill acceptances has effectively enhanced financing support to the real sector, in particular to small- and medium-sized enterprises.

The outstanding balance of bill financing increased rapidly and interest rates on the bill market showed a downward trend. In Q1, commercial bills discounted by financial institutions totaled RMB19.2 trillion yuan, up 77.6 percent year on year; the outstanding balance of bill discounts stood at RMB3.1 trillion yuan, up 63.3 percent year on year. At end-March, the outstanding amount of bill financing increased by RMB164.3 billion yuan from that at the beginning of 2015, with growth during every month; the share of outstanding bill financing in the total outstanding loans was 3.6 percent, up 1.1 percentage points year on year. In Q1, as overall liquidity in the banking system was appropriate, interest rates on the bill market showed a downward trend with fairly balanced supply and demand.

4. Both the stock indices and equity financing increased notably

The stock indices continued to rally. At end-March, the Shanghai Stock Exchange Composite Index and the Shenzhen Stock Exchange Component Index closed at 3,748 points and 13,161 points, up 15.9 percent and 19.5 percent respectively from the end of 2014. The Growth Enterprise Board (GEB) Index (Chinext Price Index) closed at 2,335 points, up 58.7 percent from the end of 2014. The weighted average P/E ratio of the A-share market on the Shanghai Stock Exchange rose from 16 times at end-2014 to 19 times at end-March, while during the same period that of the Shenzhen Stock Exchange rose from 35 times to 46 times.

Turnover on the stock markets surged. In Q1, turnover on the Shanghai and Shenzhen Stock Exchanges totaled RMB41 trillion yuan, up 238.7 percent year on year, and the daily turnover averaged RMB735.4 billion yuan, up 250 percent year on year. Turnover on the GEM Board totaled RMB3.8 trillion yuan, up 97.3 percent year on year. At end-2014, the combined market capitalization of the Shanghai and Shenzhen Exchanges posted RMB39.3 trillion yuan, up 101.2 percent year on year; the market capitalization of the GEM Board posted RMB2.2 trillion yuan, up 141.1 percent year on year.

The amount of equity financing increased

Table 9 Use of Insurance Funds, End-March 2015

Unit: RMB100 million yuan, %

	Outstanding balance		As a share of total assets	
	End-March 2015	End-March 2014	End-March 2015	End-March 2014
Total assets	108,703	89,459	100.0	100.0
Of which: Bank deposits	26,386	25,031	24.2	28.0
Investments	72,555	57,197	66.7	63.9

Source: China Insurance Regulatory Commission.

rapidly. In Q1, a total of RMB196.9 billion yuan was raised by enterprises and financial institutions by way of IPOs, additional offerings, rights issuances, and warrant exercises, representing an increase of RMB62.5 billion yuan year on year.

5. Assets in the insurance industry grew rapidly

In Q1, total premium income in the insurance industry amounted to RMB842.5 billion yuan, representing year-on-year growth of 20.4 percent and a deceleration of 15.5 percentage points over the last year; total claim and benefit payments amounted to RMB231.1 billion yuan, representing year-on-year growth of 24.3 percent. Specifically, total claim and benefit payments in the property-insurance sector increased 9.7 percent, while those in the life-insurance sector increased 36.3 percent.

The growth of insurance assets accelerated. At end-March, total assets in the insurance industry posted RMB10.9 trillion yuan, representing year-on-year growth of 21.5 percent and an acceleration of 4.8 percentage points year on year. Among this total, bank deposits increased 5.4 percent year on year, while investment-linked assets increased 26.9 percent.

6. Swap and forward transactions on the foreign-exchange market increased rapidly

In Q1, the turnover of spot RMB/foreign-exchange transactions totaled USD1.2 trillion, up 4.6 percent year on year. The turnover of RMB/foreign-exchange swap transactions totaled USD1.3 trillion, up 26.2 percent year on year, among which overnight RMB/USD swap transactions posted USD676.1 billion, accounting for 52.6 percent. The turnover on the RMB/foreign-exchange forward market totaled USD8.5 billion, down 37.1 percent year on year. In Q1, the turnover of foreign currency pair transactions amounted to USD19.3 billion, up 24.2 percent year on year. In particular, EUR/USD transactions accounted for the lion's share, or 40.9 percent, of the total.

The number of participants on the foreign-exchange market increased further. At end-March, there were 474 members on the foreign-exchange spot market, 104 members on the foreign-exchange forward market, 103 members on the foreign-exchange swap market, 90 members on the currency swap market, and 45 members on the foreign-exchange options market. In addition, there were 30 market-makers on the spot market and 27 market-makers on the forward and swap markets.

7. Turnover on the gold market surged

The price of gold rallied before declining, but the decline moderated. In Q1, the price of gold on the international market peaked at USD1,295.75 per ounce and reached a trough of USD1,147.25 per ounce, closing at USD1,187.00 per ounce at end-March, representing an increase of USD2.75 per ounce, or 0.23 percent, from the beginning of this year. The peak price of gold (AU9999) on the Shanghai Gold Exchange was RMB265.00 yuan per gram, and the lowest price was RMB230.00 yuan per gram. At end-March, the price of gold closed at RMB235.55 yuan per gram, representing a decline of RMB5.04 yuan per gram, or 2.09 percent, from the beginning of the year. The differential between domestic and international gold prices remained stable, averaging RMB0.89 yuan per gram.

The volume of transactions on the Shanghai Gold Exchange surged. In Q1, the trading volume of gold was 7,788.4 tons, an increase of 128.9 percent year on year, and the turnover posted RMB1.9 trillion yuan, an increase of 118.9 percent year on year. The trading volume of silver was 200,300 tons, an increase of 116.9 percent year on year, and the turnover posted RMB0.7 trillion yuan, up 86.7 percent year on year. The trading volume of platinum was 12.9 tons, a decline of 35.5 percent year on year, and the turnover posted RMB3.25 billion yuan, down 44.9 percent year on year.

II. Institutional building in the financial markets

1. A wider range of participants were given access to regulate the development of the bond market

Rules were released to support the sound development of the bond market. On January 16, the China Securities Regulatory Commission released the *Administrative Rules on the Issuance and Trading of Corporate Bonds* to give access to a wider range of participants, diversify the modes of issuance and the trading venues, simplify the issuance approval procedures, strengthen market regulation and protection of the rights and interests of bond holders, and enhance the bond market's capacity to service the real economy.

Insurance companies were allowed to issue supplemental capital bonds on the inter-bank market. On January 22, the PBC and the China Insurance Regulatory Commission jointly released a notice allowing insurance companies to issue supplemental capital bonds on the inter-bank market. This measure will help broaden the capital channels for insurance firms and enhance their solvency and risk resilience, broaden the issuer base, and diversify the products on the inter-bank bond market.

2. A pilot stock option trading program was launched and the Shanghai–Hong Kong Stock Connect program made further progress

A pilot stock option trading program was launched. On January 9, the China Securities Regulatory Commission approved the Shanghai Stock Exchange's plan for pilot option trading on the SSE 50ETF and released the *Administrative Rules on Stock Option Trading Pilot Programs* to provide the rules for the trading bourse, the settlement institutions, qualifications, investor protection, and risk control measures. The launch of the pilot program will help improve the risk management and price discovery mechanism of the capital market, and will promote the steady and sound development of the capital market.

The Shanghai–Hong Kong Stock Connect program has made steady progress. On March 27, the China Securities Regulatory Commission released the *Guidelines on Participation of Publicly Offered Securities*

Investment Funds in the Shanghai–Hong Kong Stock Connect Program to provide specific requirements on the qualifications, procedures, and information disclosure, risk management, and internal control practices. Participation of publicly offered securities investment funds in the Shanghai–Hong Kong Stock Connect Program will facilitate product and business innovation and will promote the Stock Connect business as well as connectivity in the two financial markets.

3. Reform of the insurance market was gradually furthered

The Solvency II Rules were promulgated for a transitional period. In February, the China Insurance Regulatory Commission released seventeen regulatory rules for China's Risk-Oriented Solvency System (Solvency II), and implementation of these rules have entered a transitional stage. The Solvency II has a three-pillar framework, the first pillar being quantitative regulatory requirements, including capital classifications, asset liability assessments, minimum capital calculations, and stress testing; the second pillar being qualitative regulatory requirements, i.e., establishing a comprehensive risk classification system to cover the risks that are not measured by quantitative indicators and to assess the solvency capacity of an insurance firm; the third pillar being a market discipline mechanism, i.e., through information disclosures and credit ratings of insurance firms to exercise market discipline. During the transitional period, the insurance firms will report on solvency based on both Solvency I and II, with Solvency I continuing to serve as the regulatory criteria.

The market-based premium rate reform continued. With the approval of the State Council, in February the China Insurance Regulatory Commission began a reform of the universal life insurance premium rate, in which insurance companies will determine the minimum guaranteed interest rates in accordance with the features and risks of the products. The minimum guaranteed interest-rate limit of 2.5 percent was no longer valid, and the reserve assessment interest-rate ceiling was raised from 2.5 percent to 3.5 percent and reserve and solvency regulation were strengthened. Also in February, the China Insurance Regulatory Commission released the Opinions on *Deepening the Reform of Commercial Auto Insurance Provisions and the Rate Regulatory Regime*, authorizing the China Insurance Association to regularly release the automobile insurance risk premium base schedule for insurance companies to determine the premium rate adjustment standards in view of their own conditions, with the ultimate goal of forming a highly market-based rate pricing mechanism. In March, the China Insurance Regulatory Commission released a pilot commercial automobile insurance premium rate reform program. The pilot areas included Heilongjiang, Shandong, Guangxi, Chongqing, Shaanxi, and Qingdao.

The scope of overseas investments by insurance funds was broadened. In March, the China Insurance Regulatory Commission issued the *Notice on the Adjustment of Policies Related to Overseas Investments by Insurance Funds* to enlarge the list of destinations for entrusted overseas investments by insurance asset-management institutions, with funds from within their own groups from Hong Kong, only to 45 countries and regions, to adjust the credit rating requirements for fixed-income products from above BBB to above BBB-, and to include, in addition to the main board in Hong Kong, the Hong Kong Growth Enterprise Board as a market for investments.

4. Promoting the sound development of the foreign-exchange market

Business innovation was promoted in the foreign-exchange market. Franchised currency exchange businesses for retail customers were regulated. Standard foreign-exchange swaps were launched on the inter-bank foreign-exchange market to diversify the trading of derivatives. Market access management was enhanced over the franchised currency-exchange business for retail customers and the agency foreign currency-exchange business through stricter reviews of the qualifications in order to prevent operational risks and to maintain market order.

PART 4 Macroeconomic Analysis

I. Global economic and financial developments

In the first quarter of 2015, the global economic situation was complex and in general growth was stabilized. Affected by the cold weather and other factors, the growth rate of the U.S. economy slowed down and long-term employment conditions remain to be observed. The euro area showed signs of recovery, yet the basis needs to be strengthened. Japan's economy has returned to positive growth and the growth of consumer prices in the country has moderated. The growth rates in several emerging market economies declined, and their financial markets experienced large fluctuations.

1. Developments in the major economies

The recovery momentum continued in the U.S., but the growth rate slowed down due to factors such as the cold weather, the export strike on the West Coast, and so forth. Real GDP increased by only 0.2 percent quarter on quarter (annualized) in the first quarter. Though growth of investment, consumption, and industrial output all declined, the Michigan Consumer Sentiment Index and the Sentix Investor Confidence Index remained high. Due to the impact of the severe weather and the appreciation of the dollar, U.S. exports declined 7.2 percent year on year in the first quarter, the first quarterly decline since Q1 2014. Due to the fall in oil prices, inflation faced relatively large downward pressures. The labor market in general was stable, and in February the unemployment rate fell to 5.5 percent, the lowest rate in the recent 7 years. However, the rate of labor force participation remained historically low, and in March the number of employees newly enrolled in non-agricultural sectors declined significantly due to the severe weather and other factors. Long-term employment conditions remain to be observed. In March, the Fed lowered its forecast for U.S. GDP growth rate in 2015 to 2.3~2.7 percent.

The euro area showed signs of recovery, yet the basis of the recovery needs to be strengthened. Benefiting from the stimulus policies by the European Central Bank (ECB) and the weakening of the euro, the downward risks in the euro area were mitigated. The manufacturing industry showed expansionary dynamics while consumer and corporate confidence improved. The Purchasing Manager Index (PMI) rose to 52.2 in March, the highest level since June 2014. The Harmonized Index of Consumer Prices (HICP) was -0.1 percent, but the decline narrowed. The labor market improved modestly, and in January the unemployment rate in the euro area fell to 11.3 percent, the lowest level since June 2012. In March, the ECB raised its projection for GDP growth in the euro area in 2015 to 1.5 percent. However, differences among the various countries were obvious. Except for Germany, the level of

Table 10 Macroeconomic and Financial Indices in the Major Economies

Country	Index	2014 Q1			2014 Q2			2014 Q3			2014 Q4			2015 Q1		
		Jan.	Feb.	Mar.	Apr.	May	Jun.	Jul.	Aug.	Sept.	Oct.	Nov.	Dec.	Jan.	Feb.	Mar.
United States	Real GDP Growth Rate (annualized quarterly rate, YOY, %)	-2.1			4.6			3.9			2.2			0.2 (primary estimate)		
	Unemployment Rate (%)	6.6	6.7	6.7	6.3	6.3	6.1	6.2	6.1	5.9	5.8	5.8	5.6	5.7	5.5	5.5
	CPI (YOY, %)	1.6	1.1	1.5	2.0	2.1	2.1	2.0	1.7	1.7	1.7	1.3	0.8	-0.1	0.0	-0.1
	DJ Industrial Average(closing number)	15,699	16,322	16,458	16,581	16,717	16,852	16,563	17,098	17,043	17,391	17,828	17,983	17,165	18,133	17,776
Euro Area	Real GDP Growth Rate (annualized quarterly rate, YOY, %)	1.3			0.3			0.6			0.9			—		
	Unemployment Rate (%)	11.9	11.8	11.7	11.7	11.6	11.6	11.6	11.6	11.5	11.5	11.5	11.4	11.3	11.3	11.3
	HICP (YOY, %)	0.8	0.7	0.5	0.7	0.5	0.5	0.4	0.4	0.3	0.4	0.3	-0.2	-0.6	-0.3	-0.1
	EURO STOXX 50 (closing number)	2,853	2,968	2,916	2,978	3,033	3,228	3,115	3,044	3,067	2,998	3,076	3,004	3,198	3,401	3,435
Japan	Real GDP Growth Rate (annualized quarterly rate, YOY, %)	5.8			-6.7			-1.9			2.2			—		
	Unemployment Rate (%)	3.7	3.6	3.6	3.6	3.6	3.7	3.7	3.5	3.6	3.5	3.5	3.4	3.6	3.5	3.4
	Core CPI (YOY, %)	1.4	1.5	1.6	3.4	3.7	3.6	3.4	3.3	3.2	2.9	2.4	2.4	2.4	2.2	2.3
	NIKKEI 225(closing number)	14,915	14,841	14,828	14,304	14,632	15,162	15,621	15,425	16,174	16,414	17,460	17,451	17,674	18,847	19,207

Source: Statistical Bureaus and Central Banks of the Relevant Economies.

industrial output in the major economies was still much lower than that before the crisis, and the structural reforms still require further progress.

Japan's economy returned to positive growth and the growth of consumer prices slowed down. Since the last quarter of 2014, Japan's GDP growth rate returned to a positive trend. The foreign trade situation improved somewhat, and the rate of expansion of industrial production increased. With better corporate profits, enterprises invested slightly more in fixed assets. But the downward trend in household expenditures and retail sales indicated that consumer confidence remained weak. In addition, inflation in Japan faced downward pressures, with CPI growth declining due to the shrinking domestic demand as a result of the consumption tax hike and the falling oil prices.

Growth in the emerging market economies generally slowed down, with several financial markets experiencing volatile fluctuations. Constrained by long-term structural problems, such as a single product economic structure, lack of depth in financial markets, and increasing debt levels, growth momentum in the emerging market economies weakened. Some major oil-exporting countries continued to face moderated growth due to the large decline in international oil prices. With uncertainties in the Fed interest-rate hike and intensified geopolitical conflicts, risk-aversion sentiment built up and some emerging market economies experienced financial market volatility and a large currency depreciation, especially the Brazilian real and the Turkish lira.

2. Developments in global financial markets

In the first quarter, overall financial market conditions were positive in the advanced economies. The US dollar strengthened against other currencies, and the stock markets in Europe and Japan rallied substantially due to the impact of the QE policies. The financial markets in the emerging market economies faced increasing fluctuations.

The USD continued to appreciate against other currencies of the major advanced and emerging economies. On March 31, the exchange rate of the USD/EUR closed at 1.0730 dollar per euro, a depreciation of 11.3 percent from the end of 2014. The exchange rate of the GBP/USD and the JPY/USD closed at 1.4816 dollar per pound and 120.12 yen per dollar respectively, representing a depreciation of 4.9 percent and 0.4 percent respectively from the end of 2014. At the same time, most of the emerging market currencies weakened. Among them, the Brazilian real and the Turkish lira depreciated against the USD by 16.8 and 10.1 percent respectively.

The USD Libor rose slightly in the London Inter-bank Market while the Euribor went in the opposite direction. Due to the stronger economy in the U.S. and enhanced expectations of an interest-rate hike by the Fed, the USD Libor rose slightly since the start of the year. At the end of March, the 1-year dollar Libor posted 0.6942 percent, an increase of 6.5 basis points from the beginning of the year; the 1-year Euribor registered 0.198 percent, a decrease of 12.7 basis points from the beginning of 2015.

The yield of government securities dropped in the U.S. and Germany, but increased slightly in Japan, and fluctuated in the emerging market economies. At the end of March, the yield of 10-year government bonds closed at 1.934 percent, 0.400 percent, and 0.185 percent respectively in the U.S., Germany, and Japan, down by 24, 7, and 36 basis points respectively from the end of last year. Movement in the yield of 10-year government bonds was mixed and there was diverse volatility in the emerging market economies. Specifically, the yield of 10-year government bonds in Russia fell by 197 basis points while that in Brazil rose by 63 basis points.

The stock indices surged in Europe and Japan, while the stock indices fluctuated wildly in the emerging market economies. On March 31, the Dow Jones Industrial Average Index, the euro area STOXX50 Index, and the Nikkei 225 Index closed at 17,776, 3,435, and 19,207 points respectively, down by 0.3 percent, up by 14.3 percent, and 10.1 percent respectively from end-2014. The stock markets in most of the emerging market economies rallied, but with large volatility. The major stock indices in India, Indonesia, and Johannesburg were up by 1.7 percent, 5.6 percent, and 4.7 percent.

3. Monetary policies in the major economies

The timing of the hike in the federal funds rate by the Fed is not clear and the ECB has enhanced its easing polices. On March 18, after its regular meeting the Federal Open Market Committee (FOMC) announced that it would make an effort to adjust forward guidance. Deleting the expression that "it can be patient in the beginning to normalize the stance of monetary policy" in its announcement, the FOMC stressed that "the current 0 to 1/4 percent target range for the federal funds rate remains appropriate," and it expressed the view that the decision on how long to maintain this target range will be made by assessing "progress both realized and expected toward the objectives of maximum employment and 2 percent inflation."

The Bank of England (BOE) maintained the Bank Rate at 0.5 percent and the scale of asset purchases at GPB375 billion. The Bank of Japan (BOJ) promised to inject 80 trillion yen per year to base money, and to continue its quantitative and qualitative monetary easing policy until the inflation rate remains at 2 percent.

Meanwhile, the European Central Bank (ECB) started to implement a purchase plan for public-sector securities, and several small and medium advanced economies began to ease their monetary policies. Since the beginning of this year, the ECB has not changed the main refinancing operations (MROs), the marginal lending facility, and the deposit facility rates.

On March 9, 2015, it started to implement an asset-purchase program to include bonds issued by the public sector. The combined monthly purchases of public- and private-sector securities will amount to €60 billion. On January 15, the Swiss National Bank announced that it would forgo the upper limit of the SRF/EUR at 1.2 franc per euro. It also lowered the current deposit interest rate to negative 0.75 percent, and on April 22 it largely reduced the number of institutions that could exempt deposit accounts with a negative rate. The Danmarks Nationalbank lowered the deposit rate four times by a total of 70 basis points to negative 0.75 percent. The Riksbank expanded the asset-purchase plan and lowered the policy rate on two occasions to negative 0.25 percent. On January 21 the Bank of Canada lowered the benchmark policy by 25 basis points to 0.75 percent. On February 3 and May 5 respectively, the Reserve Bank of Australia lowered the benchmark rate twice by a total of 50 basis points to 2 percent.

More emerging market economies relaxed their monetary policies in order to boost economic growth. The Reserve Bank of India lowered its repo rate on two occasions, in January and March, by a total of 50 basis points to 7.5 percent. The Central Bank of the Republic of Turkey lowered the benchmark repo rate on two occasions, in January and February, by a total of 75 basis points to 7.5 percent. The Central Bank of Russia lowered its benchmark rate on three occasions, in February, March, and May, by a total of 450 basis points to 12.5 percent. The Central Bank of Indonesia lowered the policy rate in February by 25 basis points to 7.5 percent. The Bank of Korea lowered its benchmark rate in March by 25 basis points to 1.75 percent. However, some other emerging countries tightened their monetary stance in response to inflationary pressures and currency depreciation pressures. The Central Bank of Brazil increased the benchmark interest rate on two occasions, in January and March, by a total amount of 50 basis points to reach 12.75 percent. The National Bank of Ukraine raised its policy rate on two occasions, in February and March, by a total of 1,600 basis points to reach 30 percent.

Box 3 The ECB Launches a Large-Scale QE Policy

On January 22, 2015, the ECB held its first Governing Council meeting with 19 member countries since Lithuania joined the European Central Bank. During the meeting, the ECB decided to launch a quantitative easing policy. It also decided to further expand the size of its asset-purchase plan to purchase 60 billion euro of assets from March through September 2016, or until the medium-term inflation rate approaches 2 percent. It is expected that total assets of 1.1 trillion euros will be purchased. Second, the coverage of the asset-purchase plan will be expanded to include, in addition to asset-backed securities and covered bonds (with a combined monthly purchase volume of 11 billion euro), investment-grade government agency bonds of member countries and bonds issued by recognized agencies, international organizations, and multilateral development banks located in the euro area (with a combined purchase value of 49 billion euro every month). Third, the ECB and the national central banks will participate in the asset purchases. The share of the ECB is 8 percent in the increment of the public-sector purchase program, including 12 percent of bonds issued by European institutions and 80 percent of bonds issued by government agencies of member countries (to be allocated based on the shareholding of the national central banks in the ECB). Fourth, the ECB and the national central banks will share the risks in the purchased assets. The ECB and the national central banks will share the risks of 8 percent of the assets (i.e., bonds issued by government agencies) purchased and held by the ECB and 12 percent of the assets (bonds issued by agencies located in the euro area) purchased and held by the national central banks. The risks of the remaining purchased assets are to be borne by the national central banks that have made the purchases. On March 5, 2015, the ECB released the details of its QE policy and began to implement the program on March 9.

Since the launch of the QE policy, the economic and financial situations have improved in the euro area. The yields of government securities of various maturities in most countries in the euro area have declined further, and the prices of stocks and other assets have climbed. Second, the financing costs and loan interest rates of commercial banks have decreased and credit conditions have relaxed. Third, inflation expectations have bottomed out and the decline in the HICP has narrowed. Fourth, there have been early signs of recovery in the euro area, with consumer and business confidence generally rising.

The ECB's QE policy has spillover effects on the rest of the world. Before the ECB's formal announcement of the QE, Switzerland moved to abandon the cap on the value of the Swiss franc against the euro. The central banks of

Denmark, Canada, Egypt, Turkey, Peru, and India cut interest rates to respond to potential shocks.

At present, countries in the euro area are debating between austerity or reform and growth as a priority, and observing the long-term effects of the QE. The competitiveness of the euro members is varied, and ultimately, the key to recovery will consist of structural adjustments and reform. In addition, the opinion of some observers is that although risk sharing will help reduce the risks of the ECB and strengthen the responsibility of member countries, it might also reduce the appeal of sovereign bonds to market participants in crisis countries and reduce the credibility and effects of the ECB's QE policy.

4. The global economic outlook and major challenges

In its *World Economic Outlook* released in April 2015, the International Monetary Fund (IMF) maintained its projection of global growth in 2015 at 3.5 percent, which was an increase of 0.2 percentage point from the previous year. Projections for growth in the U.S. were revised downward by 0.3 percentage point to 3.3 percent; projections for growth in the euro zone and Japan were both revised upward by 0.2 percentage and 0.4 percentage point to 1.4 percent and 1.0 percent respectively; projections of growth in the emerging market and developing economies were maintained at 4.3 percent in 2015. Overall, the global economy and CPI movements are expected to be more stable than previously, but capital flows still will face uncertainties.

First, prospects for the advanced economies have improved to some extent, whereas structural reforms have yet to be furthered. Affected by seasonal factors, U.S. economic growth and employment data slowed down in the first quarter, while consumer and investor confidence remained stable. The credit situation in the euro area improved with the M3 growth rate accelerating and credit growth stabilizing in the private sector. Financing costs and loan interest rates of banks have declined, and the transmission of monetary policy has improved, which could help to bring about an economic recovery. However, there are still structural obstacles to the recovery process and ultimately the growth performance of the various economies still hinges on the future progress of the structural reforms.

Second, commodity prices are at low levels but are generally stable, contributing to the easing of global deflationary pressures. Influenced by supply factors such as potential shale gas production cuts, the geopolitical incidents in Yemen, and market expectations of the timing of the Fed rate hike, the downward pressures on commodity prices have been mitigated, easing global deflationary pressures.

Third, there are uncertainties in the timing of the Fed rate hike and in cross-border capital flows. Due to lower readings of U.S. economic indicators, market participants are expecting a later rate hike by the Fed. Global capital flows are still facing uncertainties, as a result of mixed factors, including the ongoing monetary-policy normalization of the Fed, uncertainties in the timing of the Fed rate hike, trends in the US dollar index, and the adjustments of monetary policies in other economies.

Box 4 Communications and Expectation Managements by the Central Banks

After the outbreak of the global financial crisis, some unconventional monetary-policy tools gradually became known to the public, including forward guidance. Forward guidance is a new word but the economic thinking behind it has a long history. Related to it are two concepts that have far-reaching implications, i.e., expectations and central bank communications. In the recent two decades, with the increased understanding of expectation management, growing independence, and accountability of the central banks, the veils covering the central banks have been gradually removed, and communications have increasingly become an important monetary-policy instrument.

Developments in theory and practice have improved an understanding of the importance of central bank communications and expectations guidance. Academic studies on central bank transparency and communications began in the mid-1990s. Against the backdrop of the complex monetary conditions, the sophistication of financial assets, and the expansion of money and financial assets, stable expectations are playing an increasingly important role in monetary-policy conduct. In 1996, Alan Blinder wrote that increased communications would help enhance the effects of central bank policy. In 2001, Michael Woodford wrote that the essence of monetary policy was to manage expectations. In Interest and Prices: Foundations of a Theory of Monetary Policy published in 2003, he pointed out that the effectiveness of monetary policy hinges on not only the level of the current policy interest rate, but also on the ability to influence market expectations of the future path of policy rates. If market participants have more knowledge about the monetary-policy intentions and the possible path of future policy, their behavior may move in the direction anticipated by the monetary-policy adjustments, thereby enhancing the effects of the policy adjustments. This means that monetary-policy conduct in modern times not only depends on monetary-policy operations but also on guiding expectations. There is some literature that studies expectation management and communications from the perspective of learning. The point is that due to developments in the economic environment and policy rules, public expectations may not be entirely rational; furthermore, due to informational asymmetries between the central bank and the public, it is necessary for the central bank to bridge the gap through communications and to help the public understand its intentions so that the intended policy effects can be secured.

As a result of the above-mentioned theoretical and empirical developments, the central banks have continuously improved communications. They started by disclosing their general objectives and strategy, and then moved to disclose decisions, including the goals of the interest rate; later on, they explained the reasons behind policy decisions and the outlook for the economy. In recent years, given the zero lower-bound constraints, some central banks have experimented with forward guidance, i.e., the central banks communicated the expected future path of interest rates not as a policy commitment, but as a basis to explain the policy responses based on the expected situation. In general, the evolution of monetary-policy conduct has focused more on transparency and rules, which represents stronger communication arrangements. Through effective communications, the central banks are endeavoring to help the public with reasonable expectations of the policy path in the future and to adopt economic decisions on such a basis. Communications by the central banks have gradually developed. Take the Federal Reserve (the Fed) as an example, in 1980s and 1990s, the Federal Reserve experimented in providing specific policy goals and strategies; in 1994, the Fed started to release statements after its regular FOMC meetings. The early statements disclosed its policy direction. Later on, more information was released, including the size of the interest-rate adjustments, the reasons for the decisions, and the risk assessments. In 2012, the Fed introduced forward guidance. Some empirical studies on the practice of central bank communications also show that effective communications have an impact on the financial market, improve the predictability of monetary policy, and thus help the monetary authorities realize macro-economic goals.

Overall, there is a consensus on the importance of expectation management and communications in central bank policy. But several open questions require further study and discussion.

First, what is the proper degree of transparency in communications? Is more communications better? Take the disclosure of details about decisions as an example. Though this may enhance transparency and be an incentive to the decision makers, it may also prompt them to yield to pressures and to follow the majority vote; when many details are disclosed, due to the complexity and the development of the economic situation, information disclosures at a later stage may not be consistent with the previously disclosed information, or the contents disclosed through various channels may not be consistent, which may harm the credibility of the central bank. Moreover, too much information may produce noise. As mentioned above, transparency is related to central bank independence. In general, the greater the independence, the more transparency that is required; otherwise the consistency of behavior will be undermined.

Second, how can the effectiveness of communications be improved? Many factors, including the public's ability to understand and biased media reports may affect the effectiveness of communications. Also, in some emerging market economies and developing countries, due to the gap in institutional building, the central banks may not have an advantage in guiding market expectations. If useful information is not communicated, market participants will not be able to benefit from such communications.

Third, is there a best strategy to communicate? Based on the varying situations across the different countries, different strategies have been adopted in central bank communications. Until now, best practices have not yet been established. In particular, there are many debates on forward guidance, a recently emerging instrument of communication. Also, the establishment of a single-indicator model and a threshold value for monetary-policy action may be a convenient way to communicate with the public. But the macro-economic and market situations may change rapidly, and an overly simplified approach would affect the continuity of monetary policy. In addition, forward guidance is an experiment in response to the zero lower-bound constraints and limited room for the use of the traditional monetary policy, thus countries with different economic environments should be prudent in applying forward guidance to their own circumstances.

II. Analysis of China's macro-economic performance

In Q1 2015, the Chinese economy continued to perform within a reasonable range, with positive developments in structural adjustments. Expansion of consumption was steady and growth of online retail sales remained strong. Growth of investments moderated, while investments in infrastructure grew quite rapidly. Private enterprises became major driving forces for exports, and foreign investment in the service sector maintained relatively rapid growth. The share of tertiary industry expanded further, and new industries, new business models, and new market players emerged. Enterprises, industries, and regions that had begun to restructure early performed relatively well. The employment situation was basically stable, and consumer prices went up moderately. A study of the various economic indicators and their changing relations reveals that the economy was at a key juncture of shifting momentum from old to new industries.

According to preliminary statistics, China's GDP registered RMB14.1 trillion yuan in Q1, growing at 7.0 percent year on year and 1.3 percent quarter on quarter in comparable terms. In Q1, the CPI rose 1.2 percent year on year and the surplus in trade in goods posted RMB755.3 billion yuan.

1. Consumption registered stable growth, while investment growth moderated and growth of exports and imports slowed down

Income and consumption demands of urban and rural residents registered stable growth. In Q1, per capita disposable income of urban residents stood at RMB8,572 yuan, gaining 8.3 percent year on year in nominal terms and 7.0

percent in real terms; per capita disposable income of rural residents was RMB3,279 yuan, rising by 10.0 percent year on year in nominal terms and 8.9 percent in real terms. As indicated by the Q1 Urban Depositors' Survey conducted by the People's Bank of China, the current income sentiment of urban residents registered 50.8 percent, which was 1.6 percentage points higher than that in the previous quarter; the residents' consumption sentiment remained stable, with residents willing to consume 18.5 percent, which was 0.2 percentage point lower than that in the previous quarter, and residents' sentiment for travel for the next three months was 29 percent, which was 2.9 percentage points higher than that in the previous quarter. In Q1, retail sales totaled RMB7.1 trillion yuan, representing growth of 10.6 percentage points from the previous quarter in nominal terms and 10.8 percent in real terms. Growth of retail sales in the rural areas continued to exceed that in the urban areas, with urban retail sales posting RMB6.1 trillion yuan, which was 10.4 percent higher year on year, and rural retail sales registering RMB1.0 trillion yuan, which was 11.6 percent higher year on year. Online retail sales maintained a strong momentum, with the combined value of goods and service sales reaching RMB760.7 billion yuan, up 41.3 percent year on year. Further adjustments have been made in the consumption structure, with rapid sales growth in telecommunications and new-energy automobiles, and a stable rebound in the consumption of catering services mainly driven by the general public. In Q1, sales of telecommunications equipment of statistically large entities went up 38.5 percent year on year, and the consumption of new-energy automobiles rose 2.8 times; turnover in the catering sector gained 11.3 percent year on year, which was 1.5 percentage points higher than that in the previous year.

Growth of fixed-asset investments slowed down, while infrastructure investments registered relatively rapid growth. In Q1, fixed-asset investments (excluding those by rural residents) reached RMB7.8 trillion yuan, growing by 13.5 percent year on year in nominal terms and 14.5 percent in real terms. Among this total, private fixed-asset investments accounted for 65 percent, growing by 0.2 percentage point. Broken down by industries, investments in the primary, secondary, and tertiary industries grew 32.8 percent, 11.0 percent, and 14.7 percent respectively. In the tertiary industry, infrastructure investments (excluding investments in the electric power industry) posted RMB1.3 trillion yuan, growing by 23.1 percent year on year. Broken down by sectors, investments in water management, utilities management, road transportation, and the railway transportation industries grew by 15.8 percent, 23.5 percent, 23.8 percent, and 14.9 percent respectively year on year. Broken down by regions, year-on-year growth in the eastern, central, and western regions registered 12.2 percent, 15.9 percent, and 12.6 percent respectively. Investment in on-going projects and new projects turned for the better, with planned investments for on-going projects totaling RMB55.8 trillion yuan, up by 7.0 percent year on year, while planned investments for new projects rose 6.1 percent to reach RMB5.8 trillion yuan.

Figure 3 Import and Export Growth and the Trade Balance

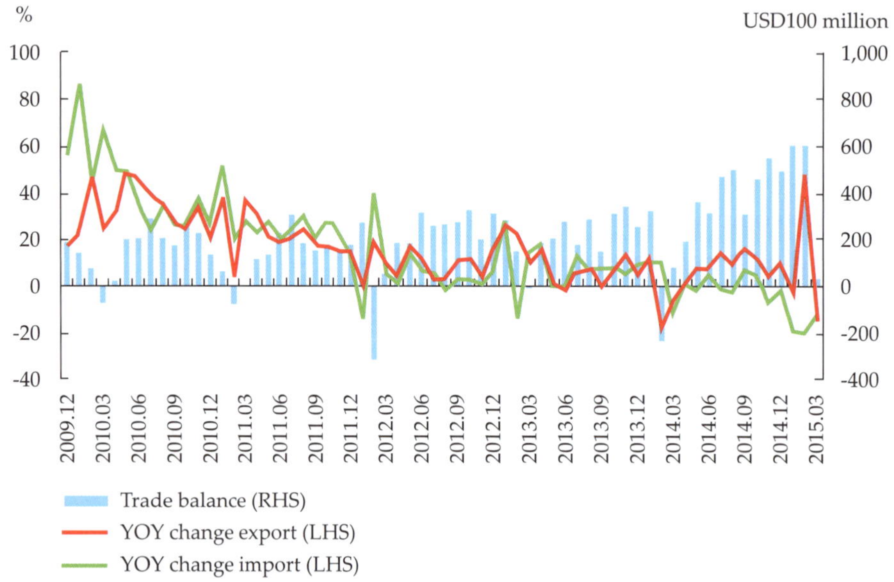

Sources: General Administration of Customs.

The surplus in trade in goods widened substantially, with the private sector making larger contributions to export growth. In Q1, the export and import of goods totaled RMB5.54 trillion yuan, a decline of 6 percent year on year. Specifically, exports grew by 4.9 percent year on year to RMB3.1 trillion yuan, while imports dropped by 17.3 percent to RMB2.4 trillion yuan, resulting in a surplus of RMB755.3 billion yuan. Exports in general trade grew rapidly by 12.2 percent year on year, 7.3 percentage points higher than that of total exports and contributing 6.2 percentage points to export growth. Private enterprises became the major driving force for export growth, with exports by private enterprises rising by 12.5 percent, contributing 102.7 percent of the increment in export growth. Broken down by product categories, exports of machinery and traditional labor-intensive products registered more rapid growth, with the growth of some high-end manufacturing products exceeding 20 percent.

Structural changes in foreign direct investments (FDI) were still underway and outbound direct investments (ODI) registered fairly rapid growth. In Q1, utilized FDI totaled USD34.88 billion, up 11.3 percent year on year. ODI by domestic non-financial investors totaled USD25.79 billion, up 29.6 percent year on year. Foreign investments in the service sector continued their rapid growth, while foreign investments in the manufacturing industry declined. In Q1, the service sector utilized USD21.59 billion of foreign investments, up 21.4 percent year on year and accounting for 61.9 percent of the national total, and the manufacturing industry utilized USD11.22 billion of foreign investments, down 3.6 percent.

2. Agricultural production remained stable while industrial production declined

In Q1 2015, the value-added of the primary, secondary, and tertiary industries was RMB777 billion yuan, RMB6,029.2 billion yuan, and RMB7,260.5 billion yuan respectively, growing by 3.2 percent, 6.4 percent, and 7.9 percent year on year, with the growth of the tertiary industries exceeding that of the secondary industries. The value-added of the primary, secondary, and tertiary industries accounted for 5.5 percent, 42.9 percent, and 51.6 percent of GDP respectively, and the share of the tertiary industries was 2.6 percentage points higher than that during the same period of the previous year and 8.8 percentage points more than the share of the secondary industries.

Agricultural production remained stable. The survey of production sentiment among more than 110,000 rural residents indicated that the planned cultivation area for grains, wheat, corn, and cotton grew by 0.2 percent, 0.7 percent, 1.9 percent, and -11.2 percent respectively. At present, plant health in the major production areas is in good shape. In Q1, the combined output of pork, beef, mutton, and poultry declined 1.4 percent year on year to 23.15 million tons, among which the output of pork dropped by 3.1 percent to 15.57 million tons.

The growth of industrial production declined, with stable performance in the emerging industries and heightened pressures in the traditional industries. The value-added of statistically large enterprises, if calculated at comparable prices, grew by 6.4 percent year on year, which was 2.3 percentage points lower than the growth in the previous year. Broken down by sectors, the value-added of the high-tech industry, electronics manufacturing industry, and medical-care industry increased by 11.4 percent, 12 percent, and 10.6 percent respectively. In Q1, the sales-to-output ratio of statistically large enterprises reached 97.2 percent, which was 0.1 percentage point higher than that during the same period of the previous year. The profits of statistically large enterprises declined 2.7 percent year on year to RMB1.3 trillion yuan, and the profit margins of their main businesses registered 5.18 percent. Among the 41 industrial categories, 30 earned more profits than they did in the same period of the previous year. In particular, gross profits in the computer, telecommunications, and other electronic machinery manufacturing industries rose by 22.9 percent, and those in the electricity and heat production and supply industries went up by 16.4 percent. Constrained by insufficient demand and overcapacity, profits in the steel, cement, and plate glass industries declined by 36 percent, 67.6 percent, and 26.6 percent respectively year on year.

3. Consumer prices rose moderately

Growth in consumer prices remained subdued. In Q1 2015, the CPI rose 1.2 percent year on year, a decline of 0.3 percentage point compared with that in the previous quarter, and growth from January through March was 0.8 percent, 1.4 percent, and 1.4 percent respectively. Broken down, the price of food gained 1.9 percent year on year, which was 0.7 percentage point lower than that in the previous quarter, contributing 0.7 percentage point to CPI growth, and the price of non-food items rose by 0.8 percent year on year, which was 0.2 percentage point lower compared with the previous quarter, contributing 0.5 percentage point to CPI growth. Meanwhile, the price of consumer goods went up by 0.9 percent year on year, which was 0.5 percentage point lower than that in the previous quarter, and the price of services grew 1.9 percent year on year, which was flat with the previous quarter.

The decline in producer prices widened. In Q1 2015, the PPI dropped by 4.6 percent year on year, representing an acceleration of 1.8 percentage points compared with the decline in the previous quarter, and the decrease from January through March registered 4.3 percent, 4.8 percent, and 4.6 percent respectively. Among this total, the price of consumer goods edged down by 0.1 percent, which was flat with that in the previous quarter; the price of capital goods declined by 5.9 percent, which was 2.3 percentage points more than the decline in Q4 2014, dragging the PPI down by 4.6 percentage points. Producer purchasing index decreased by 5.6 percent year on year, accelerating by 2.4 percentage points compared with the decline in the previous quarter, and the drop in each month of the first quarter was 5.2 percent, 5.9 percent, and 5.7 percent respectively. The CGPI went down by 5.6 percent year on year, which was 3.6 percentage points more than the decline in the same period of the last year. The decline in the price of primary goods was more substantial, with a deeper drop in investment goods than in consumer goods. The price of agricultural capital goods declined by 0.9 percent year on year, which was more significant than the 0.7 percent decrease in producer prices of agricultural products.

As a result of the overall slide in commodity prices in international markets, the decrease in import prices widened significantly. In Q1 2015, the average price of Brent Crude oil futures on the Intercontinental Exchange plunged by 48.9 percent year on year, and by 28.5 percent quarter on quarter. The average price of copper on the London Metal Exchange plummeted by 17.4 percent year on year and by 12.2 percent quarter on quarter. From January through March, import prices fell by 9.6 percent, 9.3 percent, and 10.5 percent respectively, averaging 9.8 percent, and this was 4.3 percentage points larger than the fall during the previous quarter. Export prices grew by 0.4 percent, -3.3 percent, and -0.3 percent respectively, averaging 1.1 percent, as compared to a rise of 0.5 percent in the previous quarter.

The GDP deflator continued to fall. In Q1 2015, the GDP deflator (the ratio of nominal GDP to real GDP) was -1.1 percent, down by 1.6 percentage points from the same period of the last year and by 1.9 percentage points compared with the year 2014.

The price reform continued. On January 21, the National Development and Reform Commission (NDRC) issued a joint notice with other relevant authorities, stipulating that there should be a charging standard for polluted water processing and adjusted in a reasonable way by following the principle of "polluters pay, fair burden-sharing, full cost coverage, and reasonable profitability," and by taking into consideration all relevant factors, including local water pollution prevention, management realities, and affordability. On January 29, the NDRC issued a notice on the adjustment of the price of railway cargo transportation and the establishment of a floating price mechanism. On February 26, the NDRC issued a notice to streamline the pricing mechanism of natural gas for the non-household sector by consolidating the prices of stocks and the increment in natural gas, and launching a pilot program whereby administration of the price for users having direct access to gas supplies was lifted, while the pricing mechanism for ordinary residents remained unchanged. On April 8, the Executive Meeting of the State Council decided that the grid price of coal-fired electricity and the price of electricity for commercial and industrial use would be adjusted downward so as to lower corporate costs, stabilize market expectations, promote economic growth, and facilitate structural adjustments.

4. Fiscal revenue and expenditures maintained subdued growth

In Q1 2015 fiscal revenue rose 2.4 percent in comparable terms[1] to RMB3.6 trillion yuan, decelerating by 6.9 percentage points year on year. Fiscal expenditures reached RMB3.3 trillion yuan, up 6.9 percent year on year in comparable terms, a deceleration of 5.7 percentage points year on year. Fiscal revenue exceeded expenditures by RMB359.2 billion yuan, a decline of RMB100.14 billion yuan year on year.

In terms of the structure of fiscal revenue, non-tax revenue rose 8.8 percent in comparable terms year on year to RMB584.4 billion yuan, and tax revenue went up 1.2 percent year on year to RMB3.1 trillion yuan. Among this total, the domestic value-added tax, consumption tax, and turnover tax went up by 1.9 percent, 9.2 percent, and 4.6 percent respectively year on year, while the value-added tax and consumption tax of imported goods declined by 13.0 percent year on year, and the corporate income tax and personal income tax gained 7.7 percent and 12.8 percent year on year respectively. In terms of the structure of fiscal expenditures, outlays for transportation, environmental protection, and health care and birth control rose fairly rapidly, by 43.3 percent, 26.4 percent, and 13.3 percent respectively.

5. The employment situation was generally stable

In Q1 2015, total new employment nationwide was 3.24 million, which was 0.2 million less year on year. By end-March 2015, the urban registered unemployment rate stood at 4.05 percent, a slight decline year on year and quarter on quarter. In Q1, a statistical analysis by the China Human Resources Market Information Monitoring Center indicated that market demand exceeded

1. The Ministry of Finance adjusted the statistical standards for fiscal revenue and expenditures by moving 11 items of government funds into the category of the general public budget. "Comparable terms" here refer to comparable growth calculated after the adjustment of the base in the previous year, which is consistent with the statistical standard of the draft budget in 2015. Growth of other items refers to growth in the absolute value of revenue and expenditures in 2015, as compared with the same period of the previous year.

market supply, and the ratio of job seekers to job vacancies was 1.12, an increase of 0.01 year on year and a decline of 0.03 quarter on quarter. Broken down by industry, demand for labor in sectors such as manufacturing, wholesale and retail, accommodations and the catering industry, household services and other services registered substantial declines year on year while growing significantly quarter on quarter. In terms of job seekers, there were fewer job seekers year on year among young people who were unemployed upon entering the labor market, unemployed who formerly were employed, migrants from other provinces, local rural residents, and so forth. Broken down by professional or technical qualifications, demand for labor with beginning and intermediate professional levels declined year on year, that for senior engineers increased slightly, and the demand gap for senior engineers, technicians, senior technicians, and senior workers was large.

6. International payments and expenditures were generally balanced

In 2014 the current account surplus registered USD219.7, accounting for 2.1 percent as a share of GDP during the same period, which was within the internationally acknowledged reasonable range. The capital and financial account surplus stood at USD38.2 billion, plunging by 89 percent compared with that in 2013. By end-2014, total reserve assets increased by USD117.8 billion to reach USD3.84 trillion.

The total external debt continued to grow. To further enhance the quality of external debt statistics and gradually converge with the latest international standards, in 2014 China began to disclose its external debt denominated in foreign currencies according to the Special Data Dissemination Standards of the IMF and included special drawing rights (SDR) in its external debt statistics. At end-2014, the outstanding value of the external debt registered USD895.5 billion, which was a 2.5 percent year-on-year increase in comparable terms (including the SDR allocation). Among this total, the outstanding value of the short-term external debt rose 0.4 percent year on year to reach USD621.1 billion, accounting for 69.4 percent of the total external debt.

7. Sector analysis

(1) The real-estate sector

In Q1 2015, nationwide turnover of commercial real estate declined year on year while the decline in Q1 narrowed from that in February and March. Among the major 70 large and medium-sized cities, more cities reported lower real-estate prices year on year, while fewer cities reported quarter-on-quarter price declines. The growth of investment in real-estate development continued to slow down, while the growth in loans in the real-estate sector rebounded slightly.

The number of cities reporting year-on-year real-estate price declines increased while fewer cities reported quarter-on-quarter price drops. In March 2015, the price of newly-built commercial residential housing dropped year on year in all 70 large- and medium-sized cities, 2 more than in December 2014, and it fell in 50 out of 70 cities quarter on quarter, 16 less than in December 2014. The price of pre-owned residential housing declined year on year in 69 cities, 2 more than in December 2014, and dropped quarter on quarter in 48 cities, 12 less than in December 2014.

The floor area and value of commercial real-estate sales fell year on year, while the decline narrowed compared with that in January and February. In Q1 2015, the nationwide floor area of sold commercial real estate posted 183 million square meters, down 9.2 percent year on year, which was 7.1 percentage points less than the decline in the first 2 months of the year and 1.6 percentage points more than the decline in the previous year. The sales value of commercial real estate declined 9.3 percent year on year to RMB1.2 trillion yuan, which was 6.5 percentage points less than the decline during January and February of 2015, and 3 percentage points more than the decline in 2014. Among this total, the sold floor area and the sales value of commercial residential housing accounted for 88.1 percent and 83.7 percent of the total sold floor area and the turnover in commercial real estate respectively.

The growth of investment in real-estate development continued to decline. In Q1 2015, nationwide investment in real-estate development went up by 8.5 percent year on year to reach RMB1.6651 trillion yuan, a deceleration of 2 percentage points compared with the growth in 2014. In particular, investment in residential housing posted RMB1.1156 trillion yuan, up 5.9 percent year on year and a deceleration of 3.2 percentage points from 2014, accounting for 67 percent of the total investment in real-estate development. The floor area of newly started real-estate projects declined 18.4 percent year on year to 240 million square meters, which was 7.7 percentage points more than the decline in 2014. The floor area of real-estate projects under construction grew 6.8 percent year on year to 5.84 billion square meters, representing a deceleration of 2.4 percentage points compared with that in the previous year. The floor area of completed real-estate projects posted 0.17 billion square meters, representing a year-on-year decline of 8.2 percent in comparison with year-on-year growth of 5.9 percent in 2014.

The growth in real-estate loans rebounded slightly. As of end-March 2015, outstanding real-estate loans of major financial institutions (including foreign-funded financial institutions) stood at RMB18.4 trillion yuan, up 19.4 percent year on year, which was 0.5 percentage point more than that at end-2014. Outstanding real-estate loans accounted for 21.4 percent of the total outstanding loans, which was 0.1 percentage point higher than that at the end of 2014. In particular, outstanding mortgage loans rose 17.9 percent year on year to RMB11.2 trillion yuan, an acceleration of 0.3 percentage point from end-2014; outstanding housing-development loans gained 24.2 percent year on year to RMB3.5 trillion yuan, a deceleration of 0.2 percentage point from end-2014; outstanding land-development loans rose 30.6 percent year on year to RMB1.5 trillion yuan, an acceleration of 4.9 percentage points from end-2014. In Q1 2015, new real-estate loans registered RMB993.5 billion yuan, accounting for 27 percent of total new loans, which was 0.6

percentage point higher than that during the same period of the last year.

It was noted in the *Report on the Work of the Government* for the year 2015 that greater efforts should be made to renovate the shantytowns in urban areas and the dilapidated buildings in urban and rural areas by building 7.4 million welfare apartments, among which 5.8 million will be provided for shantytown renovation, an increase of 1.1 million. By end-March 2015, outstanding loans for welfare-housing development posted RMB1.3 trillion yuan, up 64.3 percent year on year, which was 42.1 percentage points higher than the growth in housing-development loans. In addition, the pilot program of using housing provident fund loans to support the construction of affordable housing proceeded steadily. At end-March 2015, 359 welfare-housing projects in 82 cities passed loan approvals and received 80.2 billion yuan in loan disbursements based on the construction progress, and RMB33.5 billion yuan of the principal was repaid.

(2) New-energy automobile industry

In recent years, in order to mitigate energy consumption and environmental protection pressures, accelerated efforts have been made to foster and develop the new-energy automobile industry. After more than a decade of research, development, and pilot operations, the new-energy automobile industry has developed along a three-pronged pattern, with pure electric cars, hybrid cars, and fuel battery cars as the major technical models. Preliminary progress has been made in building a supporting infrastructure and an intra-city and inter-city charging service network has started to take shape in some cities. By end-2014, a total of 778 battery-swapping stations had been established, with a total of 31,000 charging posts. In January 2015, the fast charging network for the Beijing-Shanghai express was established.

Driven by policy support and market demand, the new-energy automobile industry in China achieved leapfrog development, with rapid growth in both production and sales. As estimated by the China Association of Automobile Manufacturers, a total of 78,000 new-energy automobiles were produced in 2014, among which 75,000 were sold, growing by 3.5 times and 3.2 times respectively year on year, and with the volume of annual sales second only to that in the U.S.. In Q1 2015, a cumulative total of 25,000 new-energy automobiles had been produced, growing by 3 times year on year. By end-2014, the total number of new-energy automobiles owned by Chinese residents exceeded 120,000, which was second only to the U.S..

Despite its rapid development, the new-energy automobile industry has problems that are in need of an urgent solution. The key challenge is the gap in basic research and development. As technological breakthroughs in the production of the entire automobile and some key parts have yet to be realized, the costs of production and the prices of new-energy automobiles remain fairly high. Moreover, the supporting system is not yet fully in place, and mechanisms for the operation and maintenance of the infrastructure is not well-established. It is imperative that the construction of charging and battery swapping facilities be accelerated. International experience indicates that favorable policies, including fiscal subsidies and tax breaks, have greatly promoted the development of the new-energy automobile industry in various countries. But as the industry has expanded and become more market-oriented over time, an incentive-compatible policy mechanism should be designed among the government, the corporate sector, and consumers. During the next stage, numerous measures should be taken to promote the healthy development of the new-energy automobile industry. First, greater efforts should be made to break the bottlenecks in key technologies, so as to develop technologies, standards, and brand names with indigenous intellectual property rights. Second, market forces should be combined with government guidance to put in place an operational mechanism with multiple participants, in particular, to eliminate departmental and regional fragmentation and to accelerate construction of the supporting infrastructure, such as charging and battery-swapping stations. Third, a multi-tiered investment and financing system should be established to provide financial support to the new-energy automobile industry by attracting greater participation from venture capital and private investments.

PART 5 Monetary Policy Stance to be Adopted during the Next Stage

I. Outlook for the Chinese economy

After the global financial crisis, the world economy has been undergoing a profound rebalancing, with performance diverging across countries and regions. In general, economies that underwent rapid market clearing and structural adjustments showed stronger resilience and recovery. In the context of the global rebalancing, the Chinese economy is switching gears and undergoing structural adjustments while at the same time absorbing the effects of the stimulus policy adopted during the previous period. Evidence indicates that the Chinese economy has entered a "new normal", as reflected in the moderation of the growth rate, the structural adjustments, and the shift in drivers. The structural adjustments will inject new vitality for medium- and long-term growth, but the economy will likely face increased downward pressures in the short term. Therefore, efforts are needed to properly handle relations among promoting steady growth, making structural adjustments, facilitating reform, and preventing risks. Although it faces complicated domestic and international conditions, there are many favorable conditions for China to achieve steady and rapid growth. First, as a big and resilient economy with a broad market, China has a strong capability to resist risks and it has much room for maneuver. In terms of the development of various industries, even though traditional drivers of growth are slowing down, new businesses and emerging industries are booming. New growth engines, as represented by the Internet economy, are gathering momentum and creating new growth points for consumption. In terms of development in the various regions, the old industrial bases and the resource-based regions are having difficulties whereas the eastern areas and some of the mid-western provinces are growing steadily due to their early start of structural adjustments and their swift industrial upgrading. Second, under the influence of reforms aimed at revitalizing the economy and measures for structural adjustments, there will be an upsurge in newly registered enterprises and entrepreneurship, adding to the internal dynamism of economic development.

With the ongoing one belt and one road initiative, the integrated development of Beijing, Tianjin, and Hebei, and the Yangzi River economic belt strategies and the launch of a series of infrastructure and key projects, such as railways, water conservation projects, and shantytown reconstruction, investment, and growth will be stabilized. Third, macro policies are gradually producing an effect. Monetary policy is neither too tight nor too loose and it relies more on appropriate fine-tunings and preemptive adjustments, creating an environment with adequate liquidity, lower market interest rates, and subsequently reducing the costs for social financing, which is conducive for the financial industry to support the real economy. By revitalizing the stock of funds in a coordinated manner, fiscal policy will be better posed to increase support to the real economy. With the combined impacts from the above-mentioned measures, the national economy is expected to continue to grow steadily and rapidly.

However, there are still some prominent issues and problems in terms of economic performance. From a global perspective, under the influence of numerous factors, the improved external demand has made a limited contribution to exports. During the global rebalancing, the economic performance and macro policies have been diverging across countries, leading to increased spillover effects. There will be substantial uncertainties in the movements of exchange rates of the major currencies and the cross-border flows of capital. In addition, non-economic factors, such as geopolitical shocks, will further complicate the environment. From a domestic perspective, the economy is facing mounting downward pressures and internal dynamism has yet to be enhanced. With the investment rate already at an elevated level and stronger constraints from existing debts, government-guided investments, which used to be a major driver for economic development, are not likely to expand much further. Furthermore, the build-up of debt means that a lot of resources will be used to repay or maintain the already existing debts and may lead to an inherent contraction effect in the macro economy. There will be persistent downward pressures in the process of structural adjustments and the reduction of overcapacity. Therefore, serious efforts are needed to ensure steady growth, make structural adjustments, facilitate reform, improve the people's livelihood, and prevent risks. We need to adapt to the changes in the economic structure and in demand, strive to make breakthroughs in some key areas, speed up the cultivation and strengthening of new growth areas, unleash economic vitality, improve the quality and efficiency of growth, and explore areas and sectors where financial resources can be allocated effectively.

With the combined impact of these various factors, price growth remains flat. Changes in price levels mainly come from the supply and demand side. On the demand side, economic growth has moderated and on the supply side, a fluctuating yet stronger dollar and the slow global recovery might lead to price declines and fluctuations in US-dollar denominated commodities, which will have a steady impact on price levels. In general, price levels are very likely to remain low. According to the Urban Depositors' Survey conducted by the PBC in the first quarter of 2015, the Future Price Expectations Index stood at 59 percent, down 5.5 percentage points from the last quarter. It should be noted that downward pressures are inevitable when the economy is changing gears and undergoing structural adjustments. However, factors such as a decline in commodity and raw material prices, lower logistics prices as a result of the flourishing e-commerce, and higher efficiency achieved through innovations will help to reduce costs and to bring a positive supply shock. According to the Survey of Entrepreneurs conducted by the PBC in the first quarter, the product sales index fell by 1.5 percentage points from the last quarter and by 3.1 percentage points from the same period of the last year. The raw material purchase price index fell by 1.6 percentage points from the last quarter and by 6.4 percentage points compared with the same period of the last year. However, if prices continue to soften, market expectations might be affected and real interest rates might be pushed up. Therefore, a comprehensive and objective perspective is needed when judging the movements and impacts of the price levels. Future price movements will depend on changes in internal and external conditions, while various policies and measures that were implemented earlier will also gradually have an impact. Consequently, we should continue to closely observe and monitor movements in the price levels.

II. Monetary policy during the next stage

The PBC will earnestly implement the decisions of the Eighteenth CPC National Congress, the Third and Fourth Plenary Sessions of the Eighteenth CPC Central Committee, the Central Economic Work Conference, and the Report on the Work of the Government, and will follow the strategic arrangements of the Party Central Committee and the State Council. The PBC will adhere to the guideline of seeking progress while maintaining stability and the overall principle of maintaining stable macro-economic policies while adopting flexible micro policies, take initiatives to adapt to the new normal in the economy, maintain the consistency and stability of policies, continue to implement a sound monetary policy that is neither too tight nor too loose, conduct timely and appropriate fine-tunings and preemptive adjustments, prevent entrenched structural distortions and a higher debt and leverage level as a result of an excessive loosening of the policy stance, make appropriate adjustments according to changes in basic conditions, such as the liquidity supply, price levels, and the economic outlook, create a neutral and proper monetary and financial environment for structural adjustments and transformations, and the transformation of the economic structure, and promote sustainable economic development. Innovation in reform will be emphasized and reform measures will be integrated with macro-economic management policies so that monetary policy will work closely with the reform measures to further tap into the decisive role of the market in resource allocations. In view of the financial deepening and the innovations in financial markets, the conduct of policies, including those regarding the transmission mechanism of monetary policy to the real economy, will be further improved. Efforts will be focused on solving the salient problems. The efficiency and capacity of the financial sector to provide services to the real sector will be improved.

First, a combination of various monetary-policy instruments will be employed, the macro-prudential policy framework will be improved, and the combination of policy measures will be further diversified and optimized to keep liquidity at an appropriate volume and to realize the opportune growth of money, credit, and all-system financing aggregates. In view of the changes in the domestic and international economic and financial conditions, we will flexibly utilize various monetary-policy tools, improve the central bank collateral management framework, maintain liquidity at an appropriate level, and preserve stability in the money market. Currently, there is ample room for the use of various policy tools in order to properly adjust or inject liquidity. It is thus unnecessary to greatly expand the total volume of liquidity through quantitative easing. We will continue to guide commercial banks to strengthen liquidity and balance-sheet management, to properly manage liquidity levels at various time points, and to sensibly plan the total volume and term structure of assets and liability so as to enhance liquidity risk management. The dynamic adjustment mechanism of the differentiated reserve requirement will continue to play a role in counter-cyclical management and structural adjustments. The parameters for the mechanism will be adjusted properly and in a timely manner according to five factors, i.e., lending to small and microenterprises and the agricultural sector, the capital adequacy ratio, internal risk controls, the opening of new branches, and regional development, to provide for differentiated and targeted requirements to guide financial institutions to manage the pace of credit extensions in line with real and seasonal demands, to enhance credit support to the agricultural sector, rural areas, and farmers and other key areas and to the weak links in the economy, and to support the development of the real economy. Continued efforts will be made to explore and improve the mechanisms and approach for macro-prudential regulation.

Second, the stock of credit assets will be revitalized and use of new loans will be optimized to support the structural adjustments, the transformation of the growth model, and the upgrading of the economy. Measures will be taken to optimize the direction and structure of the provision of liquidity, properly implement the targeted reduction in the required reservement ratio, and tap into the role of credit policy to support central bank lending and the central bank discount policy to guide financial institutions to optimize the credit structure. Efforts will be made to encourage innovations in financial products and services, support economies of scale in agricultural activities, give more support to the construction of water conservancy projects, and provide better financial services to the new type of urbanization. Policies supporting small and micro enterprises will continue to be implemented and funding sources for these enterprises will be expanded and diversified so as to facilitate their healthy growth. Assessments of the effects of credit policy guidance will be further improved and the results of such assessments will be closely linked with the utilization of monetary policy and financial market tools to guide financial institutions to increase credit to the agricultural sector, rural areas, farmers, and small and micro enterprises. Better financial services will be provided to support the strategy of innovation-driven development, the design of financing products tailored to the needs of enterprises in technology innovation, and encouragement of financial institutions to enhance support to science and technology, culture, the strategic emerging industries, and other key areas. Efforts will be made to provide financial services for the removal of excess capacity and for development-oriented poverty reduction, and to facilitate the development of micro-credit for poverty alleviation, and to strengthen coordination of financial services for large and extremely poverty-stricken areas. Financial inclusion will be actively promoted and financial support and services related to the people's livelihood will be enhanced, such as financial services for employment, education, ethnic minorities, migrant workers, and college-graduates-turned-village officials. A differentiated housing mortgage policy will be implemented to support the building of welfare housing and common commercial housing with small and medium floor area plans and reasonable home purchases by households, while regular and market-based financing channels will be broadened. Development and policy-related financing will continue to play a role in major and large construction projects, such as reconstruction of shantytowns, water conservation projects, and railways in the midwest regions. A number of measures will be taken to reduce the costs of financing in the entire economy, such as maintaining the reasonable growth of money and credit, improving the corporate governance of banks, eliminating the unreasonable financial service charges, improving a multi-tiered capital market, increasing the supply of financial services, deepening the reforms and structural adjustments, and so forth.

Third, the market-based interest-rate reform and the RMB exchange-rate regime reform will be deepened to improve efficiency in the allocation of financial resources and to improve the monetary-policy framework. The self-regulatory market interest-rate pricing mechanism will be improved to build the independent pricing capacity of financial institutions. The issuance and trading of inter-bank certificates of deposit will be promoted and we will explore the introduction of certificates of deposit for corporate and individual customers to gradually increase the range of market-priced liability products of financial institutions. Efforts will be made to develop the Shibor and the Loan Prime Rate to build a fairly complete market interest-rate system. The central bank interest-rate adjustment framework will be improved to guide expectations and to strengthen price-based adjustments and the transmission mechanism. The RMB exchange-rate regime will be further improved to allow market demand and supply to play a greater role, to enhance two-way flexibility of the RMB exchange rate, and to keep the exchange rate basically stable at an adaptive and equilibrium level. Development of the foreign-exchange market will be accelerated based on the principle of serving the real economy and to provide exchange-rate risk management services to importers and exporters based on actual demand. Measures will be taken to support the use of RMB in cross-border trade and investment activities, and more channels will be made available for the outflow and inflow of RMB funds.

Direct trading of the RMB against other currencies will be promoted to provide better services for RMB settlements of cross-border trade. The impact of the changing international situation on capital flows will be carefully watched and effective monitoring of cross-border capital movements will be strengthened.

Fourth, there will be continued efforts to improve the system of financial markets, to support the role of financial markets in preserving stable economic growth, supporting economic structural adjustments and transformation, deepening reform and opening, and preventing financial risks. The financial infrastructure and the institutional arrangements will be strengthened to provide a more efficient investment and financing market for economic structural adjustments and upgrading. Market innovations will be encouraged to diversify the products and layers in the bond market and to better meet investor demands. The market-maker mechanism will be improved to enhance liquidity in the bond market and to lay a solid foundation for an effective yield curve. The investor base will be expanded and market participants will be diversified. The diversity of financial markets, financial products, investors, and financing intermediaries will be further promoted. Qualified overseas and domestic institutional investors will be welcomed to invest in the inter-bank bond market. The risk-sharing and market-discipline mechanisms will be strengthened. We will implement measures to promote direct financing and to develop a multi-tiered capital market. Market supervision and the role of the corporate debenture bond joint ministerial coordination mechanism will be enhanced. We will further strengthen regulatory coordination and facilitate the development of market discipline mechanisms, such as information disclosures and credit ratings, to regulate the trading behavior of market participants, to prevent financial risks, and to promote the efficient operation and sound development of financial markets.

Fifth, the reform of financial institutions will be deepened to improve financial services by increasing supply and enhancing competition. The reform of large commercial banks and other large financial institutions will be furthered to continue to improve corporate governance, build effective mechanisms for decision making, execution, and checks and balances, and to translate the principle of corporate governance into daily operations and risk-control behavior. A reform program for policy and development financial institutions will be implemented to establish capital constraint mechanisms, improve the governance structure, and support fiscal and financial policies in order to create a favorable policy environment and foster policy financial institutions with Chinese characteristics that operate on a sustainable basis and provide good services to support economic development. The shift to market-based operations of asset-management companies will be further promoted. Under the precondition of stronger supervision, the development of various kinds of financial institutions, financial services organizations, and intermediary agencies will be encouraged to build a financial eco-environment for fair competition with participation by all kinds of market participants. The standards and rules for Internet financing will be further improved to level the playing field, to enhance industry self-regulation, to build a stronger capacity for risk management, to safeguard the rights and interests of investors, and to promote the sound development of Internet financing.

Sixth, effective measures will be adopted to mitigate systemic financial risks and to preserve stability in the financial system. Macro-prudential regulation will be enhanced to guide financial institutions to operate on a sound basis and to encourage them to strengthen internal controls, to improve credit and liquidity management, and to improve their risk-control capabilities. The systemic financial risk early-warning and assessment mechanism will be improved, and monitoring and analysis of local government debts, the real-estate sector, industries with overcapacity, shadow banking businesses, and mutual guarantees and joint peer guarantees of enterprises will be enhanced to identify potential risks on a continual basis and to encourage financial institutions to draft resolution plans for various scenarios. The Financial Regulatory Coordination Joint Ministerial Conference will play a role in enhancing risk monitoring and regulatory coordination of cross-sector and cross-market products, coordinating development of various financial markets and instruments, and establishing a system of comprehensive financial statistics and an information-sharing mechanism. Efforts will be adopted to organize the launch of a deposit insurance regime. A comprehensive set of measures will be taken to preserve financial stability and to safeguard the bottom line in preventing systemic and regional financial risks.

附录一　2015年第一季度中国货币政策大事记

1月21日， 中国人民银行与瑞士国家银行签署合作备忘录，就在瑞士建立人民币清算安排有关事宜达成一致，并同意将人民币合格境外机构投资者（RQFII）试点地区扩大到瑞士，投资额度为500亿元人民币。

1月22日， 中国人民银行与中国保险监督管理委员会联合发布2015年第3号公告，允许保险公司在全国银行间债券市场发行资本补充债券。

1月28日， 中国人民银行向全国人大财经委员会汇报2014年货币政策执行情况。

2月5日， 中国人民银行下调金融机构人民币存款准备金率0.5个百分点。同时，为进一步增强金融机构支持结构调整的能力，加大对小微企业、“三农”以及重大水利工程建设的支持力度，对小微企业贷款占比达到定向降准标准的城市商业银行、非县域农村商业银行额外降低人民币存款准备金率0.5个百分点，对中国农业发展银行额外降低人民币存款准备金率4个百分点。

2月6日， 中国人民银行印发《关于在全国开展分支机构常备借贷便利操作的通知》（银发[2015]43号）和《关于印发〈中国人民银行再贷款与常备借贷便利抵押品指引（试行）〉的通知》（银发[2015]42号），在前期10省（市）分支机构试行常备借贷便利操作的基础上，在全国推广分支机构常备借贷便利，完善中央银行对中小金融机构提供流动性支持的渠道。

2月10日， 发布《2014年第四季度中国货币政策执行报告》。

3月1日， 中国人民银行下调金融机构人民币贷款和存款基准利率。其中，金融机构1年期贷款基准利率下调0.25个百分点至5.35%；1年期存款基准利率下调0.25个百分点至2.5%，同时结合推进利率市场化改革，将金融机构存款利率浮动区间的上限由存款基准利率的1.2倍调整为1.3倍;其他各档次存贷款基准利率及个人住房公积金存贷款利率相应调整。

3月18日， 中国人民银行与苏里南中央银行签署了规模为10亿元人民币/5.2亿苏里南元的双边本币互换协议。

3月20日， 国务院批复同意《国家开发银行深化改革方案》和《中国进出口银行改革实施总体方案》，要求中国人民银行会同有关单位按照方案要求和职责分工认真组织实施。

3月25日， 中国人民银行与亚美尼亚中央银行签署了规模为10亿元人民币/770亿亚美尼亚德拉姆的双边本币互换协议。

3月26日， 中国人民银行发布2015年第7号公告，简化信贷资产支持证券发行管理流程，提高发行管理效率和透明度，促进受托机构与发起机构提高信息披露质量，切实保护投资人合法权益，推动信贷资产证券化业务健康发展。

3月30日， 为进一步完善个人住房信贷政策，支持居民自住和改善性住房需求，促进房地产市场平稳健康发展，中国人民银行、住房城乡建设部和中国银行业监督管理委员会联合发布《关于个人住房贷款政策有关问题的通知》（银发[2015]98号）。

3月30日，中国人民银行与澳大利亚储备银行续签了规模为2 000亿元人民币/400亿澳大利亚元的双边本币互换协议。

3月31日，中国人民银行货币政策委员会召开2015年第一季度例会。

3月31日，《存款保险条例》公布，自2015年5月1日起施行。

Appendix 1 Highlights of China's Monetary Policy in the First Quarter of 2015

On January 21, the PBC and the Swiss National Bank signed an MOU on cooperation, in which they reached agreement to establish RMB clearing arrangements in Switzerland and to include Switzerland in the pilot RQFII program with an investment quota of RMB50 billion yuan.

On January 22, the PBC and the CIRC jointly released *Public Notice [2015] No.10* to allow insurance companies to issue supplemental capital bonds on the inter-bank bond market.

On January 28, the PBC reported on the conduct of monetary policy in 2014 to the Finance and Economy Committee of the National People's Congress.

On February 5, the PBC lowered the RMB required reservement ratio (RRR) of all financial institutions by 0.5 percentage point. In addition, in order to enhance the capacity of financial institutions to support structural adjustments, beef up support to small and micro enterprises, the agricultural sector, rural areas, and farmers, and to major water conservancy projects, the PBC cut the RMB RRR by an extra of 0.5 percentage point for urban commercial banks, rural commercial banks, and non-county-level rural commercial banks that have reached the criteria for the targeted RRR reduction, and it lowered the RRR of the Agricultural Development Bank of China by an additional 4 percentage points.

On February 6, the PBC released the *Announcement on the Launch of Standing Lending Facility(SLF) in Branch Offices Nationwide [2015] No.43 and the Announcement on the Release of Provisional Guidelines on Collaterals of Central Bank Lending and the Standing Lending Facility [2015] No.42* to launch SLF operations nationwide and to improve the liquidity provision channels to small- and medium-sized financial institutions, based on the pilot SLF operations in 10 provinces (and municipalities).

On February 10, the PBC released the *China Monetary Policy Report, Q4 2014.*

On March 1, the PBC cut the benchmark loan and deposit interest rates. Specifically, the one-year loan interest rate was lowered by 0.25 percentage point to 5.35 percent, and the one-year deposit interest rate was lowered by 0.25 percent to 2.5 percent. Furthermore, to support the market-based interest-rate reform, the upper limit of the floating range for deposit interest rates was raised from 1.2 to 1.3 times the benchmark level. Adjustments were made accordingly to the benchmark interest rates on deposits and loans of other maturities and on deposit and loan interest rates of the personal housing provident fund.

On March 18, the PBC and the Central Bank of Suriname signed a Local Currency Swap Agreement, with the size of the swap facility at RMB1 billion yuan/520 million Surinamese dollars.

On March 20, the State Council approved the *Program for Deepening Reform of the China Development Bank and the Implementation Plan for the Reform of the Export-Import Bank of China*, and requested that the PBC and other relevant departments organize implementation of the reform accordingly based on their division of labor.

On March 25, the PBC and the Central Bank of Armenia signed a Bilateral Local Currency Swap Agreement, with the size of the swap facility at RMB1 billion yuan/77 billion Armenian dram.

On March 26, the PBC released *PBC Public Notice [2015] No.7* to simplify regulatory procedures for issuing credit asset-backed securities, to improve regulatory efficiency and transparency, to promote higher-quality information disclosures by entrusted and originating institutions respectively, to protect the legitimate rights and interests of investors, and to promote the sound development of credit asset-backed securities businesses.

On March 30, in order to further improve the residential mortgage policy and to support the need of households to buy homes for their own use, to improve living conditions and to promote the sound development of the real-estate market, the PCB, the Ministry of Housing and Urban-Rural Development, and the CBRC jointly released the *Notice on Issues Related to the Residential Mortgage Policy* (PBC Notice [2015] 98).

On March 31, the PBC's Monetary Policy Committee held its first quarterly meeting in 2015.

On March 31, the *Regulations on Deposit Insurance* were released and were to be entered into effect on May 1, 2015.

附录二 2015年第一季度主要经济体中央银行货币政策

一、美联储

在2015年1月的声明中，美联储公开市场委员会（FOMC）表示目前维持0～0.25%的联邦基金利率目标区间仍是合适的，但取消了以往“相当长时间内”的限定措辞，同时强调“对启动货币政策正常化进程要保持耐心”。3月，美联储再次调整了前瞻性指引措辞，删除了“对美联储货币政策正常化保持耐心”的表述，但强调“目前将联邦基金利率维持在0～0.25%的目标区间仍是合适的”，并认为“合适的加息时点应在劳动力市场进一步改善且通胀率在中期回升至2%目标的情况下”。

二、欧洲中央银行

欧洲中央银行在第一季度两次例会后均宣布继续将主要再融资操作利率、边际贷款便利利率和存款便利利率分别维持在0.05%、0.30%和-0.20%的水平不变。1月22日，为实现价格稳定目标，欧央行宣布进一步扩张资产购买计划，将购买范围扩展至欧元区政府、机构和欧洲企业发行的债券。欧洲中央银行和成员国央行共同参与，并分担所持部分资产风险。公共部门债券购买计划（PSPP）与私人部门债券购买计划的每月购买规模合计为600亿欧元，购债计划将持续至2016年9月底或中期通胀率低于但接近2%。3月9日，欧洲中央银行正式启动PSPP。

三、日本银行

日本银行在第一季度三次货币政策例会上均决定以每年80万亿日元的速度扩大基础货币，并将继续执行量化和质化宽松货币政策直至实现2%的价格稳定目标。1月21日例会上，日本央行决定将银行贷款刺激工具（Stimulating Lending Facility）和增长支持融资工具（Growth-Supporting Funding Facility）的使用期限再延长一年，同时扩大受惠金融机构的范围，并提高增长支持融资工具提供的资金上限。

四、英格兰银行

英格兰银行第一季度三次例会上均决定继续维持0.5%的基准利率和3 750亿英镑的资产购买规模不变。英格兰银行自2009年3月降息以来持续将基准利率维持在0.5%的水平。3月12日，英格兰银行行长马克·卡尼表示，未来三年将以小幅渐进方式逐步升息，以期在两年内实现2%的通胀目标。

Appendix 2 Monetary Policies of the Central Banks of the Major Economies in the First Quarter of 2015

1. U.S. Federal Reserve

In January 2015 the Federal Open Market Committee (FOMC) announced that the current target range of 0 to 1/4 percent for the federal funds rate remains appropriate, but it deleted the definitive wording of "for a considerable time" that followed the above assessment in the previous announcements. However, the FOMC emphasized that "it can be patient in beginning to normalize the stance of monetary policy". In March 2015, the FOMC adjusted the wording of forward guidance, deleting the sentence that "it can be patient in beginning to normalize the stance of monetary policy," but reaffirming its view that "the current 0 to 1/4 percent target range for the federal funds rate remains appropriate." Furthermore, it announced that the decision on how long to maintain this target range would be made by assessing "the progress both realized and expected toward the objectives of maximum employment and 2 percent inflation."

2. European Central Bank

Since the beginning of this year, the ECB has kept the main refinancing operations (MROs), the marginal lending facility, and the deposit facility rates unchanged at 0.05, 0.30, and -0.20 percent respectively. On January 22, 2015, in order to meet its inflation target, the ECB announced it would expand the asset-purchase program to include bonds issued by governments and institutions in the euro area. The combined monthly purchases of public- and private-sector securities will amount to euro60 billion and the program is intended to be carried out until the end of September 2016 or until the target inflation moves close to, but less than, 2 percent over the medium term. On March 9, 2015, the ECB began to implement the asset-purchase program with bonds issued by the public sector as the targeted asset.

3. Bank of Japan

In the first quarter, the Bank of Japan (BOJ) maintained its policy to inject 80 trillion yen per year to base money, and to continue its quantitative and qualitative monetary easing policy until the inflation rate hits 2 percent. At its regular meeting on January 21, it announced it would extend the Stimulating Lending Facility and the Growth-Supporting Funding Facility by one year, enlarge the scope of financial institutions, and increase the maximum amount of funds for the Growth-Supporting Funding Facility.

4. Bank of England

In the first quarter, the Bank of England (BOE) maintained the Bank Rate at 0.5 percent and the scale of asset purchases at GBP375 billion. Since March 2009, the BOE has kept the Bank Rate at 0.5 percent. On March 12, 2015, Governor Mark Carney said that a Bank Rate hike will be carried out in a slightly progressive way in the coming three years in order to achieve the 2 percent inflation target within two years.

附录三 中国主要经济和金融指标

Appendix 3 China's Major Economic and Financial Indicators

一、经济增长与经济发展水平

1. Economic Growth

1978年以来中国经济增长与宏观经济政策

China's economic growth and macroeconomic policies since 1978

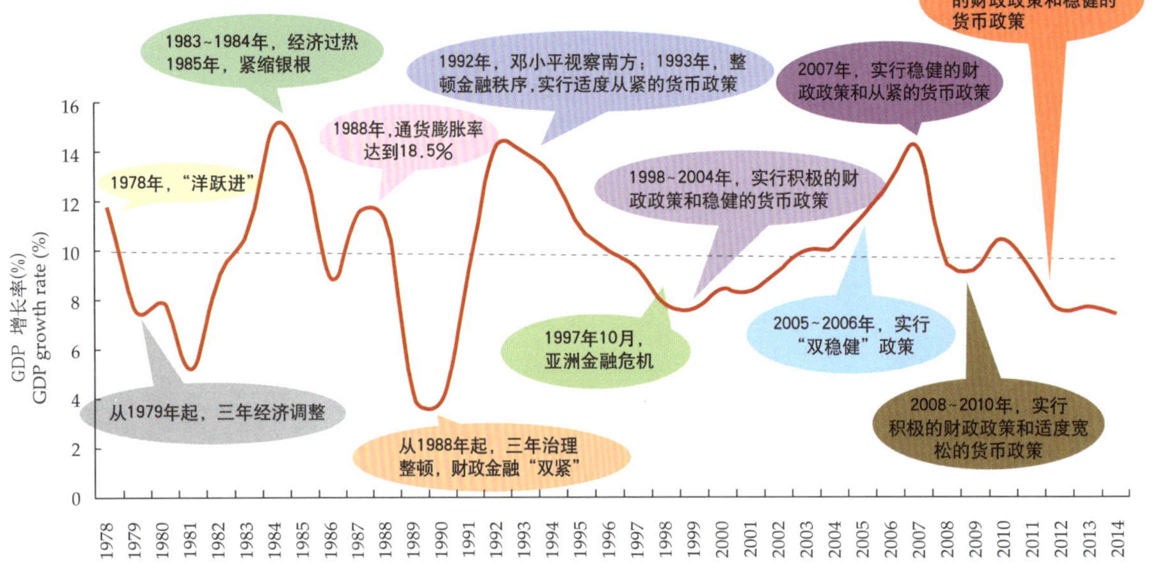

- "Great leap forward" in 1978
- 3-year economic adjustment between 1979 and 1981
- Over-heated economy between 1983 and 1984, tight monetary policy in 1985
- Inflation of 18.5% in 1988
- 3-year rectification from 1988 to 1991, "double tightening" of fiscal and monetary policy
- Deng Xiaoping's remarks on economic reform during his 1992 trip to South China, rectification of financial order and adoption of appropriately tight monetary policy in 1993
- Asian financial crisis of October 1997
- Proactive fiscal policy and sound monetary policy from 1998 to 2004
- "Double sound" fiscal and monetary policy in 2005 and 2006
- Sound fiscal policy and tight monetary policy in 2007
- Proactive financial policy and moderately loose monetary policy in 2008 to 2010
- Proactive financial policy and sound monetary policy since 2011

人均国内生产总值

Per capita GDP

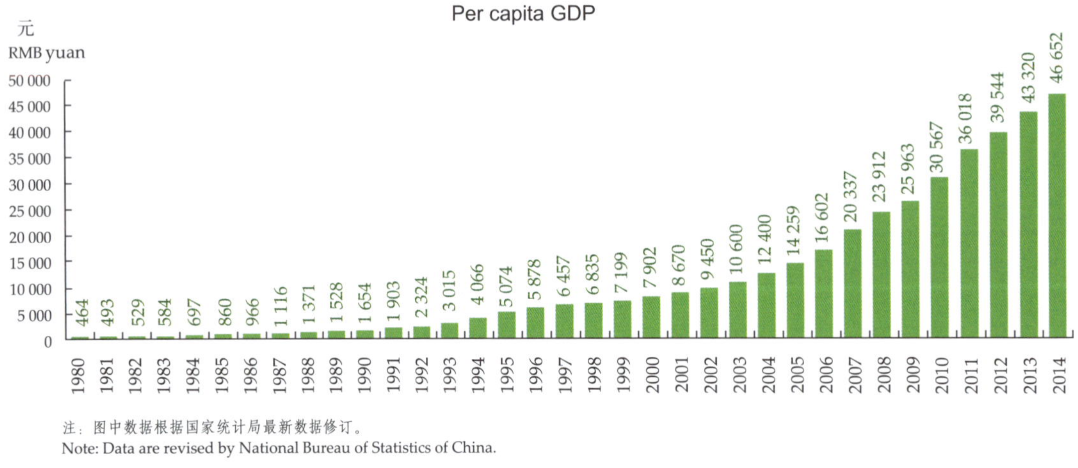

注：图中数据根据国家统计局最新数据修订。

Note: Data are revised by National Bureau of Statistics of China.

GDP总量：据世界银行按汇率折算法测算，2013年中国GDP总量为9.24万亿美元，占世界GDP总量74.90万亿美元的12.3%，位居第二，排在美国之后。根据《2014年世界发展指标》，按购买力平价法估算，2013年中国GDP总量为16.16万亿美元，占世界GDP总量101.89万亿美元的15.9%，位居第二，排在美国之后。

人均GDP：2014年，中国人均GDP为46 652元人民币，按年末汇率折算为7 624美元。

人均国民收入：据世界银行按汇率折算法测算，2013年世界人均国民收入为10 564美元，中国人均国民收入为6 560美元，位居世界213个经济体由高向低排列的第109位。按购买力平价法估算，2013年中国人均国民收入为11 850美元，相当于世界人均国民收入14 211元的83.4%，位居世界213个经济体由高向低排列的第109位。

Gross Domestic Product (GDP): The World Bank estimated that the world total GDP and China's GDP in 2013 were USD74.90 trillion and USD9.24 trillion respectively based on Atlas methodology. Accounting for 12.3 percent of the world total, China's GDP ranked 2nd in the world after U.S.. The World Bank estimated that the world total GDP and China's GDP in 2013 were USD101.89 trillion and USD16.16 trillion respectively based on a PPP basis, according to the *World Development Indicators 2014*. Accounting for 15.9 percent of the world total, China's GDP ranked 2nd in the world, after the U.S..

GDP per capita: In 2014, China's GDP per capita reached RMB46,652 yuan, or USD7,624 based on the exchange rate at the end of 2014.

Gross National Income (GNI) per capita: The World Bank estimated that in 2013 the GNI per capita for the world as a whole was USD10,564 based on Atlas methodology. The GNI per capita in China was USD6,560, ranking 109th among 213 worldwide economies. In PPP terms, the GNI per capita in China in 2013 was USD11,850, equivalent to 83.4 percent of the world figure which was USD14,211, thus ranking 109th among the 213 worldwide economies.

2013年世界银行按汇率折算法测算的GDP总量前10名排序

Top ten economies in terms of GDP based on Atlas methodology in 2013 (World Bank estimation)

排名 Rank	国家 Country		GDP(万亿美元) GDP (USD trillion)	占世界GDP总量的比重(%) As a percent of the world total (%)
1	美国	U.S.	16.80	22.4
2	**中国**	**China**	**9.24**	**12.3**
3	日本	Japan	4.90	6.5
4	德国	Germany	3.63	4.9
5	法国	France	2.73	3.7
6	英国	U.K.	2.52	3.4
7	巴西	Brazil	2.25	3.0
8	俄罗斯	Russia	2.10	2.8
9	意大利	Italy	2.07	2.8
10	印度	India	1.88	2.5
	世界	**World total**	74.90	100

2013年世界银行按购买力平价方法估算的GDP总量前10名排序

Top ten economies in terms of GDP based on PPP in 2013 (World Bank estimation)

排名 Rank	国家 Country		GDP(万亿美元) GDP (USD trillion)	占世界GDP总量的比重(%) As a percent of the world total (%)
1	美国	U.S.	16.80	16.5
2	**中国**	**China**	**16.16**	**15.9**
3	印度	India	6.77	6.6
4	日本	Japan	4.62	4.5
5	俄罗斯	Russia	3.49	3.4
6	德国	Germany	3.46	3.4
7	法国	France	3.01	3.0
8	巴西	Brazil	2.44	2.4
9	英国	U.K.	2.39	2.3
10	墨西哥	Mexico	2.32	2.3
	世界	**World total**	101.89	100

世界银行估算的2013年人均国民收入

National income per capita in 2013 (estimated by the World Bank)

单位：美元　Unit: USD

	世界平均 Global average	低收入国家 Low-income countries	中等收入国家 Middle-income countries	较低收入组 Lower-middle-income countries	较高收入组 Upper-middle-income countries	高收入国家 High-income countries
汇率折算法 On atlas methodology	10 564	664	4 721	2 068	7 540	39 312
购买力平价法 On a PPP basis	14 211	1 780	9 517	5 970	13 318	40 324

国内生产总值
Gross domestic product

年/季 Year /Quarter		国内生产总值 GDP		第一产业 Primary industry		第二产业 Secondary industry		第三产业 Tertiary industry	
		绝对值(亿元) Absolute value (RMB 100 million yuan)	增长(%) Growth(%)	绝对值(亿元) Absolute value (RMB 100 million yuan)	增长(%) Growth(%)	绝对值(亿元) Absolute value (RMB 100 million yuan)	增长(%) Growth(%)	绝对值(亿元) Absolute value (RMB 100 million yuan)	增长(%) Growth(%)
2008	I	66 939	11.3	4 546	2.8	31 658	11.5	27 097	10.9
	I~II	141 802	11.0	11 365	3.2	70 104	11.3	53 596	10.7
	I~III	219 009	10.5	21 249	4.2	105 238	11.1	81 989	11.3
	I~IV	316 752	9.6	32 747	5.2	148 098	9.8	135 907	10.5
2009	I	70 750	6.6	4 486	3.3	32 690	6.0	33 574	7.8
	I~II	150 373	7.5	11 471	3.6	71 787	7.2	67 115	8.5
	I~III	234 837	8.3	21 468	3.8	109 242	8.3	104 126	9.3
	I~IV	340 903	9.1	34 154	4.0	157 850	9.9	153 625	9.3
2010	I	84 229	12.4	4 994	3.8	39 711	15.0	39 524	10.7
	I~II	178 280	11.4	12 990	3.6	86 891	13.7	78 399	9.9
	I~III	278 042	10.9	24 878	4.0	130 921	13.1	122 243	9.7
	I~IV	408 903	10.6	39 355	4.3	188 805	12.7	180 743	9.7
2011	I	100 038	10.2	5 785	3.2	47 541	11.1	46 712	10.1
	I~II	211 752	10.0	15 187	2.9	103 872	10.9	92 693	10.1
	I~III	330 469	9.7	29 349	3.5	156 620	10.9	144 500	9.7
	I~IV	484 124	9.5	46 153	4.2	223 390	10.6	214 580	9.5
2012	I	111 792	8.0	6 726	3.8	52 428	9.2	52 638	7.3
	I~II	234 899	7.7	16 976	4.3	113 111	8.4	104 812	7.5
	I~III	364 441	7.6	32 150	4.2	168 837	8.2	163 453	7.7
	I~IV	534 123	7.8	50 893	4.5	240 200	8.2	243 030	8.0
2013	I	123 171	7.8	7 214	3.2	56 026	7.8	59 931	8.3
	I~II	256 911	7.6	18 087	2.8	120 233	7.6	118 591	8.3
	I~III	400 987	7.7	34 645	3.2	180 089	7.9	186 253	8.4
	I~IV	588 019	7.7	55 322	3.8	256 810	7.9	275 887	8.3
2014	I	132 920	7.4	7 491	3.4	59 173	7.3	66 256	7.8
	I~II	278 740	7.4	19 143	3.8	127 358	7.4	132 240	7.9
	I~III	435 022	7.4	36 816	4.1	191 083	7.4	207 123	7.9
	I~IV	636 463	7.3	58 332	4.1	271 392	7.3	306 739	8.1
2015	I	140 667	7.0	7 770	3.2	60 292	6.4	72 605	7.9

注：① 表中绝对数按当年价格计算，"比上年同期增长"按不变价格计算。
② 表中数据根据国家统计局最新数据修订。
Notes: 1. Absolute figures in this table are calculated at current prices, and the year-on-year growth rates are calculated at constant prices.
2. Data are revised by National Bureau of Statistics of China.

1978年以来GDP及其增长率
GDP and its annual growth rate since 1978

年 Year	GDP(万亿元) GDP(RMB trillion yuan)	GDP增长率(%) GDP growth rate(%)
1978	0.4	11.7
1979	0.4	7.6
1980	0.5	7.8
1981	0.5	5.3
1982	0.5	9.0
1983	0.6	10.9
1984	0.7	15.2
1985	0.9	13.5
1986	1.0	8.9
1987	1.2	11.6
1988	1.5	11.3
1989	1.7	4.1
1990	1.9	3.8
1991	2.2	9.2
1992	2.7	14.2
1993	3.5	14.0
1994	4.8	13.1
1995	6.1	10.9
1996	7.1	10.0
1997	7.9	9.3
1998	8.4	7.8
1999	9.0	7.6
2000	9.9	8.4
2001	11.0	8.3
2002	12.0	9.1
2003	13.6	10.0
2004	16.0	10.1
2005	18.3	11.3
2006	21.2	12.7
2007	25.7	14.2
2008	31.4	9.6
2009	34.1	9.2
2010	40.2	10.4
2011	47.3	9.3
2012	51.9	7.7
2013	56.9	7.7
2014	63.6	7.4

注：表中数据根据国家统计局最新数据修订。
Note: Data are revised by National Bureau of Statistics of China.

GDP及其增长率
GDP and its annual growth rate

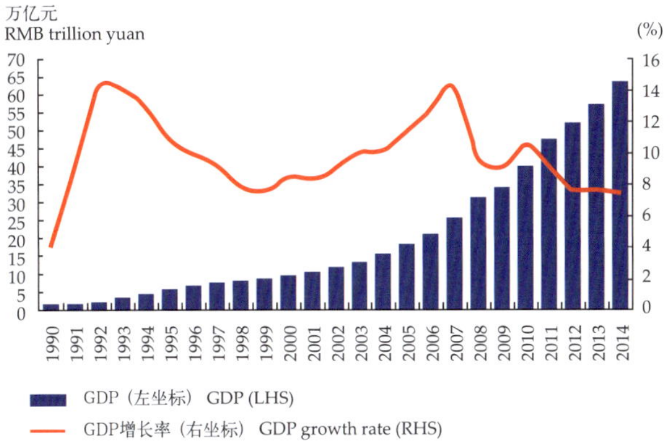

2007年以来GDP季度累计增长率
Quarterly accumulated GDP growth rates since 2007

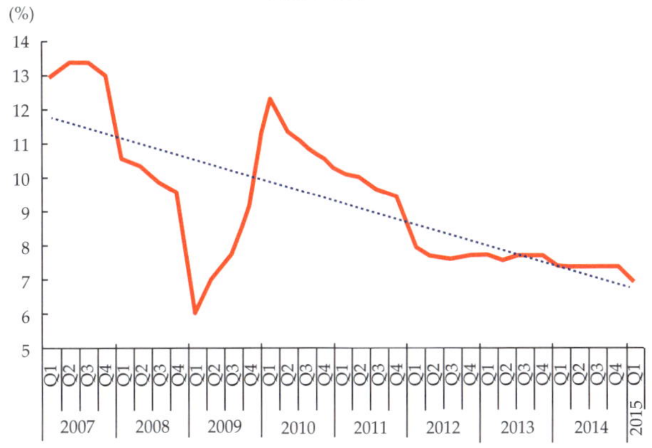

季度GDP三次产业所占的比重与增长率变化
Shares of industries in GDP and their growth rates on a quarterly basis

单位：% Unit: %

年/季 Year/Quarter	第一产业所占的比重 Share of primary industry	第二产业所占的比重 Share of secondary industry	第三产业所占的比重 Share of tertiary industry	第一产业同比累计增长 YOY accumulated growth of primary industry	第二产业同比累计增长 YOY accumulated growth of secondary industry	第三产业同比累计增长 YOY accumulated growth of tertiary industry
2008Q1	6.8	47.7	45.5	2.5	12.0	11.8
2008Q2	8.0	49.4	42.5	3.2	11.8	11.5
2008Q3	9.7	48.1	42.2	4.2	11.1	11.3
2008Q4	10.3	46.8	42.9	5.2	9.8	10.5
2009Q1	6.3	46.2	47.5	3.3	6.0	7.8
2009Q2	7.6	47.7	44.6	3.6	7.2	8.5
2009Q3	9.1	46.5	44.3	3.8	8.3	9.3
2009Q4	10.0	46.3	45.1	4.0	9.9	9.3
2010Q1	5.9	47.1	46.9	3.8	15.0	10.7
2010Q2	7.3	48.7	44.0	3.6	13.7	9.9
2010Q3	8.9	47.1	44.0	4.0	13.1	9.7
2010Q4	9.6	46.2	44.2	4.3	12.7	9.7
2011Q1	5.8	47.5	46.7	3.2	11.1	10.1
2011Q2	7.2	49.1	43.8	2.9	10.9	10.1
2011Q3	8.9	47.4	43.7	3.5	10.9	9.7
2011Q4	9.5	46.1	44.3	4.2	10.6	9.5
2012Q1	6.0	46.9	47.1	3.8	9.2	7.3
2012Q2	7.2	48.2	44.6	4.3	8.4	7.5
2012Q3	8.8	46.3	44.9	4.2	8.2	7.7
2012Q4	9.5	45.0	45.5	4.5	8.2	8.0
2013Q1	5.9	45.5	48.7	3.2	7.8	8.3
2013Q2	7.0	46.8	46.2	2.8	7.6	8.3
2013Q3	8.6	44.9	46.4	3.2	7.9	8.4
2013Q4	9.4	43.7	46.9	3.8	7.9	8.3
2014Q1	5.6	44.5	49.8	3.4	7.3	7.8
2014Q2	6.9	45.7	47.4	3.8	7.4	7.9
2014Q3	8.5	43.9	47.6	4.1	7.4	7.9
2014Q4	9.2	42.6	48.2	4.1	7.3	8.1
2015Q1	5.5	42.9	51.6	3.2	6.4	7.9

注：表中数据根据国家统计局最新数据修订。
Note: Data are revised by National Bureau of Statistics of China.

季度GDP三次产业所占的比重与增长率变化
Shares of industries in GDP and their growth rates on a quarterly basis

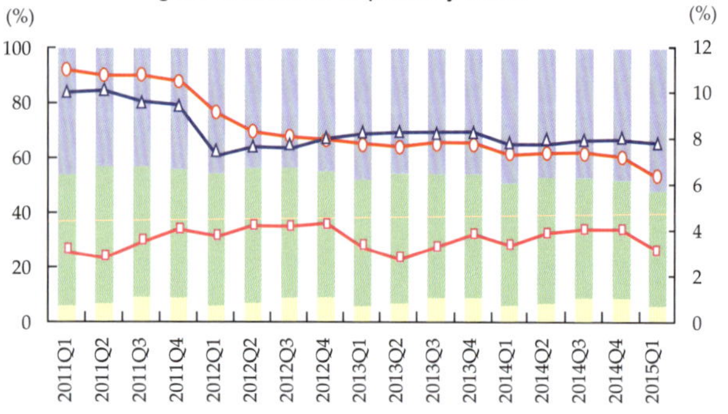

2004年以来年度GDP中三大产业比重
Shares of industries in GDP since 2004

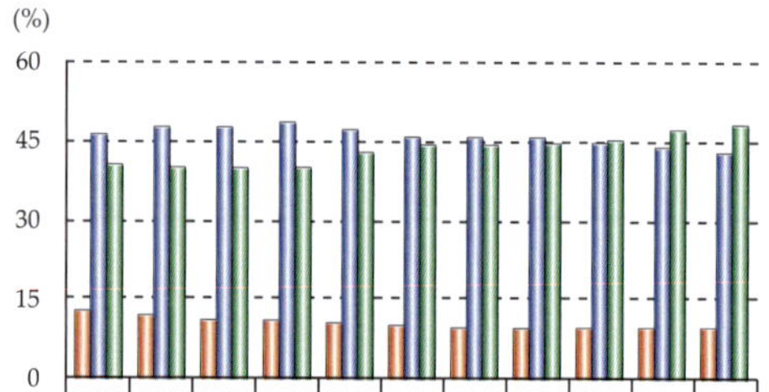

	2004	2005	2006	2007	2008	2009	2010	2011	2012	2013	2014
第一产业 Primary industry	13.1	12.2	10.7	11.1	10.3	9.9	9.6	9.5	9.5	9.4	9.2
第二产业 Secondary industry	46.2	47.7	47.4	48.5	46.8	45.67	46.2	46.1	45.0	43.7	42.6
第三产业 Tertiary industry	40.7	40.1	40.0	40.4	42.9	44.4	44.2	44.3	45.5	46.9	48.2

注：图中数据根据国家统计局最新数据修订。
Note: Data are revised by National Bureau of Statistics of China.

工业增加值增长速度
Growth rate of value added of industry

单位：% Unit: %

年/月 Year/Month		工业增加值 Value added	采矿业 Mining	制造业 Manufacturing	电力、热力、燃气及水生产和供应业 Electricity, Gas & Water Production and Supply	国有及国有控股企业 State-owned and state-holding enterprises	集体企业 Collectively-owned enterprises	股份制企业 Joint-stock enterprises	外商及港澳台投资企业 Enterprises with foreign, HongKong, Macau, and Taiwan investment
		比上年同期增长(%) Year-on-year growth rate(%)							
2014	1	—	—	—	—	—	—	—	—
	2	—	—	—	—	—	—	—	—
	3	8.8	2.9	9.9	5.4	4.6	1.7	10.1	7.8
	4	8.7	4.5	9.8	3.4	5.7	1.7	10.3	7.0
	5	8.8	4.3	9.9	4.6	6.1	5.0	10.3	6.5
	6	9.2	7.9	9.8	4.7	7.3	3.3	10.8	7.4
	7	9.0	6.2	10.0	1.9	5.8	4.4	10.2	6.3
	8	6.9	4.2	8.0	-0.6	4.0	1.2	8.7	3.8
	9	8.0	3.9	9.1	2.8	4.8	-1.0	9.3	6.4
	10	7.7	4.7	8.5	2.9	5.5	-1.6	9.1	5.7
	11	7.2	3.0	8.1	3.2	2.8	-2.5	8.7	4.4
	12	7.9	3.4	8.9	3.7	3.8	0.9	9.3	5.4
2015	1	—	—	—	—	—	—	—	—
	2	—	—	—	—	—	—	—	—
	3	5.6	1.4	6.7	-1.1	0.9	1.4	6.8	3.3
2014	1～2	8.6	3.5	9.8	4.0	4.4	3.9	9.9	7.8
	1～3	8.7	3.3	9.9	4.5	4.5	3.1	10.0	7.8
	1～4	8.7	3.6	9.9	4.2	4.8	2.7	10.1	7.6
	1～5	8.7	3.8	9.9	4.3	5.1	3.2	10.1	7.4
	1～6	8.8	4.6	9.9	4.4	5.5	3.2	10.2	7.4
	1～7	8.8	5.0	9.9	3.7	5.5	3.4	10.2	7.1
	1～8	8.5	4.9	9.7	3.1	5.3	3.1	10.0	6.7
	1～9	8.5	4.8	9.6	3.1	5.2	2.6	9.9	6.7
	1～10	8.4	4.8	9.5	3.1	5.2	2.2	9.8	6.6
	1～11	8.3	4.6	9.4	3.1	5.0	1.8	9.7	6.4
	1～12	8.3	4.5	9.4	3.2	4.9	1.7	9.7	6.3
2015	1～2	6.8	4.2	7.5	4.0	2.2	3.0	7.7	4.9
	1～3	6.4	3.2	7.2	2.3	1.7	2.4	7.4	4.3

注：①自2011年起，工业统计范围调整为年主营收入2 000万元及以上的工业企业。
②本表中"比上年同期增长"按可比价格计算。

Notes: 1. Since 2011, the statistical coverage of industry has been adjusted to industrial enterprises with the annual sales income from main business of RMB20 million yuan and above.
2. The year-on-year changes in this table are calculated at comparable prices.

工业增加值增长速度及工业产品销售率
Growth rate of industrial value added and ratio of sales to output of industrial products

单位：% Unit: %

年/月 Year/Month		当月工业增加值同比增长 YOY growth of monthly industrial value added	工业增加值月度累计同比增长 YOY growth of monthly accumulated industrial value added	当月销售率 Monthly ratio of sales to output
2013	7	9.7	9.4	98.4
	8	10.4	9.5	98.3
	9	10.2	9.6	98.0
	10	10.3	9.7	97.9
	11	10.0	9.7	97.6
	12	9.7	9.7	99.1
2014	1	—	—	—
	2	—	8.6	—
	3	8.8	8.7	96.9
	4	8.7	8.7	97.9
	5	8.8	8.7	97.8
	6	9.2	8.8	97.5
	7	9.0	8.8	97.9
	8	6.9	8.5	98.2
	9	8.0	8.5	98.0
	10	7.7	8.4	97.9
	11	7.2	8.3	97.6
	12	7.9	8.3	98.7
2015	1	—	—	—
	2	—	6.8	—
	3	5.6	6.4	97.1

工业增加值增长速度及工业产品销售率
Growth rate of industrial value added and ratio of sales to output of industrial products

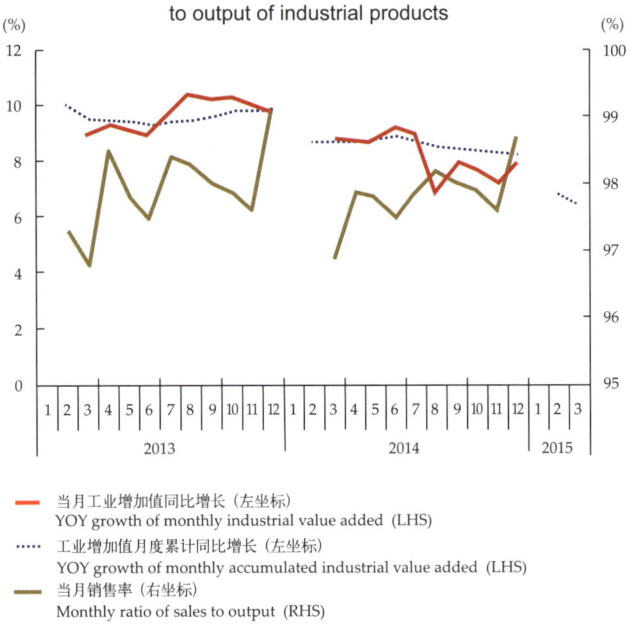

二、价格走势
2. Price Development

1.各种价格指数一览
(1) Overview of price indices

各种价格指数变动表
Changes in price indices

单位：% Unit: %

年/月 Year/Month		居民消费价格指数 Consumer price indices			农业生产资料价格指数 Price indices of mean of agricutural production		工业生产者购进价格指数 Purchasing price index for industrial producers		工业生产者出厂价格指数 Producer price index for manufactured goods		固定资产投资价格指数 Price indices of investment in fixed assets		进出口同比价格指数 Import-export price index (YOY)		
		月环比 MOM	当月同比 YOY	累计同比 Accu-mulated YOY	当月同比 YOY	累计同比 Accu-mulated YOY	当月同比 YOY	累计同比 Accu-mulated YOY	当月同比 YOY	累计同比 Accu-mulated YOY	当季同比 YOY	累计同比 Accu-mulated YOY	出口 Exports	进口 Imports	贸易条件 Terms of trade
2012	1	1.5	4.5	4.5	9.8	9.8	2.0	2.0	0.7	0.7			6.9	7.0	99.9
	2	-0.1	3.2	3.9	9.3	9.5	1.0	1.5	0.0	0.4			5.1	5.4	99.7
	3	0.2	3.6	3.8	8.0	9.0	0.1	1.0	-0.3	0.1	2.3	2.3	2.1	0.0	102.1
	4	-0.1	3.4	3.7	7.7	8.7	-0.8	0.6	-0.7	-0.1			4.8	-0.2	105.0
	5	-0.3	3.0	3.5	7.1	8.4	-1.6	0.1	-1.4	-0.3			2.9	-1.1	104.0
	6	-0.6	2.2	3.3	5.2	7.8	-2.5	-0.3	-2.1	-0.6	1.6	2.0	2.9	-0.7	103.6
	7	0.1	1.8	3.1	3.7	7.2	-3.4	-0.8	-2.9	-1.0			1.1	-3.8	105.1
	8	0.6	2.0	2.9	3.1	6.7	-4.1	-1.2	-3.5	-1.3			1.3	-4.2	105.7
	9	0.3	1.9	2.8	2.9	6.2	-4.1	-1.5	-3.6	-1.5	0.2	1.4	-1.0	-1.7	100.7
	10	-0.1	1.7	2.7	3.2	5.9	-3.3	-1.7	-2.8	-1.6			-0.7	-1.9	101.2
	11	0.1	2.0	2.7	3.7	5.7	-2.8	-1.8	-2.2	-1.7			-0.5	-2.6	102.2
	12	0.8	2.5	2.6	3.9	5.6	-2.4	-1.8	-1.9	-1.7	0.3	1.1	1.8	-2.4	104.3
2013	1	1.0	2.0	2.0	4.1	4.1	-1.9	-1.9	-1.6	-1.6			0.7	-5.0	106.0
	2	1.1	3.2	2.6	3.6	3.8	-1.9	-1.9	-1.6	-1.6			-0.2	-1.7	101.5
	3	-0.9	2.1	2.4	2.9	3.5	-2.0	-2.0	-1.9	-1.7	0.2	0.2	-0.9	1.3	97.8
	4	0.2	2.4	2.4	1.6	3.0	-2.7	-2.1	-2.6	-2.0			-0.1	-2.5	102.5
	5	-0.6	2.1	2.4	0.9	2.6	-3.0	-2.3	-2.9	-2.1			-0.9	-4.5	103.8
	6	0.0	2.7	2.4	1.1	2.3	-2.7	-2.4	-2.7	-2.2	-0.1	0.0	-0.7	-1.8	101.1
	7	0.1	2.7	2.4	1.1	2.2	-2.2	-2.3	-2.3	-2.2			-2.3	-0.9	98.6
	8	0.5	2.6	2.5	1.0	2.0	-1.6	-2.3	-1.6	-2.2			-2.1	-1.4	99.3
	9	0.8	3.1	2.5	0.4	1.8	-1.6	-2.2	-1.3	-2.1	0.1	0.0	0.7	-1.1	101.8
	10	0.1	3.2	2.6	0.2	1.7	-1.6	-2.1	-1.5	-2.0			0.1	-1.8	101.9
	11	-0.1	3.0	2.6	0.3	1.5	-1.5	-2.1	-1.4	-2.0			-2.2	-1.3	99.1
	12	0.3	2.5	2.6	0.4	1.4	-1.4	-2.0	-1.4	-1.9	0.9	0.3	0.1	-1.4	101.5
2014	1	1.0	2.5	2.5	-0.1	-0.1	-1.7	-1.7	-1.6	-1.6			-1.3	-2.6	101.3
	2	0.5	2.0	2.2	-0.6	-0.3	-2.1	-1.9	-2.0	-1.8			-0.8	-6.8	106.4
	3	-0.5	2.4	2.3	-1.2	-0.6	-2.5	-2.1	-2.3	-2.0	1.1	1.1	-3.4	-6.0	102.8
	4	-0.3	1.8	2.2	-1.2	-0.8	-2.3	-2.2	-2.0	-2.0			-3.3	-0.6	97.3
	5	0.1	2.5	2.3	-1.0	-0.8	-1.8	-2.1	-1.4	-1.9			-1.2	1.3	97.5
	6	-0.1	2.3	2.3	-1.1	-0.9	-1.5	-2.0	-1.1	-1.8	0.6	0.9	-1.5	-4.1	102.7
	7	0.1	2.3	2.3	-1.0	-0.9	-1.1	-1.9	0.9	-1.6			-0.8	-2.0	101.2
	8	0.2	2.0	2.2	-0.8	-0.9	-1.4	-1.8	-1.2	-1.6			0.5	-2.0	102.6
	9	0.5	1.6	2.1	-0.6	-0.8	-1.9	-1.8	-1.8	-1.6	0.4	0.7	2.1	-1.0	103.1
	10	0.0	1.6	2.1	-0.7	-0.8	-2.5	-1.9	-2.2	-1.7			1.9	-2.6	104.6
	11	-0.2	1.4	2.0	-0.9	-0.8	-3.2	-2.0	-2.7	-1.8			-0.5	-4.5	104.2
	12	0.3	1.5	2.0	-1.1	-0.9	-4.0	-2.2	-3.3	-1.9	-0.1	0.5	0.2	-9.4	110.6
2015	1	0.3	0.8	0.8	-1.2	-1.2	-5.2	-5.2	-4.3	-4.3			0.4	-9.6	111.1
	2	1.2	1.4	1.1	-1.2	-1.2	-5.9	-5.5	-4.8	-4.6			-3.3	-9.3	106.6
	3	-0.5	1.4	1.2	-0.4	-0.9	-5.7	-5.6	-4.6	-4.6	-0.9	-0.9	-0.3	-10.5	111.4

注：国家统计局从2011年1月开始实施新的工业生产者价格统计调查制度方法。将“工业品价格统计”改称为“工业生产者价格统计”，相应地将“原材料、燃料、动力购进价格指数”改称为“工业生产者购进价格指数”，将“工业品出厂价格指数”改称为“工业生产者出厂价格指数”。

Note: Since January 2011, NBS begins to conduct new statistical system and survey methods on PPI. "Prices statistics on industrial goods" is renamed to "prices statistics on industrial producers". Accordingly, "purchasing prices for raw material,fuels and power" is renamed to "purchasing price for industrial producers", "producer price index of industrial products" is renamed to "producer price index for manufactured goods".

居民消费价格月环比指数变动
Change in CPI (month-on-month)

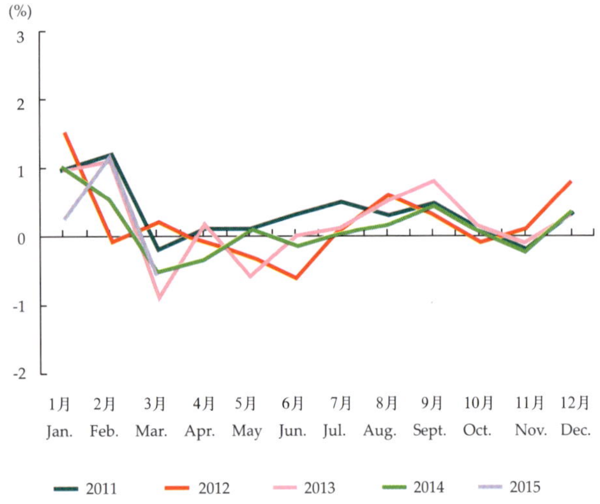

居民消费价格同比指数变动
Change in CPI (year-on-year)

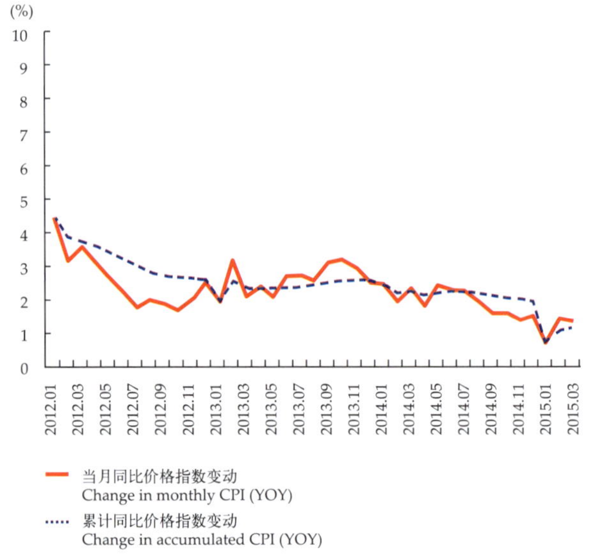

居民消费价格指数与生产价格指数的比较
Comparison between changes in CPI and PPI

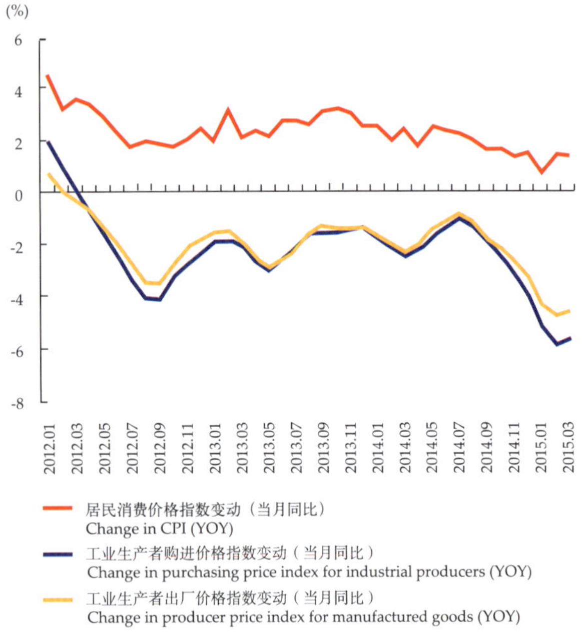

进出口价格指数和贸易条件
Import-export price index and terms of trade

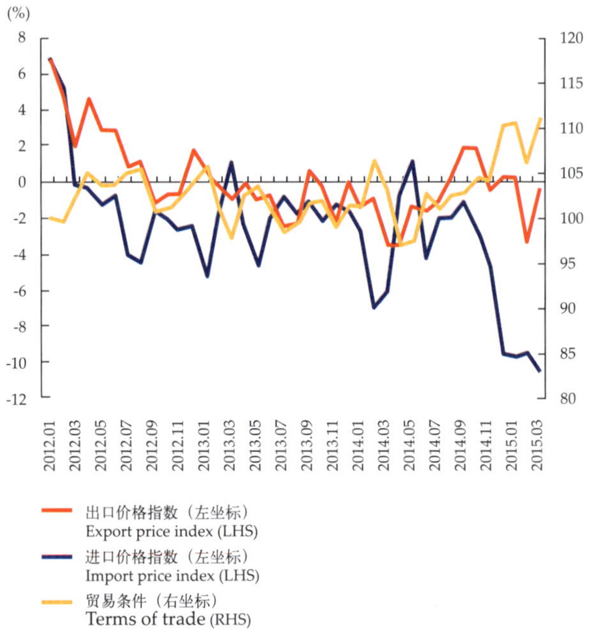

2. 分类指数
(2) Breakdown of indices

居民消费价格当月同比分类指数变动
Breakdown of changes in CPI (YOY)

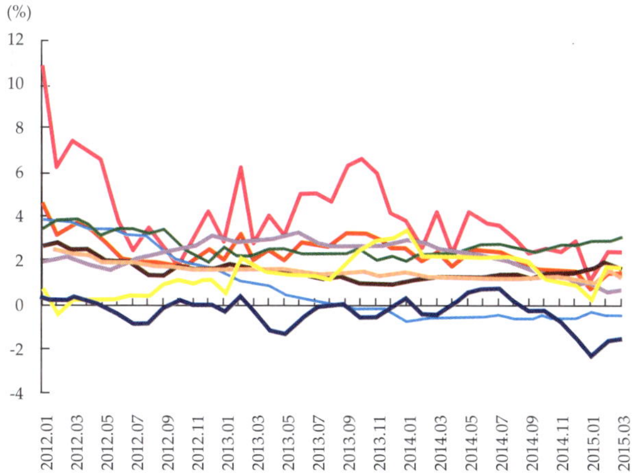

- 总指数　All items CPI
- 食品　Food
- 烟酒及用品　Cigarettes and liquor
- 衣着　Apparel
- 家庭设备用品及服务　Household facilities, articles and services
- 医疗保健及个人用品　Medical care and personal articles
- 交通和通信　Transportation and telecommunications
- 娱乐、教育、文化用品及服务　Entertainment, education, cultural articles and services
- 居住　Housing

工业生产者出厂价格当月同比指数变动按生产资料和生活资料分类
Breakdown of changes in producer price index (PPI) for manufactured goods by means of production and means of consumer goods (YOY)

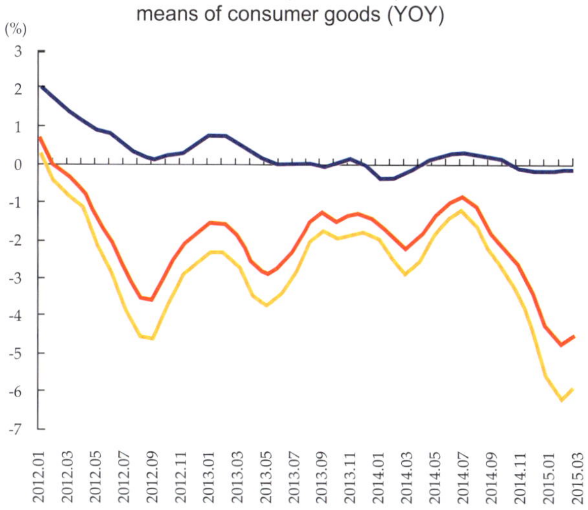

- 工业生产者出厂价格指数变动　Change in producer price index for manufactured goods
- 生产资料出厂价格指数变动　Change in PPI for means of production
- 生活资料出厂价格指数变动　Change in PPI for means of consumer goods

生活资料出厂价格当月同比分类指数变动
Breakdown of changes in PPI for means of consumer goods (YOY)

- 生活资料出厂价格指数变动　Change in PPI for means of consumer goods
- 食品类　Food
- 衣着类　Apparel
- 一般日用品　Articles for daily use
- 耐用消费品　Durable consumer goods

生产资料出厂价格当月同比分类指数变动
Breakdown of changes in PPI for means of production (YOY)

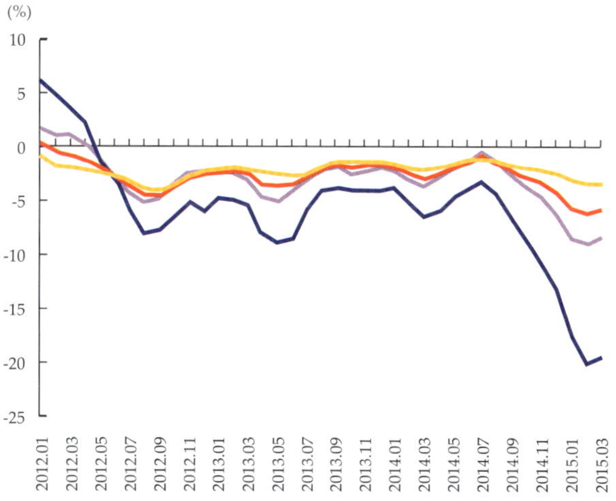

- 生产资料出厂价格指数变动　Change in PPI for means of production
- 采掘业　Mining industry
- 原材料工业　Raw materials industry
- 加工工业　Processing industry

三、就业、失业与收入
3. Employment, Unemployment and Income

人口与就业基本情况
Population and employment

年 Year	年底总人口（亿人） Population at the end of the year (100 million people)					15~64岁人口数(亿人) Population between 15~64 years of age (100 million people)	就业人员(亿人) Employment (100 million people)
		城镇 Urban	比重(%) Share (%)	乡村 Rural	比重(%) Share (%)		
2004	13.0	5.4	42	7.6	58	9.2	7.4
2005	13.1	5.6	43	7.5	57	9.4	7.5
2006	13.1	5.8	44	7.3	56	9.5	7.5
2007	13.2	6.1	46	7.1	54	9.6	7.5
2008	13.3	6.2	47	7.0	53	9.7	7.6
2009	13.3	6.5	48	6.9	52	9.7	7.6
2010	13.4	6.7	50	6.7	50	10.0	7.6
2011	13.5	6.9	51	6.6	49	10.0	7.6
2012	13.5	7.1	53	6.4	47	10.0	7.7
2013	13.6	7.3	54	6.3	46	10.1	7.7
2014	13.7	7.5	55	6.2	45	10.0	7.7

就业人员按城乡和产业分类
Employment in urban and rural areas and in industries

年 Year	就业人员(亿人) Employment (100 million people)	按城乡分 Urban & rural				按产业分 Industries					
		城镇 Urban	比重(%) Share (%)	乡村 Rural	比重(%) Share (%)	第一产业 Primary industry	比重(%) Share (%)	第二产业 Secondary industry	比重(%) Share (%)	第三产业 Tertiary industry	比重(%) Share (%)
2004	7.43	2.73	36.8	4.70	63.2	3.48	46.9	1.67	22.5	2.27	30.6
2005	7.46	2.84	38.0	4.63	62.0	3.34	44.8	1.78	23.8	2.34	31.4
2006	7.50	2.96	39.5	4.53	60.5	3.19	42.6	1.89	25.2	2.41	32.2
2007	7.53	3.10	41.1	4.44	58.9	3.07	40.8	2.02	26.8	2.44	32.4
2008	7.56	3.21	42.5	4.35	57.5	2.99	39.6	2.06	27.2	2.51	33.2
2009	7.58	3.33	43.9	4.25	56.1	2.89	38.1	2.11	27.8	2.59	34.1
2010	7.61	3.47	45.6	4.14	54.4	2.79	36.7	2.18	28.7	2.63	34.6
2011	7.64	3.59	47.0	4.05	53.0	2.66	34.8	2.25	29.5	2.73	35.7
2012	7.67	3.71	48.4	3.96	51.6	2.58	33.6	2.32	30.3	2.77	36.1
2013	7.70	3.82	49.7	3.87	50.3	2.42	31.4	2.32	30.1	2.96	38.5
2014	7.73	3.93	50.9	3.79	49.1	2.28	29.5	2.31	29.9	3.14	40.6

城乡居民家庭人均收入
Urban and rural household income (per capita)

年/季 Year/Quarter	农村居民家庭人均现金收入 Rural household cash income (per capita)		城镇居民家庭人均可支配收入 Urban household disposable income (per capita)	
	绝对值(元) Absolute value (RMB yuan)	同比实际增长(%) Growth in real terms (YOY) (%)	绝对值(元) Absolute value (RMB yuan)	同比实际增长(%) Growth in real terms (YOY) (%)
2011 I	2 187	14.3	5 963	7.1
I～II	3 706	13.7	11 041	7.6
I～III	5 875	13.6	16 301	7.8
I～IV	8 639	—	21 810	8.4
2012 I	2 560	12.7	6 796	9.8
I～II	4 303	12.4	12 509	9.7
I～III	6 778	12.3	18 427	9.8
I～IV	9 787	—	24 565	9.6
2013 I	2 871	9.3	7 427	6.7
I～II	4 818	9.2	13 649	6.5
I～III	7 627	9.6	20 169	6.8
I～IV	10 983	—	26 955	7.0
2014 I	3 224	10.1	8 155	7.2
I～II	5 396	9.8	14 959	7.1
I～III	8 527	9.7	22 044	6.9
I～IV			28 844	6.8
2015 I			8 572	7.0

城镇失业人数和失业率
Unemployed urban population and unemployment rate

年/季度末 Year/End of quarter	城镇登记失业人数(万人) Registered unemployment in urban areas (10 000 people)	城镇登记失业率(%) Registered unemployment rate in urban areas(%)
2011 I	909	4.1
II	908	4.1
III	911	4.1
IV	922	4.1
2012 I	907	4.1
II	918	4.1
III	926	4.1
IV	917	4.1
2013 I	926	4.1
II	923	4.1
III	921	4.0
IV	926	4.1
2014 I	940	4.1
II	949	4.1
III	947	4.1
IV	952	4.1
2015 I	952	4.1

四、国内需求
4. Domestic Demand

1.按支出法计算的国内生产总值
(1) Expenditure-based GDP

按支出法计算的国内生产总值及其构成
Expenditure-based GDP and its composition

年 Year	按支出法计算的国内生产总值(亿元) Expenditure-based GDP (RMB100 million yuan)									
		最终消费 Final consumption					资本形成总额 Total capital formation			货物和服务净出口 Net exports of goods and services
			居民消费 Household consumption			政府消费 Government consumption		固定资本形成 Fixed capital formation	存货增加 Increased inventory	
				城镇居民 Urban	农村居民 Rural					
	绝对值(亿元) Absolute value (RMB100 million yuan)									
2001	110 657	68 617	50 709	33 645	15 791	17 908	39 716	37 401	2 315	2 325
2002	121 577	74 172	55 076	36 785	16 272	19 095	44 311	42 978	1 333	3 094
2003	137 457	79 642	59 344	41 344	16 306	20 298	54 851	52 979	1 872	2 965
2004	161 616	89 225	66 587	47 529	17 690	22 638	68 156	64 405	3 751	4 236
2005	187 767	101 604	75 232	53 000	19 958	26 372	75 954	74 230	1 724	10 209
2006	219 425	114 895	84 119	60 790	21 786	30 776	87 875	85 275	2 600	16 655
2007	269 486	136 439	99 793	72 127	24 206	36 645	109 625	102 630	6 995	23 423
2008	317 172	157 746	115 338	83 993	27 677	42 408	135 199	124 958	10 241	24 227
2009	346 431	173 093	126 661	94 579	29 005	46 432	158 301	152 918	5 383	15 037
2010	406 581	199 508	146 058	108 784	31 975	53 451	192 015	181 190	10 826	15 057
2011	480 861	241 579	176 532	129 987	38 970	65 047	227 593	213 937	13 656	11 689
2012	534 745	271 719	198 537	147 519	43 065	73 182	248 390	237 751	10 639	14 636
2013	589 737	301 008	219 763	165 074	47 114	81 246	274 177	263 028	11 149	14 552
2014	640 796	328 311	241 542			86 771	295 022	283 018	12 005	17 463
	构成(%) Composition (%)									
2001	100	62.0	45.8	30.4	14.3	16.2	35.9	33.8	2.1	2.1
2002	100	61.0	45.3	30.3	13.4	15.7	36.4	35.4	1.1	2.5
2003	100	57.9	43.2	30.1	11.9	14.8	39.9	38.5	1.4	2.2
2004	100	55.2	41.2	29.4	10.9	14.0	42.2	39.9	2.3	2.6
2005	100	54.1	40.1	28.2	10.6	14.0	40.5	39.5	0.9	5.4
2006	100	52.4	38.3	27.7	9.9	14.0	40.0	38.9	1.2	7.6
2007	100	50.6	37.0	26.8	9.0	13.6	40.7	38.1	2.6	8.7
2008	100	49.7	36.4	26.5	8.7	13.4	42.6	39.4	3.2	7.6
2009	100	50.0	36.6	27.3	8.4	13.4	45.7	44.1	1.6	4.3
2010	100	49.1	35.9	26.8	7.9	13.1	47.2	44.6	2.7	3.7
2011	100	50.2	36.7	27.0	8.1	13.5	47.3	44.5	2.8	2.4
2012	100	50.8	37.1	27.6	8.1	13.7	46.5	44.5	2.0	2.7
2013	100	51.0	37.3	28.0	8.0	13.8	46.5	44.6	1.9	2.5
2014	100	51.2	37.7			13.5	46.0	44.2	1.9	2.7

注：表中数据根据国家统计局最新数据修订。
Note: Data are revised by National Bureau of Statistics of China.

按支出法计算的国内生产总值构成变化
Changes in the composition of GDP (based on expenditures)

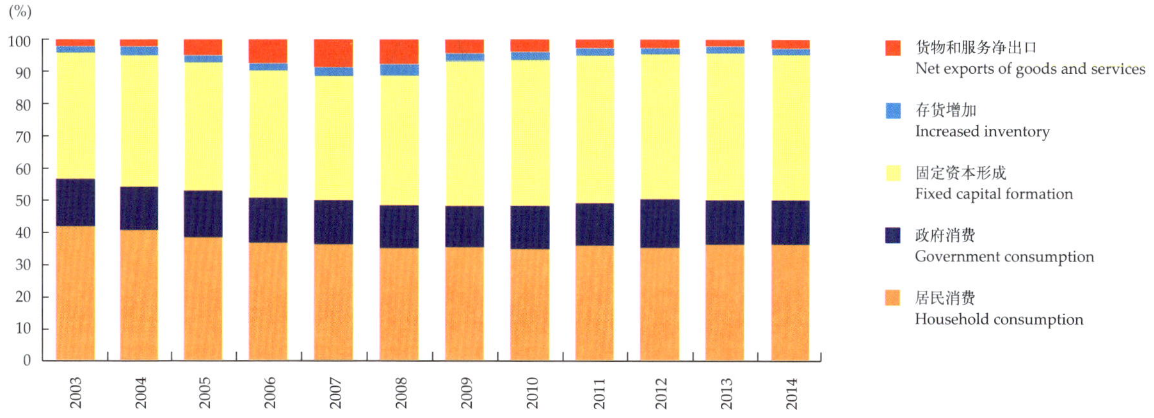

投资率和消费率
Investment ratio and consumption ratio

单位：% Unit: %

年 Year	资本形成率(投资率) Capital formation ratio (investment ratio)	最终消费率(消费率) Final consumption ratio (consumption ratio)
1986	37.5	64.9
1987	36.3	63.6
1988	37.0	63.9
1989	36.6	64.5
1990	34.9	62.5
1991	34.8	62.4
1992	36.6	62.4
1993	42.6	59.3
1994	40.5	58.2
1995	40.3	58.1
1996	38.8	59.2
1997	36.7	59.0
1998	36.2	59.6
1999	34.5	62.7
2000	33.9	63.7
2001	35.9	62.0
2002	36.4	61.0
2003	39.9	57.9
2004	42.2	55.2
2005	40.5	54.1
2006	40.0	52.4
2007	40.7	50.6
2008	42.6	49.7
2009	45.7	50.0
2010	47.2	49.1
2011	47.3	50.2
2012	46.5	50.8
2013	46.5	51.0
2014	46.0	51.2

注：表中数据根据国家统计局最新数据修订。
Note: Data are revised by National Bureau of Statistics of China.

生产法现价GDP与支出法现价GDP及其增长率比较
Comparison between production-based GDP and expenditure-based GDP at current price

年 Year	(1)生产法GDP Production-based GDP		(2)支出法GDP Expenditure-based GDP		(1)−(2)	
	绝对量(亿元) Absolute value (RMB100 million yuan)	现价增速(%) Growth rate at current price(%)	绝对量(亿元) Absolute value (RMB100 million yuan)	现价增速(%) Growth rate at current price(%)	绝对量(亿元) Absolute value (RMB100 million yuan)	现价增速(%) Growth rate at current price(%)
1990	18 668	9.9	19 348	11.8	-680	-1.90
1991	21 781	16.7	22 577	16.7	-796	-0.01
1992	26 923	23.6	27 565	22.1	-642	1.52
1993	35 334	31.2	36 938	34.0	-1 604	-2.76
1994	48 198	36.4	50 217	36.0	-2 020	0.46
1995	60 794	26.1	63 217	25.9	-2 423	0.24
1996	71 177	17.1	74 164	17.3	-2 987	-0.24
1997	78 973	11.0	81 659	10.1	-2 685	0.84
1998	84 402	6.9	86 532	6.0	-2 129	0.90
1999	89 677	6.2	90 447	4.5	-770	1.72
2000	99 215	10.6	100 080	10.7	-866	-0.01
2001	109 655	10.5	110 657	10.6	-1 002	-0.05
2002	120 333	9.7	121 577	9.9	-1 244	-0.13
2003	135 823	12.9	137 457	13.1	-1 635	-0.19
2004	159 878	17.7	161 616	17.6	-1 738	0.14
2005	184 937	15.7	187 767	16.2	-2 830	-0.51
2006	216 314	17.0	219 425	16.9	-3 110	0.11
2007	265 810	22.9	269 486	22.8	-3 676	0.07
2008	314 045	18.1	317 172	17.7	-3 127	0.45
2009	340 903	8.6	346 431	9.2	-5 528	-0.67
2010	401 513	17.8	406 581	17.4	-5 068	0.42
2011	473 104	17.8	480 861	18.3	-7 757	-0.44
2012	519 470	9.8	534 745	11.2	-15 275	-1.41
2013	568 845	9.5	589 737	10.3	-20 892	-0.78
2014	636 463	11.9	640 796	8.7	-4 334	3.23

注：表中数据根据国家统计局最新数据修订。
Note: Data are revised by National Bureau of Statistics of China.

投资率和消费率
Investment ratio and consumption ratio

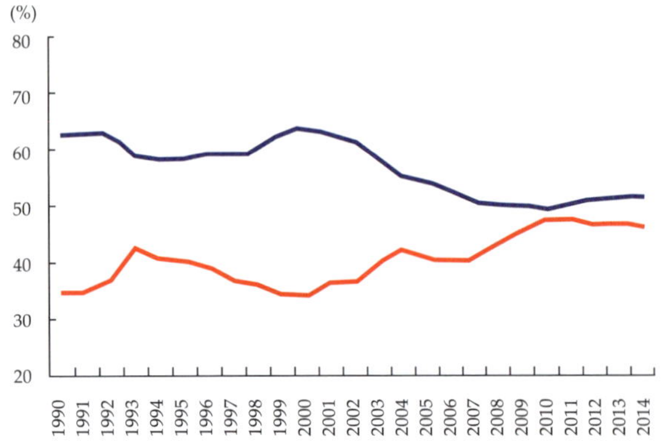

资本形成率（投资率） Capital formation ratio (investment ratio)
最终消费率（消费率） Final consumption ratio (consumption ratio)

生产法现价GDP与支出法现价GDP增速比较
Comparison of growth rate at current prices between production-based GDP and expenditure-based GDP

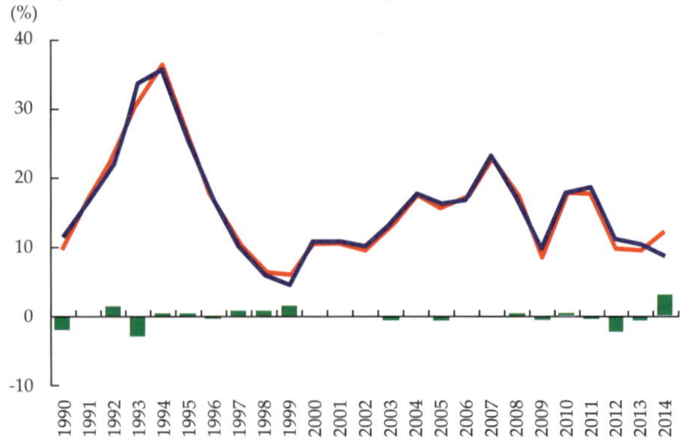

生产法现价GDP增速−支出法现价GDP增速 Gap between the two growth rates
生产法现价GDP增速 Growth rate of production-based GDP at current prices
支出法现价GDP增速 Growth rate of expenditure-based GDP at current prices

2.社会消费品零售额

(2) Retail sales of consumer goods

社会消费品零售总额
Retail sales of consumer goods

单位：亿元
Unit: RMB 100 million yuan

年/月 Year/Month	当月社会消费品零售总额 Monthly retail sales of consumer goods	当月同比增长率(%) Monthly growth rate (YOY)(%)	社会消费品零售总额累计 Accumulative retail sales of consumer goods	累计同比增长率(%) Accumulative growth rate (YOY)(%)
2013.01	—	—	—	—
2013.02	—	—	37 810	12.3
2013.03	17 641	12.6	55 451	12.4
2013.04	17 600	12.8	73 051	12.5
2013.05	18 886	12.9	91 938	12.6
2013.06	18 827	13.3	110 764	12.7
2013.07	18 513	13.2	129 278	12.8
2013.08	18 886	13.4	148 164	12.8
2013.09	20 653	13.3	168 817	12.9
2013.10	21 491	13.3	190 308	13.0
2013.11	21 012	13.7	211 320	13.0
2013.12	23 060	13.6	234 380	13.1
2014.01	—	—	—	—
2014.02	—	—	42 281	11.8
2014.03	19 801	12.2	62 081	12.0
2014.04	19 701	11.9	81 782	11.9
2014.05	21 250	12.5	103 032	12.5
2014.06	21 166	12.4	124 199	12.4
2014.07	20 776	12.2	144 975	12.2
2014.08	21 134	11.9	166 108	11.9
2014.09	23 042	11.6	189 151	11.6
2014.10	23 967	11.5	213 118	11.5
2014.11	23 475	11.7	236 593	11.7
2014.12	25 801	11.9	262 394	11.9
2015.01	—	—	—	—
2015.02	—	—	47 993	11.0
2015.03	22 723	10.2	70 715	10.8

注：为消除春节日期不固定因素带来的影响，增强数据的可比性，按照国家统计制度，历年1~2月数据一起调查、一起发布。
Note: In order to eliminate the impact of the different date of "Spring Festival" of each year,and enchance the comparability of data, in accordance with the national statistical system,the data in January and Februry was investigated and released together.

社会消费品零售总额与最终消费增长率的比较
Comparison of growth rate at current prices between retail sales of consumer goods and final consumption expenditure

单位：万亿元
Unit: RMB trillion yuan

年 Year	社会消费品零售总额 Retail sales of consumer goods	最终消费 Final consumption	社会消费品零售总额现价增长率(%) Growth rate at current prices of retail sales of consumer goods(%)	最终消费现价增长率(%) Growth rate at current prices of final consumption expenditure(%)
1991	0.94	1.41	13.4	16.6
1992	1.10	1.72	16.8	22.1
1993	1.43	2.19	29.8	27.3
1994	1.86	2.92	30.5	33.5
1995	2.36	3.67	26.8	25.7
1996	2.84	4.39	20.1	19.5
1997	3.13	4.81	10.2	9.6
1998	3.34	5.16	6.8	7.2
1999	3.56	5.56	6.8	7.8
2000	3.91	6.15	9.7	10.6
2001	4.31	6.69	10.1	8.8
2002	4.81	7.18	11.8	7.3
2003	5.25	7.77	9.1	8.2
2004	5.95	8.76	13.3	12.7
2005	6.84	9.94	14.9	13.5
2006	7.91	11.31	15.8	13.8
2007	9.36	13.22	18.2	16.9
2008	11.48	15.34	22.7	16.0
2009	13.27	16.93	15.5	10.3
2010	15.70	19.41	18.3	14.7
2011	18.39	22.86	17.1	17.7
2012	21.03	25.96	14.3	11.8
2013	23.44	29.22	15.3	11.5
2014	26.24	32.83	16.3	9.1

注：表中数据根据国家统计局最新数据修订。
Note: Data are revised by National Bureau of Statistics of China.

累计社会消费品零售总额及其增长率
Accumulative retail sales and growth rates of consumer goods

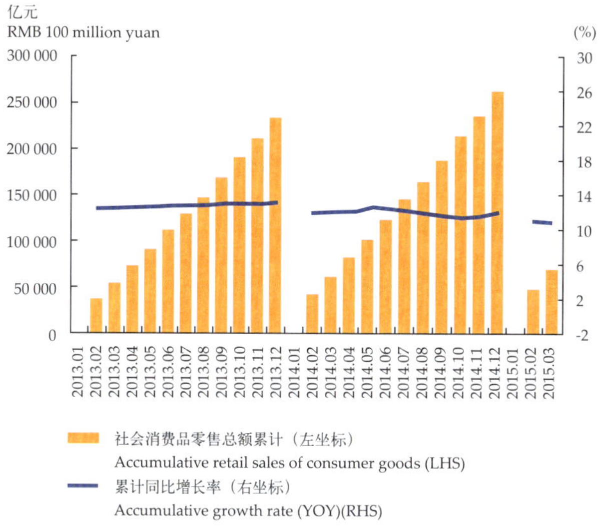

社会消费品零售总额及最终消费增长趋势
Growth trend of retail sales of consumer goods and final consumption expenditure

3.固定资产投资完成额

(3) Completed fixed-asset investment

固定资产投资（不含农户）完成额

Completed investment in fixed assets (excluding rural households)

单位：亿元
Unit: RMB 100 million yuan

年/月 Year/Month	投资完成额 Investment completed	增长率(%) Growth rate (%)
2013 1~2	25 675.9	21.2
1~3	58 092.3	20.9
1~4	91 319.2	20.6
1~5	131 210.6	20.4
1~6	181 317.6	20.1
1~7	221 722.2	20.1
1~8	262 578.1	20.3
1~9	309 207.6	20.2
1~10	351 669.2	20.1
1~11	391 282.5	19.9
1~12	436 527.7	19.6
2014 1~2	30 283.0	17.9
1~3	68 321.7	17.6
1~4	107 077.8	17.3
1~5	153 716.5	17.2
1~6	212 770.4	17.3
1~7	259 492.9	17.0
1~8	305 786.5	16.5
1~9	357 787.2	16.1
1~10	406 160.6	15.9
1~11	451 067.6	15.8
1~12	502 004.9	15.7
2015 1~2	34 477.4	13.9
1~3	77 511.3	13.5

注：自2011年起，投资项目统计起点标准由原来的50万元调整为500万元，"固定资产投资（不含农户）"等于原口径的城镇固定资产投资加上农村企事业组织项目投资。

Notes: Since 2011, investment indicators are calculated using new threshold criteria of RMB5 million yuan instead of RMB500 thousand yuan in the past."Investment in fixed assets (excluding rural households)" equals to "investment in fixed assets in urban area" under the old criteria plus "investment of rural enterprises and institutions".

固定资产投资（不含农户）完成额

Completed investment in fixed assets (excluding rural households)

投资完成额（左坐标）
Investment completed (LHS)
比上年同期增长（右坐标）
YOY growth rate (RHS)

固定资产投资完成额和固定资本形成总额的比较

Comparison of completed fixed-asset investment and gross capital formation

单位：万亿元
Unit: RMB trillion yuan

年 Year	全社会固定资产投资完成额 Total completed fixed-asset investment	固定资本形成总额 Gross capital formation	全社会固定资产投资现价增长率(%) Growth rate of total fixed-asset investment at current prices(%)	固定资本形成总额现价增长率(%) Growth rate of gross capital formation at current prices(%)
1992	0.81	0.85	44.4	40.3
1993	1.31	1.33	61.8	56.3
1994	1.70	1.73	30.4	30.1
1995	2.00	2.09	17.5	20.6
1996	2.29	2.40	14.8	15.1
1997	2.49	2.60	8.8	8.0
1998	2.84	2.86	13.9	10.0
1999	2.99	2.98	5.1	6.9
2000	3.29	3.30	10.3	10.6
2001	3.72	3.74	13.0	13.5
2002	4.35	4.30	16.9	14.9
2003	5.56	5.30	27.7	23.3
2004	7.05	6.44	26.8	21.6
2005	8.88	7.42	26.0	15.3
2006	11.00	8.53	23.9	14.9
2007	13.73	10.26	24.8	20.4
2008	17.28	12.50	25.9	21.8
2009	22.46	15.29	30.0	22.4
2010	27.81	18.12	23.8	18.5
2011	31.10	21.39	11.8	18.1
2012	37.47	23.78	20.5	11.1
2013	44.71	26.30	19.3	10.6
2014	51.28	28.30	14.7	7.6

注：表中数据根据国家统计局最新数据修订。
Note: Data are revised by National Bureau of Statistics of China.

固定资产投资完成额和固定资本形成总额

Completed fixed-asset investment and gross capital formation

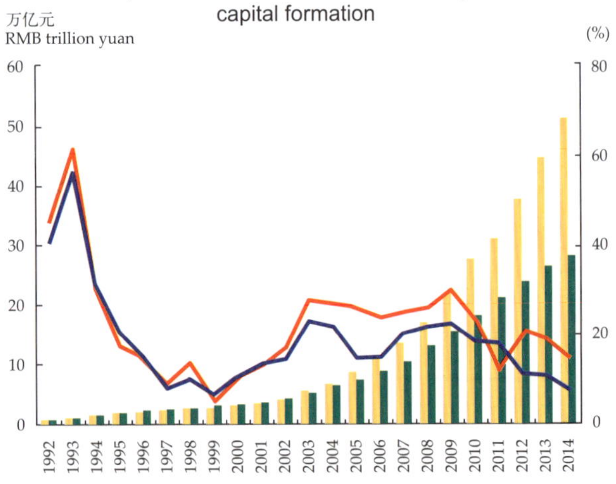

全社会固定资产投资完成额（左坐标）
Total completed fixed-asset investment (LHS)
固定资本形成总额（左坐标）
Gross capital formation (LHS)
全社会固定资产投资现价增长率（右坐标）
Growth rate of total fixed-asset investment at current prices (RHS)
固定资本形成总额现价增长率（右坐标）
Growth rate of gross capital formation at current prices (RHS)

按建设性质分固定资产投资（不含农户）累计完成额及增长率

Completed investment in fixed assets (excluding rural households) and growth rate by type of construction

年/月 Year/Month	绝对值(亿元) Absolute value (RMB 100 million yuan)			增长率(%) Growth rate (%)		
	新建 New construction	扩建 Expansion	改建 Transformation	新建 New construction	扩建 Expansion	改建 Transformation
2013 1~2	12 190.2	2 914.0	2 993.5	22.7	9.6	27.2
1~3	28 180.7	7 017.4	7 574.4	22.6	12.7	26.2
1~4	45 180.4	11 542.3	11 986.5	21.2	15.4	25.9
1~5	65 777.9	16 612.3	17 051.5	21.9	13.9	23.1
1~6	91 035.7	22 674.7	23 816.6	22.1	12.4	24.3
1~7	111 718.5	27 824.4	29 439.2	22.2	12.4	24.4
1~8	132 199.0	33 232.0	34 998.7	22.9	13.6	23.9
1~9	155 768.3	39 080.6	41 297.7	22.3	14.3	23.5
1~10	177 229.9	44 670.0	47 390.7	22.3	14.6	23.2
1~11	195 821.3	49 241.5	53 459.9	22.0	13.4	23.5
1~12	217 544.7	54 228.8	61 544.2	21.4	13.0	17.4
2014 1~2	14 361.0	3 393.9	3 633.5	17.8	16.5	21.4
1~3	33 810.4	8 083.7	8 836.4	20.0	15.2	16.7
1~4	54 381.7	12 762.4	13 935.2	20.4	10.6	16.3
1~5	79 119.6	18 317.9	20 120.4	20.3	10.3	18.0
1~6	110 118.3	25 106.5	27 812.1	21.0	10.7	16.8
1~7	134 257.8	31 194.3	34 142.2	20.2	12.1	16.0
1~8	158 385.9	36 719.1	40 296.7	19.8	10.5	15.1
1~9	186 107.4	42 756.9	46 976.2	19.9	9.7	14.2
1~10	210 870.7	48 593.6	54 048.3	19.5	9.2	14.5
1~11	232 460.7	53 816.3	60 821.1	19.3	9.8	14.3
1~12	256 425.1	60 224.1	69 164.5	18.7	12.0	11.5
2015 1~2	16 509.1	4 018.9	4 125.8	15.0	18.4	13.5
1~3	38 420.7	9 391.7	10 293.9	13.6	16.2	16.5

注：按建设性质分组的投资不含房地产投资。
Note: Investment grouped by type of construction does not include real estate investment.

按建筑性质分固定资产投资（不含农户）完成额构成变化

Completed investment in fixed assets (excluding rural households) by type of construction

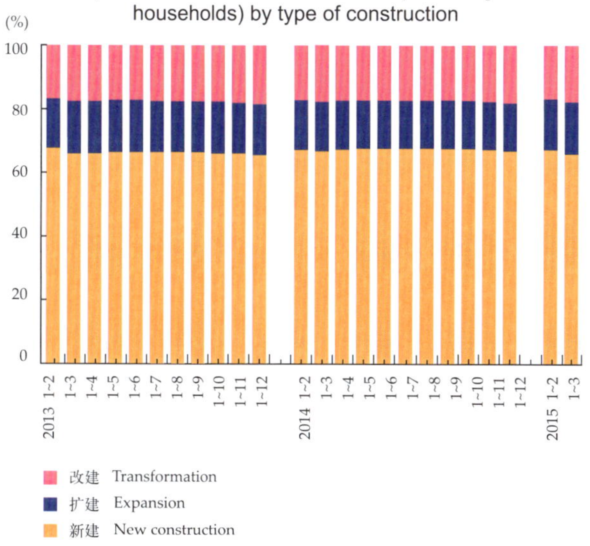

按建筑性质分固定资产投资（不含农户）完成额增长趋势

Growth of monthly accumulated completed investment in fixed assets (excluding rural households) by type of construction

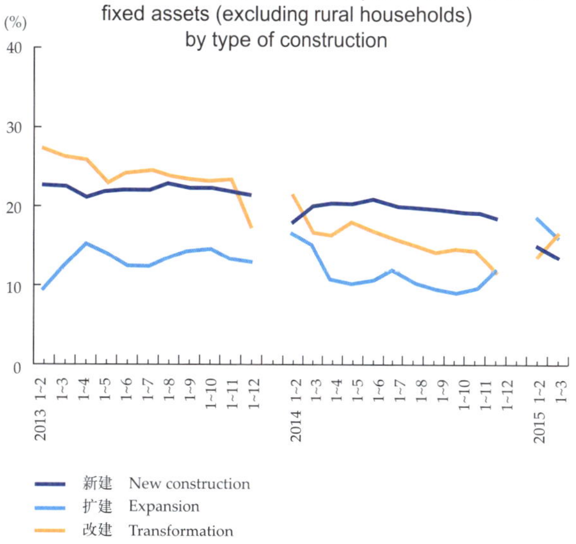

按隶属关系分固定资产投资（不含农户）累计完成额及增长率

Composition of monthly accumulated completed investment in fixed assets (excluding rural households) and growth rate by administrative relationship

年/月 Year/Month	绝对值(亿元) Absolute value (RMB 100 million yuan)		增长率(%) Growth rate (%)	
	中央项目 Central government projects	地方项目 Local government projects	中央项目 Central government projects	地方项目 Local government projects
2013 1–2	1 331	24 345	4.4	22.3
1–3	2 687	55 406	11.6	21.4
1–4	4 444	86 875	8.5	21.3
1–5	6 110	125 101	7.1	21.1
1–6	8 338	172 980	9.7	20.7
1–7	10 550	211 173	12.4	20.5
1–8	12 628	249 950	10.8	20.8
1–9	15 020	294 188	10.4	20.7
1–10	17 646	334 023	8.1	20.8
1–11	20 632	370 650	13.4	20.2
1–12	24 785	411 742	12.4	20.1
2014 1–2	1 489	28 794	11.9	18.3
1–3	2 989	65 332	11.3	17.9
1–4	4 623	102 454	5.7	17.8
1–5	6 641	147 076	8.7	17.6
1–6	9 554	203 217	14.6	17.5
1–7	11 689	247 804	10.8	17.3
1–8	14 054	291 732	11.3	16.7
1–9	16 773	341 014	12.2	16.2
1–10	19 406	386 755	10.4	16.2
1–11	22 054	429 013	7.3	16.2
1–12	25 371	476 634	10.8	15.9
2015 1–2	1 579	32 899	6.0	14.3
1–3	3 371	74 141	12.8	13.5

按隶属关系分固定资产投资（不含农户）完成额

Completed investment in fixed assets (excluding rural households) by administrative relationship

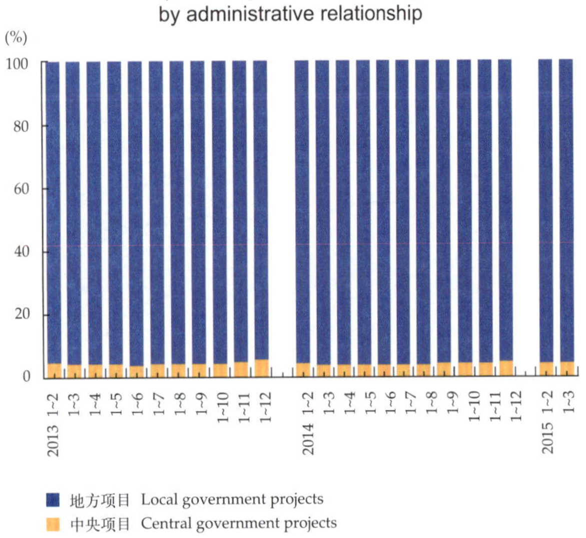

按隶属关系分固定资产投资（不含农户）完成额增长趋势

Growth of monthly accumulated completed investment in fixed assets (excluding rural households) by administrative relationship

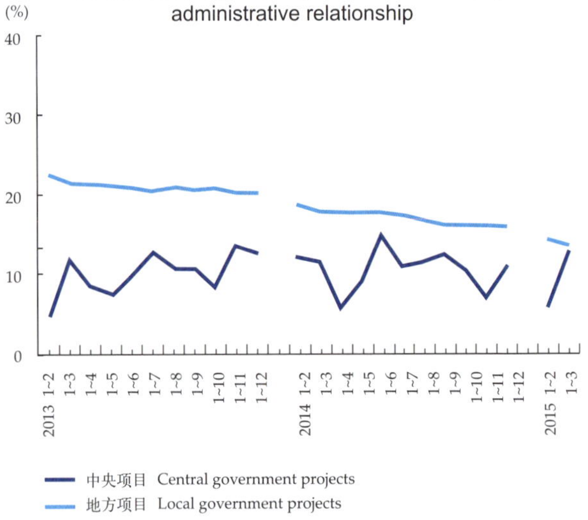

固定资产投资月度累计新开工项目数
Number of monthly accumulated urban newly started projects of fixed-asset investment

单位：万个 Unit: 10 000

	2011	2012	2013	2014	2015
1月 Jan.	—	—	—	—	—
2月 Feb.	1.72	2.16	2.43	2.69	2.77
3月 Mar.	5.33	6.18	6.77	7.09	7.69
4月 Apr.	8.73	9.87	10.74	10.97	
5月 May	12.46	13.93	15.24	15.45	
6月 Jun.	16.71	17.47	19.98	21.03	
7月 Jul.	19.80	20.46	23.03	24.34	
8月 Aug.	22.71	24.32	26.29	28.22	
9月 Sept.	25.69	27.63	30.15	32.11	
10月 Oct.	28.77	30.49	33.51	35.76	
11月 Nov.	31.37	33.12	36.50	38.89	
12月 Dec.	33.29	35.63	38.93	41.55	

注：自2011年起，固定资产投资等于原口径的城镇固定资产投资加上农村企事业组织项目投资（不含农户）。
Note: Since 2011, "investment in fixed assets" equals to "investment in fixed assets in urban area" under the old criteria plus "investment of rural enterprises and institutions(excluding rural households)".

固定资产投资月度累计施工项目数
Number of monthly accumulated urban under-construction projects of fixed-asset investment

单位：万个 Unit: 10 000

	2011	2012	2013	2014	2015
1月 Jan.	—	—	—	—	—
2月 Feb.	9.81	10.88	12.12	13.43	13.11
3月 Mar.	16.06	17.29	19.11	20.58	20.77
4月 Apr.	20.70	22.20	24.55	25.84	
5月 May	25.21	27.08	29.89	31.15	
6月 Jun.	30.17	31.26	35.27	37.48	
7月 Jul.	33.64	34.55	38.58	41.09	
8月 Aug.	36.80	38.38	42.05	45.66	
9月 Sept.	39.98	41.95	46.15	49.93	
10月 Oct.	43.33	45.03	49.65	53.80	
11月 Nov.	46.10	47.79	52.76	57.11	
12月 Dec.	48.32	50.54	55.47	61.60	

固定资产投资月度累计新开工项目数
Number of monthly accumulated newly started projects of fixed-asset investment

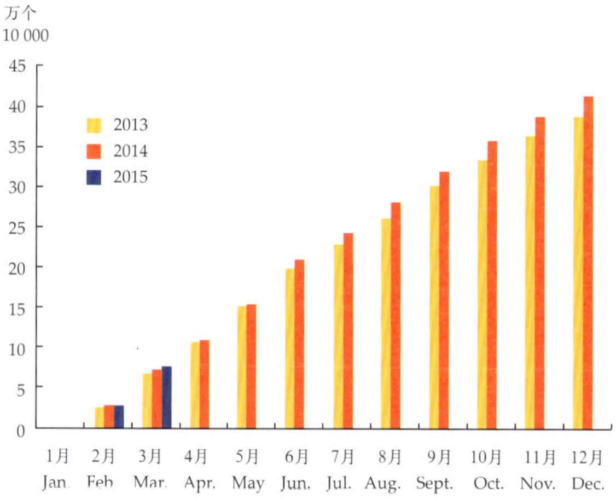

固定资产投资月度累计施工项目数
Number of monthly accumulated under-construction projects of fixed-asset investment

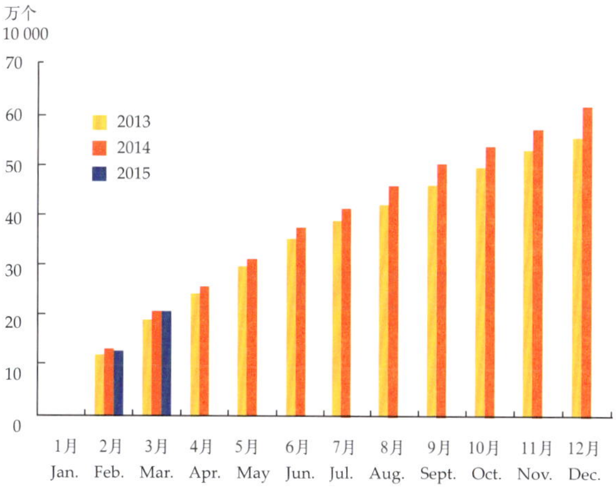

2015年第一季度分省固定资产投资（不含农户）完成额及增长率

Accumulated completed investment in fixed assets (excluding rural households) and growth rate by province in the first quarter of 2015

单位：亿元 Unit: RMB100 million yuan

	固定资产投资（不含农户）累计完成额 Accumulated completed investment in fixed assets (excluding rural households)	增长率(%) Growth rate (%)
Xinjiang 新疆	457.3	25.0
Guizhou 贵州	1 510.6	23.5
Tibet 西藏	65.3	22.0
Fujian 福建	3 816.3	20.9
Qinghai 青海	176.1	20.7
Guangdong 广东	4 496.8	19.7
Hubei 湖北	4 165.6	18.9
Guangxi 广西	2 455.3	18.6
Hunan 湖南	3 071.2	18.3
Chongqing 重庆	2 162.9	17.6
Zhejiang 浙江	4 820.9	17.0
Jiangxi 江西	2 446.6	17.0
Henan 河南	4 326.6	16.3
Ningxia 宁夏	237.2	15.9
Shandong 山东	6 697.8	14.8
Hebei 河北	3 483.6	14.2
Anhui 安徽	4 299.9	14.1
Tianjin 天津	2 012.6	13.6
Sichuan 四川	5 395.9	12.6
Jiangsu 江苏	9 631.8	11.5
Gansu 甘肃	650.9	10.9
Yunnan 云南	1 947.3	9.4
Beijing 北京	1 007.9	8.4
Shaanxi 陕西	860.4	8.3
Shanxi 山西	1 916.8	5.6
Heilongjiang 黑龙江	180.8	5.2
Shanghai 上海	1 099.0	3.2
Jilin 吉林	396.2	2.7
Hainan 海南	556.0	0.2
Liaoning 辽宁	1 946.2	-18.5
Inner Mongolia 内蒙古	568.7	-18.9

2015年第一季度分省固定资产投资（不含农户）完成额及增长率

Accumulated completed investment in fixed assets (excluding rural households) and growth rate by province in the first quarter of 2015

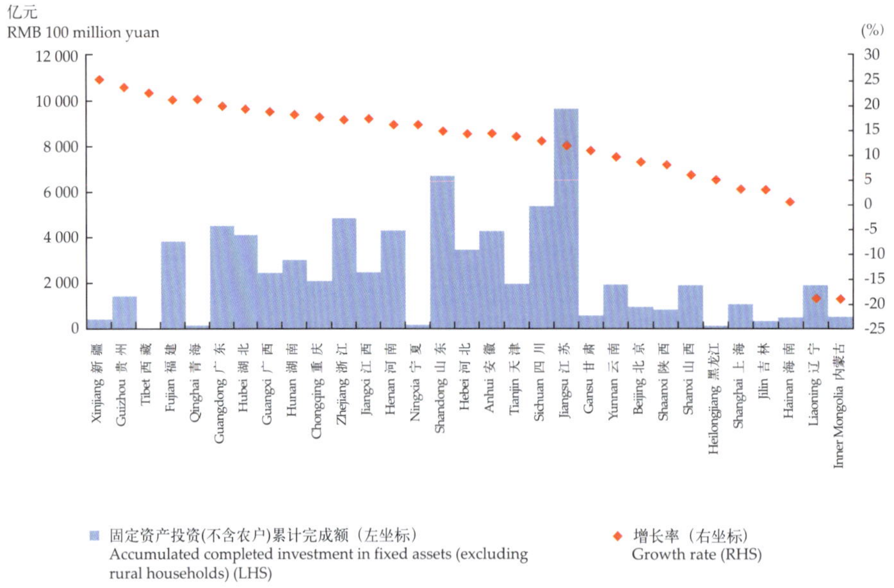

4.房地产
(4) Real estate development

房地产开发投资按工程用途分的完成额及增长率
Real estate development investment completed and growth rate by purpose of engineering

单位：亿元　Unit: RMB100 million yuan

年/月 Year/Month	房地产开发投资完成额 Real estate development investment completed		按工程用途 By purpose of engineering							
			住宅投资 Residential building investment		办公楼投资 Office building investment		商业用房投资 Commercial and business building investment		其他投资 Other investment	
	绝对值 Absolute value	增长率(%) Growth rate (%)	绝对值 Absolute value	增长率(%) Growth rate (%)	绝对值 Absolute value	增长率(%) Growth rate (%)	绝对值 Absolute value	增长率(%) Growth rate (%)	绝对值 Absolute value	增长率(%) Growth rate (%)
2013.01	—	—	—	—	—	—	—	—	—	—
2013.02	6 670	22.8	4 583	23.4	388	53.3	884	22.4	814	9.7
2013.03	13 133	20.2	9 013	21.1	747	44.1	1 721	21.2	1 652	6.9
2013.04	19 180	21.1	13 121	21.3	1 102	48.6	2 547	22.7	2 411	9.6
2013.05	26 798	20.6	18 363	21.6	1 526	41.0	3 582	24.1	3 326	5.7
2013.06	36 828	20.3	25 227	20.8	2 011	42.8	5 010	26.1	4 579	5.3
2013.07	44 302	20.5	30 318	20.2	2 412	40.2	6 094	29.5	5 478	7.0
2013.08	52 120	19.3	35 738	19.2	2 851	40.0	7 168	26.5	6 362	6.1
2013.09	61 120	19.7	41 979	19.5	3 262	37.6	8 425	27.9	7 453	7.1
2013.10	68 693	19.2	47 222	18.9	3 649	36.9	9 468	26.9	8 354	7.1
2013.11	77 412	19.5	53 112	19.1	4 113	36.0	10 739	27.6	9 448	8.3
2013.12	86 013	19.8	58 951	19.4	4 652	38.2	11 945	28.3	10 465	7.3
2014.01	—	—	—	—	—	—	—	—	—	—
2014.02	7 956	19.3	5 426	18.4	494	27.1	1 117	26.4	919	12.8
2014.03	15 339	16.8	10 530	16.8	902	20.8	2 160	25.5	1 746	5.7
2014.04	22 322	16.4	15 299	16.6	1 309	18.9	3 194	25.4	2 519	4.5
2014.05	30 739	14.7	21 043	14.6	1 773	16.2	4 427	23.6	3 496	5.1
2014.06	42 019	14.1	28 689	13.7	2 394	19.0	6 172	23.2	4 763	4.0
2014.07	50 381	13.7	34 365	13.3	2 876	19.3	7 453	22.3	5 686	3.8
2014.08	58 975	13.2	40 159	12.4	3 384	18.7	8 813	22.9	6 619	4.0
2014.09	68 751	12.5	46 725	11.3	4 008	22.8	10 342	22.8	7 677	3.0
2014.10	77 220	12.4	52 464	11.1	4 517	23.8	11 687	23.4	8 553	2.4
2014.11	86 601	11.9	58 676	10.5	5 124	24.6	13 100	22.0	9 702	2.7
2014.12	95 036	10.5	64 352	9.2	5 641	21.3	14 346	20.1	10 696	2.2
2015.01	—	—	—	—	—	—	—	—	—	—
2015.02	8 786	10.4	5 922	9.1	567	14.9	1 321	18.2	976	6.3
2015.03	16 651	8.5	11 156	5.9	1 088	20.6	2 532	17.2	1 875	7.4

房地产开发投资按工程用途分的构成变化
Change in composition of real estate development investment by purpose of engineering

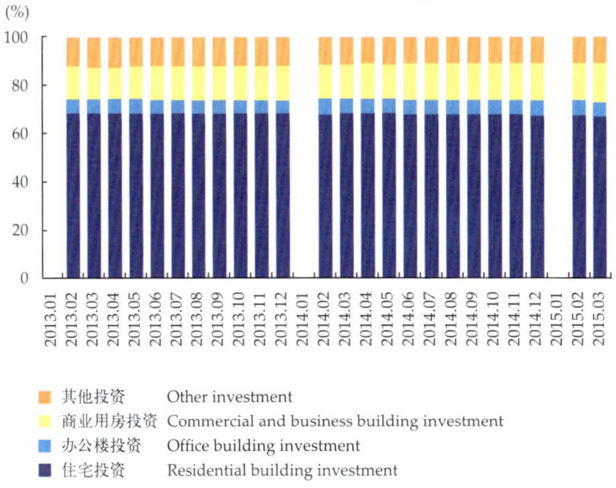

房地产开发投资按工程用途分的增长趋势
Growth of composition of real estate development investment by purpose of engineering

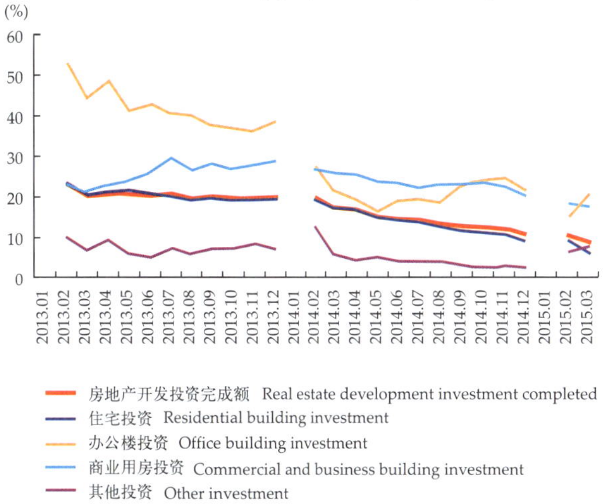

房地产开发投资按地区分的完成额及增长率
Real estate development investment completed and growth rate by region

单位：亿元　Unit: RMB 100 million yuan

年/月 Year/Month	东部地区投资 Investment in eastern area		中部地区投资 Investment in central area		西部地区投资 Investment in western area	
	绝对值 Absolute value	增长率(%) Growth rate (%)	绝对值 Absolute value	增长率(%) Growth rate (%)	绝对值 Absolute value	增长率(%) Growth rate (%)
2013.01	—	—	—	—	—	—
2013.02	4 024	20.9	1 241	24.6	1 405	26.8
2013.03	7 766	17.8	2 521	21.8	2 845	25.6
2013.04	11 241	20.2	3 804	20.4	4 136	24.5
2013.05	15 518	19.0	5 445	21.8	5 835	24.0
2013.06	21 140	18.7	7 645	20.8	8 043	24.3
2013.07	25 264	18.6	9 298	21.0	9 739	25.0
2013.08	29 498	17.4	11 116	19.4	11 505	24.3
2013.09	34 413	18.0	13 127	20.0	13 580	24.3
2013.10	38 443	17.1	14 890	20.1	15 360	23.8
2013.11	43 068	17.3	17 084	21.7	17 259	23.1
2013.12	47 972	18.3	19 045	20.8	18 997	22.6
2014.01	—	—	—	—	—	—
2014.02	4 792	19.1	1 508	21.5	1 656	17.9
2014.03	9 139	17.7	2 916	15.6	3 285	15.5
2014.04	13 230	17.7	4 268	12.2	4 823	16.6
2014.05	17 995	16.0	6 013	10.4	6 731	15.4
2014.06	24 223	14.6	8 558	11.9	9 237	14.8
2014.07	28 833	14.1	10 380	11.6	11 168	14.7
2014.08	33 525	13.6	12 289	10.6	13 160	14.4
2014.09	38 737	12.6	14 536	10.7	15 479	14.0
2014.10	43 195	12.4	16 523	11.0	17 503	14.0
2014.11	48 238	12.0	18 650	9.2	19 713	14.2
2014.12	52 941	10.4	20 662	8.5	21 433	12.8
2015.01	—	—	—	—	—	—
2015.02	5 338	11.4	1 609	6.7	1 840	11.1
2015.03	10 003	9.5	3 116	6.9	3 531	7.5

房地产开发投资按地区分的构成变化
Change in composition of real estate development investment by region

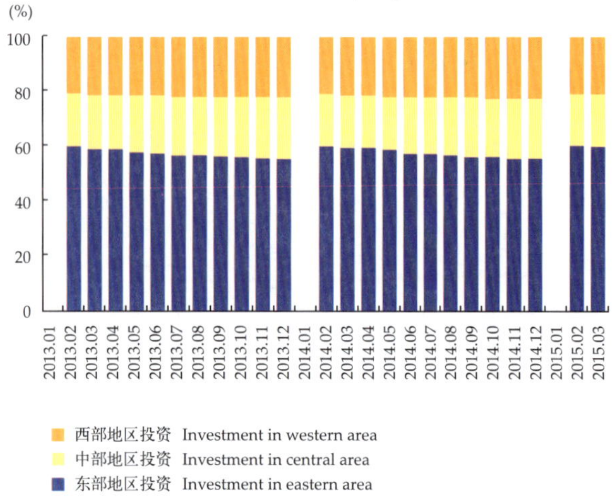

房地产开发投资按地区分的增长趋势
Growth of composition of real estate development investment by region

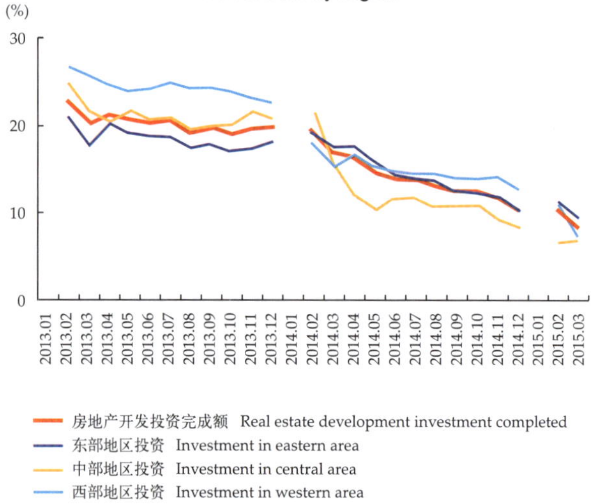

商品房建筑与销售
Construction and sales of commercial buildings

单位：亿平方米、亿元
Unit: 100 million square meters, RMB 100 million yuan

年/月 Year/Month	施工面积 Area under construction	同比增长(%) YOY growth(%)	竣工面积 Area completed	同比增长(%) YOY growth(%)	销售面积 Area sold	同比增长(%) YOY growth(%)	销售面积与竣工面积之比 Ratio of sold to completed areas	月度累计销售额 Monthly accumulated sales volume	增长率(%) Growth rate (%)
2013.07	56.9	16.2	4.2	7.9	6.1	25.8	147	39 549	37.8
2013.08	58.6	14.4	4.7	4.6	7.1	23.4	152	45 724	34.4
2013.09	60.4	15.0	5.3	4.2	8.4	23.3	160	54 028	33.9
2013.10	61.6	14.6	5.9	1.8	9.6	21.8	162	61 238	32.3
2013.11	64.6	16.1	6.9	2.5	11.1	20.8	160	69 946	30.7
2013.12	66.6	16.1	10.1	2.0	13.1	17.3	129	81 428	26.3
2014.01	—	—	—	—	—	—	—	—	—
2014.02	53.0	16.3	1.2	-8.2	1.0	-0.1	84	7 090	-3.7
2014.03	54.7	14.2	1.9	-4.9	2.0	-3.8	109	13 263	-5.2
2014.04	56.5	12.8	2.4	-0.3	2.8	-6.9	117	18 307	-7.8
2014.05	58.6	12.0	3.1	6.8	3.6	-7.8	117	23 674	-8.5
2014.06	61.1	11.3	3.8	8.1	4.8	-6.0	127	31 133	-6.7
2014.07	63.3	11.3	4.4	4.5	5.6	-7.6	130	36 315	-8.2
2014.08	65.3	11.5	5.0	6.7	6.5	-8.3	131	41 661	-8.9
2014.09	67.3	11.5	5.7	7.2	7.7	-8.6	137	49 227	-8.9
2014.10	69.2	12.3	6.4	7.6	8.8	-7.8	139	56 385	-7.9
2014.11	71.1	10.1	7.5	8.1	10.2	-8.2	136	64 481	-7.8
2014.12	72.6	9.2	10.7	5.9	12.1	-7.6	112	76 292	-6.3
2015.01	—	—	—	—	—	—	—	—	—
2015.02	57.0	7.6	1.1	-12.9	0.9	-16.3	81	5 972	-15.8
2015.03	58.4	6.8	1.7	-8.2	1.8	-9.2	107	12 023	-9.3

商品房施工面积、竣工面积与销售面积
Area of commercial housing under construction, completed, and sold

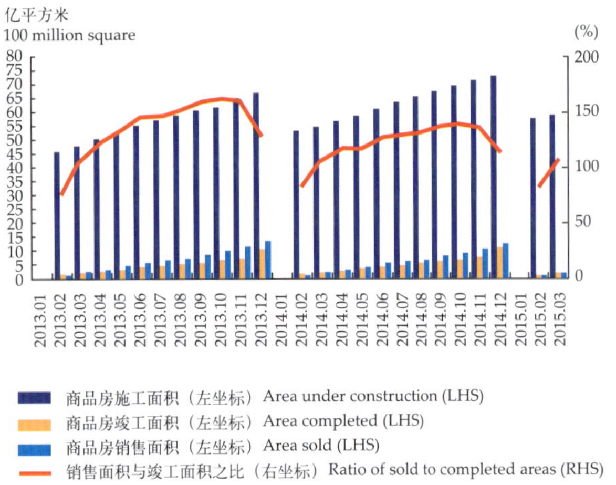

商品房施工面积、竣工面积与销售面积增长趋势
Growth of area of commercial housing under construction, completed, and sold

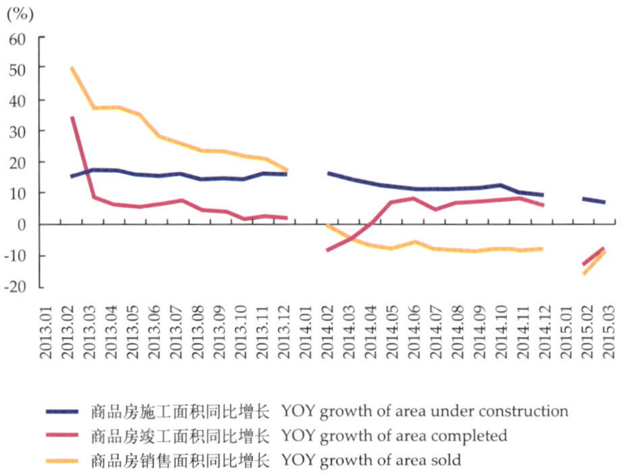

商品房销售额及其增长率
Sales volume of commercial housing and its growth rate

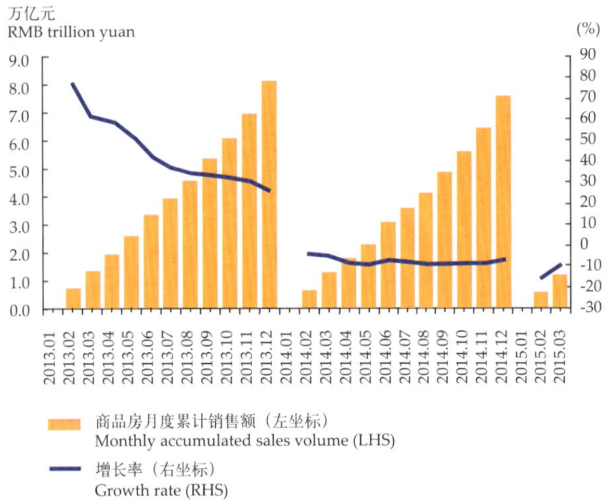

住宅在商品房施工面积、竣工面积与销售面积中所占的比重
Share of residences in commercial housing under construction, completed, and sold

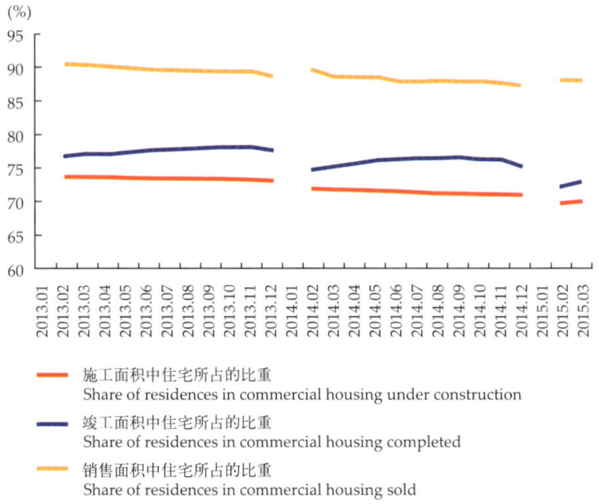

主要经济指标环比增速
MOM growth rates of main economic indicators

年/季 Year/Quarter	国内生产总值 Gross domestic product (%)	年/月 Year/Month		规模以上工业增加值 Value added of industry (%)	固定资产投资（不含农户） Completed investment in fixed assets (excluding rural households) (%)	社会消费品零售总额 Retail sales of consumer goods (%)
2012		2012	1	0.50	1.24	0.19
			2	0.61	1.84	1.01
I	1.4		3	1.24	1.01	1.21
			4	0.36	1.21	0.97
			5	0.89	1.89	1.09
II	2.2		6	0.80	1.87	1.12
			7	0.69	1.32	1.09
			8	0.72	1.27	1.10
III	2		9	0.89	1.99	1.32
			10	0.79	1.56	1.16
			11	0.82	1.52	1.21
IV	1.9		12	0.84	1.59	1.25
2013		2013	1	0.61	1.69	0.14
			2	0.82	1.66	0.96
I	1.7		3	0.72	1.48	1.50
			4	0.79	1.46	0.99
			5	0.67	1.41	0.97
II	1.8		6	0.62	1.28	1.09
			7	0.89	1.55	1.07
			8	0.88	1.66	0.92
III	2.3		9	0.54	1.15	1.02
			10	0.81	0.83	0.98
			11	0.67	1.40	0.99
IV	1.8		12	0.65	1.21	0.98
2014		2014	1	0.55	1.49	0.85
			2	0.56	1.42	0.95
I	1.6		3	0.84	1.50	0.98
			4	0.92	1.09	1.10
			5	0.60	1.16	0.81
II	2.0		6	0.61	1.16	1.01
			7	0.65	1.15	0.88
			8	0.59	1.06	0.84
III	1.9		9	0.16	1.03	0.83
			10	0.81	0.99	0.79
			11	0.43	1.13	0.91
IV	1.5		12	0.42	1.08	0.85
2015		2015	1	0.65	1.11	0.93
			2	0.42	1.05	0.58
I	1.3		3	0.40	1.03	0.97

注：1. 自2011年4月起，国家统计局对外公布国内生产总值、规模以上工业增加值、固定资产投资（不含农户）、社会消费品零售总额四项统计指标的经季节调整的环比数据。
2. 表中数据根据国家统计局最新数据修订。

Notes:1. From April 2011, National Bureau of Statistics began to pubilsh four seasonally-adjusted MOM indices, namely: gross domestic product, value added of industry, completed investment in fixed assets (excluding rural households), retail sales of consumer goods.
2. Data are revised by National Bureau of Statistics of China.

五、对外部门
5. External Sector

1. 外贸
(1)Foreign trade

据世界贸易组织统计，2013年，中国货物贸易出口总值为2.2万亿美元，占世界货物贸易出口总值18.816万亿美元的11.7%，比2012年提高0.5个百分点，在全球货物贸易出口排名中位居第一。2013年，中国货物贸易进口总值为1.95万亿美元，占世界货物贸易进口总值18.89万亿美元的10.3%，比2012年提高了0.5个百分点，在全球货物贸易进口中排名第二，位于美国之后。

According to WTO statistics, in 2013, China's export volume of goods totaled USD2,200 billion, accounting for 11.7 percent of the world total of USD18.816 trillion, 0.5 percentage point higher than that in 2012. And China's goods export also ranked 1st in the world. China's import volume of goods reached USD1,950 billion, accounting for 10.3 percent of the world total of USD18.890 trillion, 0.5 percentage point higher than that in 2012. China ranked 2nd in the world after the U.S. in terms of goods imports.

2013年世界货物贸易出口前十位排名

Top ten economies in the world in terms of goods exported in 2013

			出口(10亿美元) Exports (USD billion)	比重(%) Share (%)
	世界	World total	18 816	100.0
1	中　国	**China**	**2 200**	**11.7**
2	美　国	U.S.	1 580	8.4
3	德　国	Germany	1 453	7.7
4	日　本	Japan	715	3.8
5	荷　兰	Netherlands	672	3.6
6	法　国	France	580	3.1
7	韩　国	Korea	560	3.0
8	英　国	U.K.	542	2.9
9	香　港	HK SAR of China	535	2.8
10	俄罗斯	Russia	523	2.8

2013年世界货物贸易进口前十位排名

Top ten economies in the world in terms of goods imported in 2013

			进口(10亿美元) Imports (USD billion)	比重(%) Share (%)
	世界	World total	18 890	100.0
1	美　国	U.S.	2 329	12.3
2	中　国	**China**	**1 950**	**10.3**
3	德　国	Germany	1 189	6.3
4	日　本	Japan	833	4.4
5	法　国	France	681	3.6
6	英　国	U.K.	655	3.5
7	香　港	HK SAR of China	622	3.3
8	荷　兰	Netherlands	590	3.1
9	韩　国	Korea	516	2.7
10	意大利	Italy	477	2.5

年度进出口额及其增长率
Annual imports & exports and growth rates

单位：亿美元
Unit: USD 100 million

年 Year	进出口 Imports & Exports 总额 Total value	进出口 Imports & Exports 增长率(%) Growth rate (%)	出口 Exports 总额 Total value	出口 Exports 增长率(%) Growth rate (%)	进口 Imports 总额 Total value	进口 Imports 增长率(%) Growth rate (%)	进出口差额 Trade balance
1991	1 357	17.6	719	15.8	638	19.6	81
1992	1 655	22.0	849	18.1	806	26.3	44
1993	1 957	18.2	917	8.0	1 040	29.0	-122
1994	2 366	20.9	1 210	31.9	1 156	11.2	54
1995	2 809	18.7	1 488	23.0	1 321	14.2	167
1996	2 899	3.2	1 510	1.5	1 388	5.1	122
1997	3 252	12.2	1 828	21.0	1 424	2.5	404
1998	3 239	-0.4	1 837	0.5	1 402	-1.5	435
1999	3 606	11.3	1 949	6.1	1 657	18.2	292
2000	4 743	31.5	2 492	27.8	2 251	35.8	241
2001	5 097	7.5	2 661	6.8	2 436	8.2	225
2002	6 208	21.8	3 256	22.4	2 952	21.2	304
2003	8 510	37.1	4 382	34.6	4 128	39.8	255
2004	11 546	35.7	5 933	35.4	5 612	36.0	321
2005	14 219	23.2	7 620	28.4	6 600	17.6	1 020
2006	17 604	23.8	9 689	27.2	7 915	19.9	1 775
2007	21 766	23.6	12 205	25.9	9 561	20.8	2 643
2008	25 633	17.8	14 307	17.2	11 326	18.5	2 981
2009	22 075	-13.9	12 016	-16.0	10 059	-11.2	1 957
2010	29 740	34.7	15 778	31.3	13 962	38.8	1 815
2011	36 419	22.5	18 986	20.3	17 433	24.9	1 549
2012	38 668	6.2	20 489	7.9	18 178	4.3	2 311
2013	41 600	7.6	22 096	7.8	19 504	7.3	2 592
2014	43 026	3.4	23 426	6.0	19 600	0.5	3 826

注：表中数据根据海关总署最新数据修订。
Note: Data are revised by General Administration of Customs of the People's Republic of China.

出口总值与GDP之比
Total exports over GDP

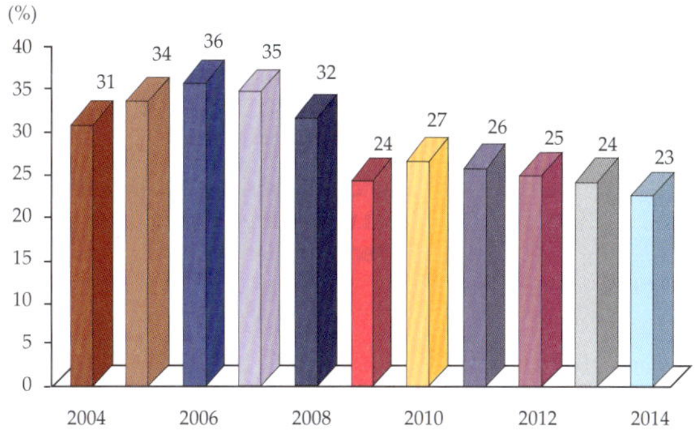

注：图中数据根据国家统计局最新数据修订。
Note: Data are revised by National Bureau of Statistics of China.

贸易差额
Trade balance

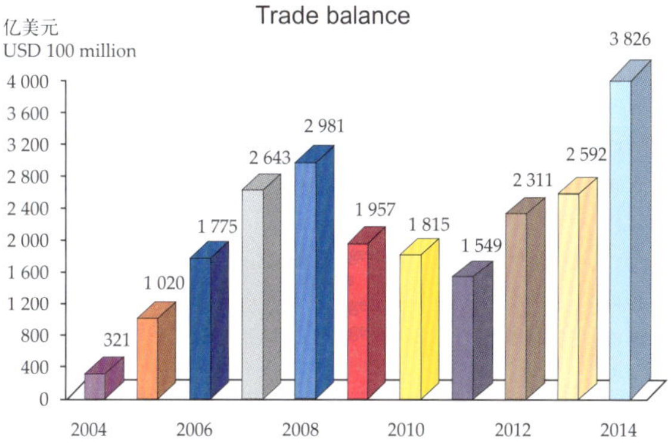

贸易总额及其增长趋势
Total trade volume and growth rates

贸易总额与GDP之比
Total trade volume over GDP

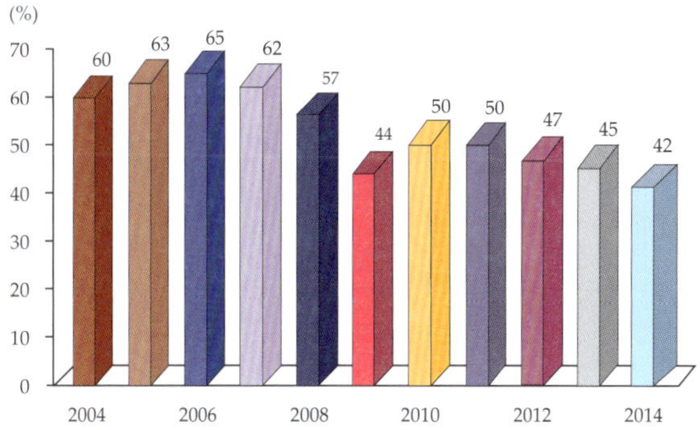

注：图中数据根据国家统计局最新数据修订。
Note: Data are revised by National Bureau of Statistics of China.

当月进出口总值及其增长率
Total monthly imports, exports, and growth rates

单位：亿美元
Unit: USD 100 million

年/月 Year/Month	出口总值 Total exports	进口总值 Total imports	出口同比增长率(%) Growth rate of exports (YOY)(%)	进口同比增长率(%) Growth rate of imports (YOY)(%)	当月差额 Monthly trade balance
2013.07	1 860	1 682	5.1	10.8	178
2013.08	1 906	1 621	7.1	7.1	285
2013.09	1 856	1 704	-0.4	7.4	152
2013.10	1 854	1 543	5.6	7.5	311
2013.11	2 022	1 684	12.7	5.4	338
2013.12	2 077	1 821	4.3	8.6	256
2014.01	2 071	1 753	10.5	10.8	319
2014.02	1 141	1 371	-18.1	10.4	-230
2014.03	1 701	1 624	-6.6	-11.3	77
2014.04	1 885	1 701	0.8	0.7	185
2014.05	1 955	1 596	7.0	-1.7	359
2014.06	1 868	1 552	7.2	5.5	316
2014.07	2 129	1 656	14.5	-1.5	473
2014.08	2 085	1 586	9.4	-2.1	498
2014.09	2 137	1 827	15.1	7.2	310
2014.10	2 069	1 615	11.6	4.6	454
2014.11	2 117	1 572	4.7	-6.7	545
2014.12	2 275	1 779	9.5	-2.3	496
2015.01	2 003	1 402	-3.3	-20.0	600
2015.02	1 692	1 086	48.3	-20.8	606
2015.03	1 446	1 415	-15.0	-12.9	31

月度累计进出口总值及其增长率
Total accumulated monthly imports,exports, and growth rates

单位：亿美元
Unit: USD 100 million

年/月 Year/Month	累计出口总值 Accumulated total exports	累计进口总值 Accumulated total imports	累计出口同比增长率(%) Growth rate of accumulated exports (YOY) (%)	累计进口同比增长率(%) Growth rate of accumulated imports (YOY) (%)	累计贸易差额 Accumulated trade balance
2013.07	12 386	11 129	9.5	7.3	1 257
2013.08	14 292	12 751	9.2	7.3	1 541
2013.09	16 148	14 455	8.0	7.3	1 694
2013.10	18 000	15 998	7.8	7.3	2 002
2013.11	20 022	17 682	8.2	7.1	2 340
2013.12	22 096	19 504	7.8	7.3	2 592
2014.01	2 070	1 751	10.5	10.7	319
2014.02	3 211	3 119	-1.7	10.2	92
2014.03	4 911	4 740	-3.5	1.7	171
2014.04	6 796	6 439	-2.3	1.3	357
2014.05	8 753	8 034	-0.4	0.7	719
2014.06	10 621	9 585	0.9	1.4	1 036
2014.07	12 749	11 241	2.9	1.0	1 508
2014.08	14 833	12 826	3.8	0.6	2 007
2014.09	16 970	14 653	5.1	1.4	2 317
2014.10	19 035	16 254	5.7	1.6	2 782
2014.11	21 151	17 823	5.6	0.8	3 329
2014.12	23 426	19 600	6.0	0.5	3 826
2015.01	2 001	1 401	-3.3	-20.0	600
2015.02	3 693	2 487	15.0	-20.3	1 206
2015.03	5 138	3 902	4.6	-17.7	1 237

注：表中数据根据海关总署最新数据修订。
Note: Data are revised by General Administration of Customs of the People's Republic of China.

当月进出口总值及其增长率
Total monthly imports, exports, and growth rates

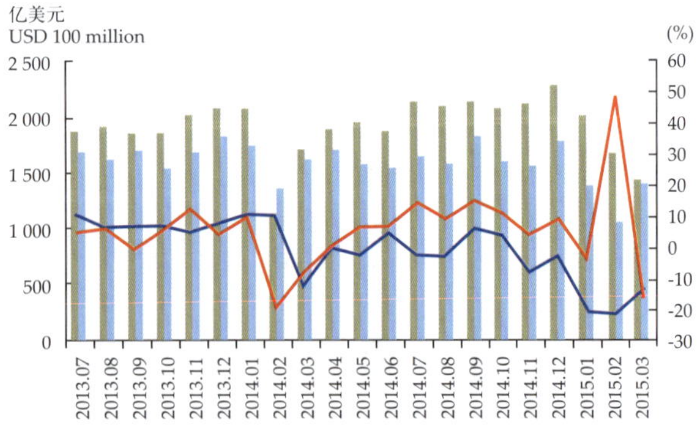

当月出口总值（左坐标） Total monthly exports (LHS)
当月进口总值（左坐标） Total monthly imports (LHS)
出口同比增长率（右坐标） YOY growth rate of exports (RHS)
进口同比增长率（右坐标） YOY growth rate of imports (RHS)

月度累计进出口总值及其增长率
Total accumulated monthly imports, exports, and growth rates

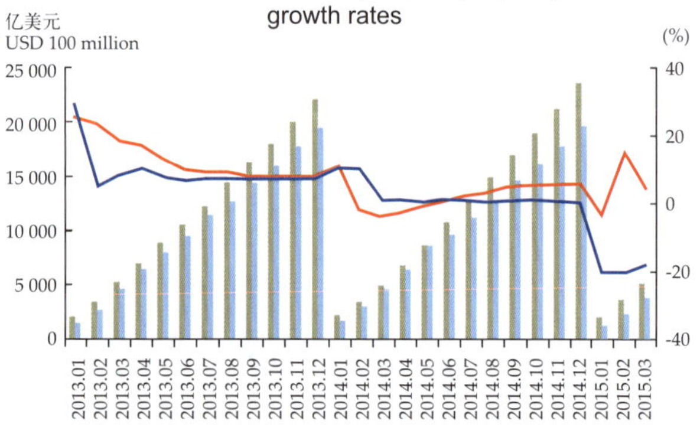

月度累计出口总值（左坐标） Accumulated total monthly exports (LHS)
月度累计进口总值（左坐标） Accumulated total monthly imports (LHS)
累计出口同比增长率（右坐标） YOY growth rate of accumulated exports (RHS)
累计进口同比增长率（右坐标） YOY growth rate of accumulated imports (RHS)

贸易差额月度变动趋势
Movement of monthly trade balance

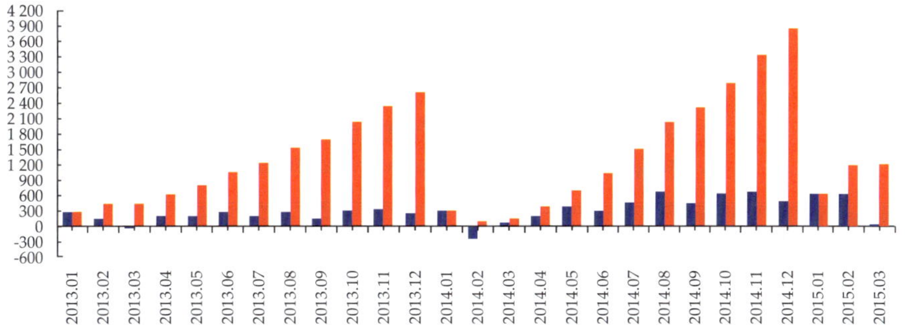

贸易差额构成
Composition of trade balance

单位：亿美元
Unit: USD 100 million

年 Year	贸易差额总计 Total trade balance	一般贸易 General trade	加工贸易 Processing trade	其他贸易 Other trade
1998	435	306	359	-230
1999	292	121	373	-202
2000	241	51	451	-261
2001	225	-16	535	-293
2002	304	71	577	-344
2003	255	-57	789	-477
2004	321	-46	1 063	-697
2005	1 020	354	1 425	-759
2006	1 775	831	1 889	-945
2007	2 643	1 098	2 491	-971
2008	2 981	899	2 968	-912
2009	1 957	-40	2 646	-646
2010	1 815	-473	3 229	-926
2011	1 549	-903	3 656	-1 200
2012	2 311	-338	3 816	-1 171
2013	2 592	-222	3 638	-819
2014	3 826	942	3 602	-718

注：“贸易差额总计”根据《海关统计》月报修订。
Note: "Total trade balance" are revised by *China Monthly Exports and Imports.*

月度累计贸易差额按企业性质分
Accumulated monthly trade balance by enterprise

单位：亿美元
Unit: USD 100 million

年/月 Year/Month	国有企业 State-owned enterprises	外资企业 Foreign-funded enterprises	其他企业 Other enterprises
2013.01	-206	160	338
2013.02	-386	297	530
2013.03	-617	433	615
2013.04	-842	558	894
2013.05	-1 038	673	1 174
2013.06	-1 220	823	1 477
2013.07	-1 446	923	1 781
2013.08	-1 631	1 064	2 111
2013.09	-1 817	1 180	2 349
2013.10	-2 032	1 346	2 690
2013.11	-2 252	1 553	3 040
2013.12	-2 500	1 694	3 403
2014.01	-247	157	409
2014.02	-486	169	407
2014.03	-713	284	596
2014.04	-966	383	935
2014.05	-1 148	540	1 322
2014.06	-1 314	646	1 697
2014.07	-1 494	802	2 196
2014.08	-1 668	948	2 726
2014.09	-1 864	1 036	3 145
2014.10	-2 022	1 213	3 583
2014.11	-2 163	1 474	4 013
2014.12	-2 346	1 648	4 533

贸易差额构成
Composition of trade balance

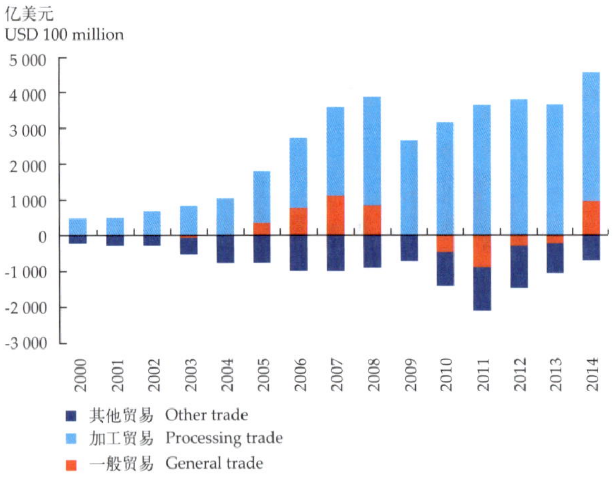

月度累计贸易差额按企业性质分
Accumulated monthly trade balance by enterprise

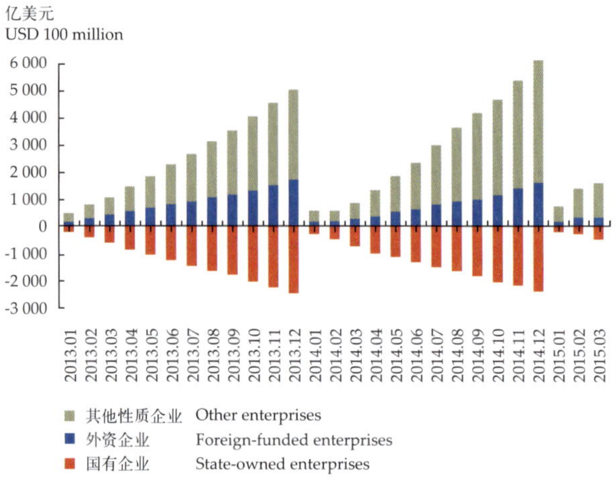

一般贸易累计进出口及其增长率
Accumulated imports and exports under general trade and growth rates

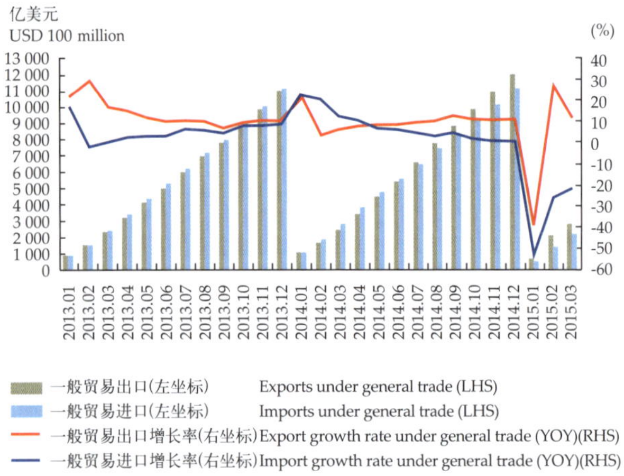

加工贸易累计进出口及其增长率
Accumulated imports and exports under processing trade and growth rates

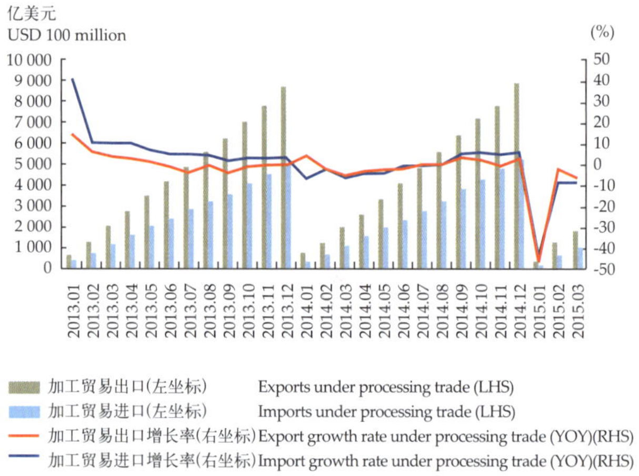

中国大陆对美国进出口及其增长趋势
Mainland China's imports from and exports to the U.S. and their growth

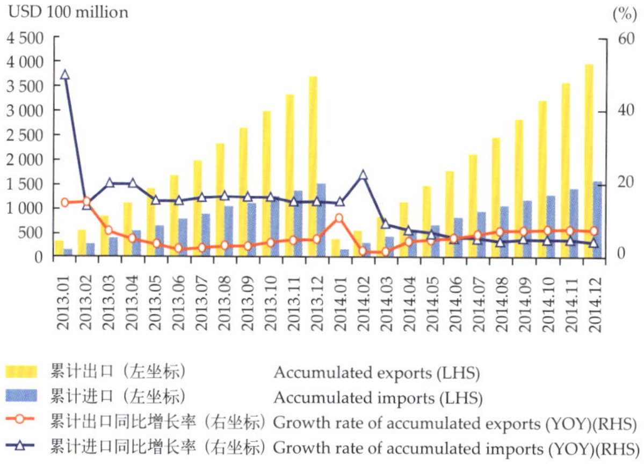

中国大陆对美国贸易总额和贸易差额
Mainland China's trade volume and trade balance with the U.S.

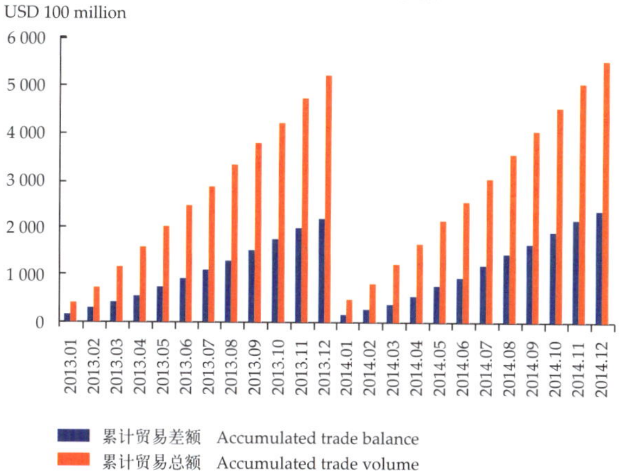

中国大陆对欧盟进出口及其增长趋势
Mainland China's imports from and exports to the EU and their growth

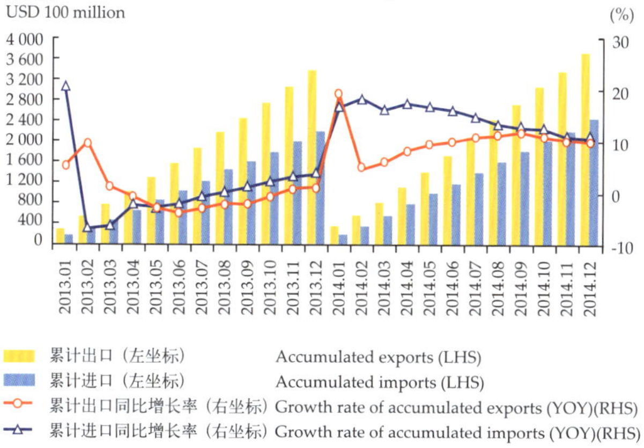

中国大陆对欧盟贸易总额和贸易差额
Mainland China's trade volume and trade balance with the EU

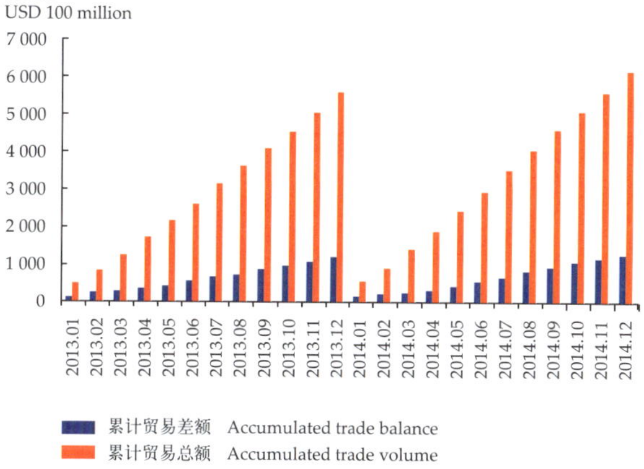

中国大陆对日本进出口及其增长趋势
Mainland China's imports from and exports to Japan and their growth

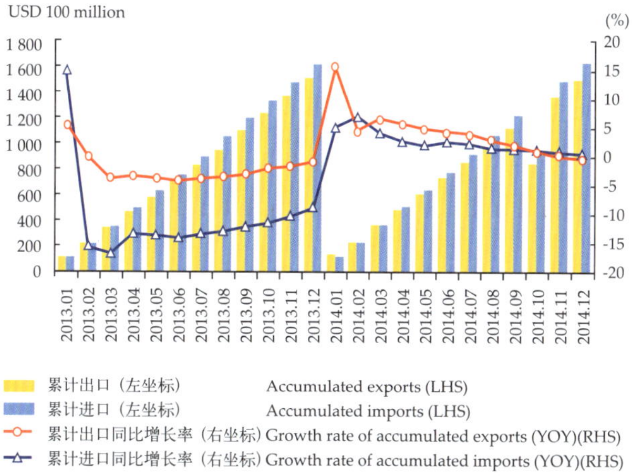

中国大陆对日本贸易总额和贸易差额
Mainland China's trade volume and trade balance with Japan

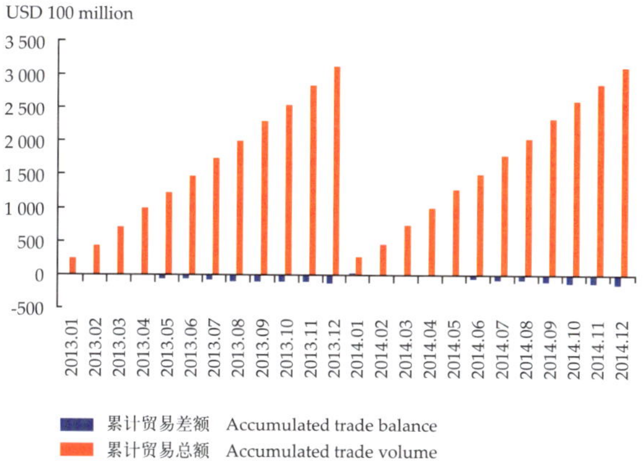

中国大陆对东盟进出口及其增长趋势
Mainland China's imports from and exports to ASEAN and their growth

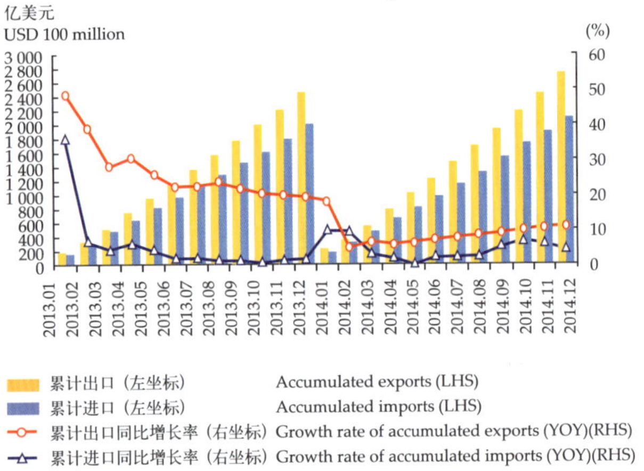

中国大陆对东盟贸易总额和贸易差额
Mainland China's trade volume and trade balance with ASEAN

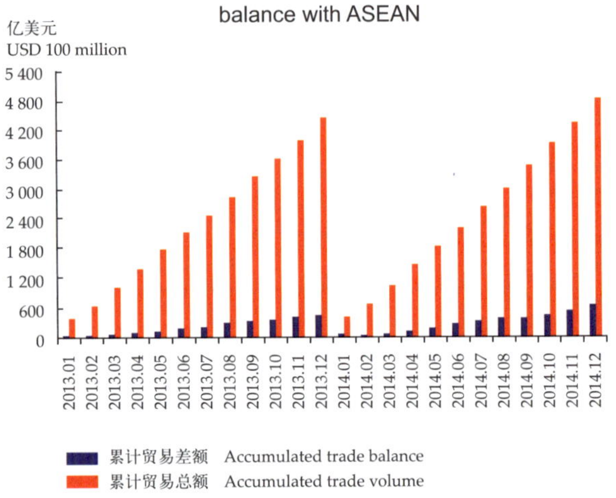

中国大陆对中国香港地区进出口及其增长趋势
Mainland China's imports from and exports to Hong Kong SAR of China and their growth

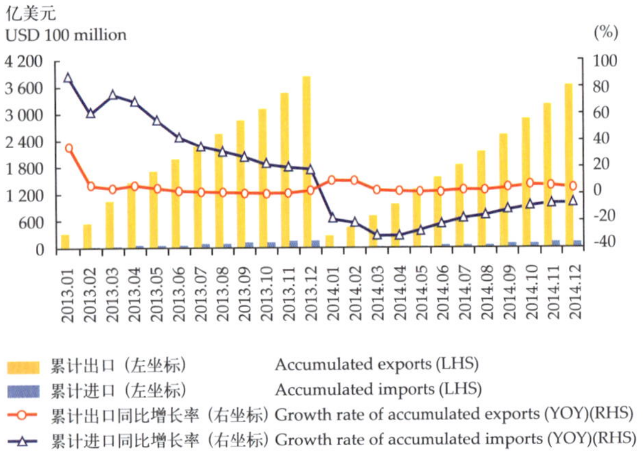

中国大陆对中国香港地区贸易总额和贸易差额
Mainland China's trade volume and trade balance with Hong Kong SAR of China

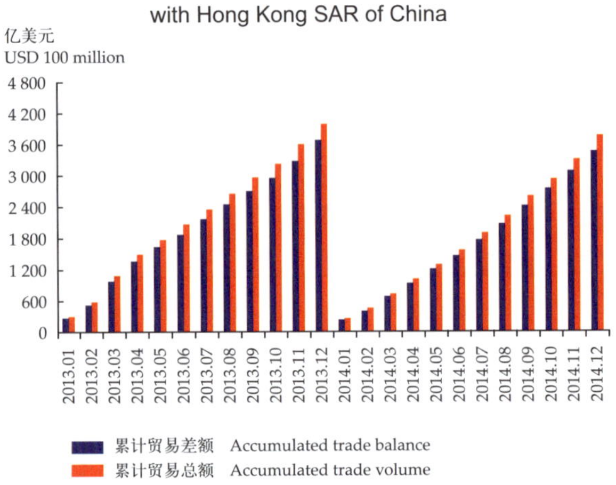

中国大陆对中国台湾地区进出口及其增长趋势
Mainland China's imports from and exports to China Taiwan and their growth

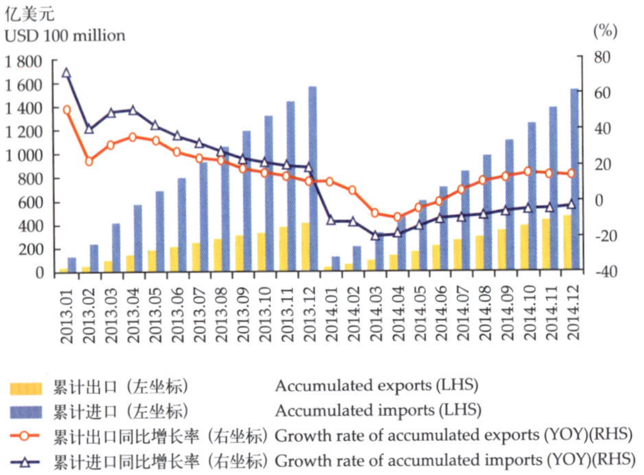

中国大陆对中国台湾地区贸易总额和贸易差额
Mainland China's trade volume and trade balance with China Taiwan

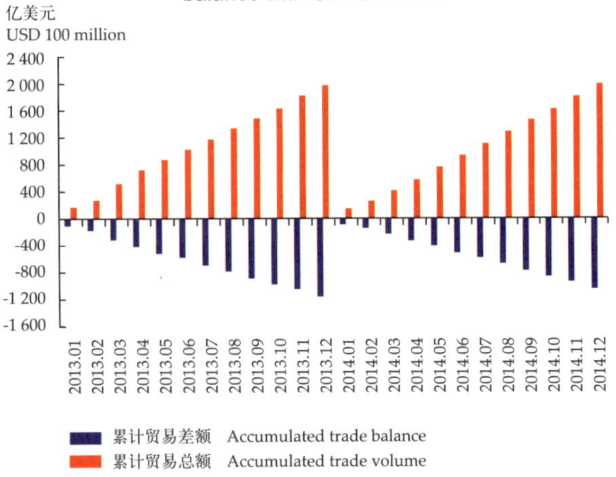

2.外资
(2) Foreign investment

据联合国贸易与发展会议2014年6月发布的《2014年世界投资报告》，中国以1 239亿美元流入量成为2013年全球发展中国家中第一大外国直接投资接受国，报告指出：2013年全球外国直接投资流入量为1.45万亿美元，较上年增长9%。

另据商务部统计，2014年，新批设立外商投资企业23 778家，实际使用外资金额1 195.6亿美元。

According to the UNCTAD's *World Investment Report 2014* published in June 2014, China became the world's No.1 recipient of foreign direct investment (FDI) among developing countries in 2013, with capital inflows of USD123.9 billion. It is pointed out in the report that global FDI inflows increased by 9% to USD1.45 trillion in 2013.

According to statistics of the Ministry of Commerce, in 2014, 23,778 foreign-invested enterprises were approved for incorporation in China, with actual utilized FDI reaching USD119.56 billion.

实际利用外商直接投资及其增长趋势
Actual utilized foreign direct investments and growth rates

单位：亿美元
Unit: USD 100 million

年 Year	绝对值 Absolute value	增长率(%) Growth rates (%)
1991	43.7	28.7
1992	110.1	152.1
1993	275.2	150.0
1994	337.7	22.7
1995	375.2	11.1
1996	417.3	11.2
1997	452.6	8.5
1998	454.6	0.5
1999	403.2	-11.3
2000	407.2	1.0
2001	468.5	14.9
2002	527.4	12.6
2003	535.1	1.4
2004	606.3	13.3
2005	603.3	-0.5
2006	630.2	4.5
2007	747.7	13.6
2008	924.0	23.6
2009	900.3	-2.6
2010	1 057.0	17.4
2011	1 160.1	9.7
2012	1 117.2	-3.7
2013	1 175.9	5.3
2014	1 195.6	1.7

实际利用外商直接投资及其增长率
Actual utilized foreign direct investments and growth rates

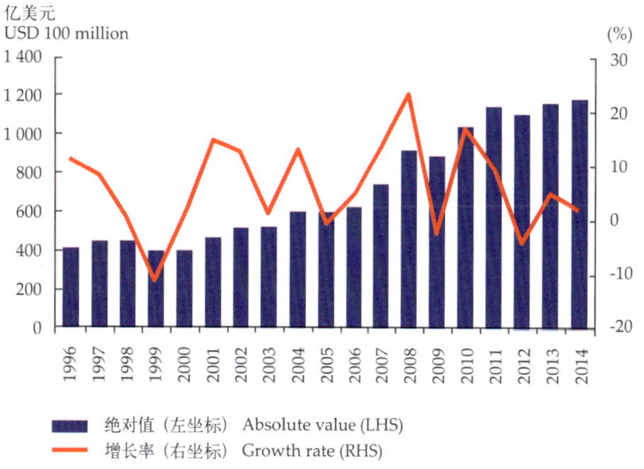

月度累计实际外商直接投资
Accumulated utilized FDI on a monthly basis

单位：亿美元
Unit: USD 100 million

年/月 Year/Month	实际外商直接投资累计金额 Accumulated utilized FDI	实际外商直接投资累计同比增长率(%) Growth rate of accumulated utilized FDI (%)
2013.01	93	-7.3
2013.02	175	-1.4
2013.03	299	1.4
2013.04	383	1.2
2013.05	476	1.0
2013.06	620	4.9
2013.07	714	7.0
2013.08	798	6.3
2013.09	886	6.2
2013.10	970	5.7
2013.11	1 055	5.4
2013.12	1 176	5.3
2014.01	108	16.1
2014.02	193	10.4
2014.03	315	5.5
2014.04	403	5.0
2014.05	489	2.8
2014.06	633	2.2
2014.07	711	-0.4
2014.08	783	-1.8
2014.09	874	-1.4
2014.10	959	-1.2
2014.11	1 062	0.7
2014.12	1 196	1.7
2015.01	139	29.4
2015.02	225	16.4
2015.03	349	10.6

月度累计实际外商直接投资
Accumulated utilized FDI on a monthly basis

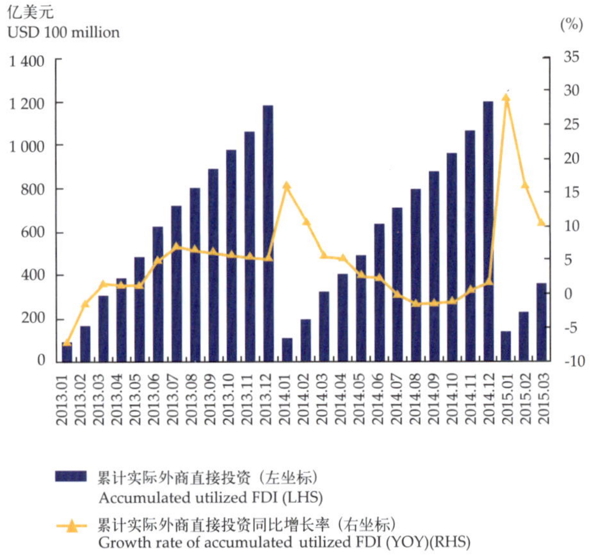

3.国际收支
(3) Balance of payments (BOP)

中国国际收支变化趋势
Movement of China's balance of payments

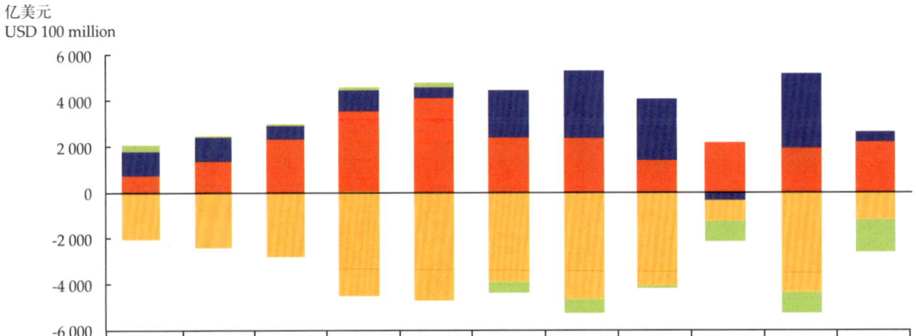

	2004	2005	2006	2007	2008	2009	2010	2011	2012	2013	2014
净误差与遗漏差额 Balance of errors and omissions (net)	270	155	37	133	188	-434	-530	-138	-870	-776	-1 401
储备资产差额 Balance of reserve assets	-2 064	-2 506	-2 848	-4 607	-4 795	-3 984	-4 717	-3 878	-966	-4 314	-1 178
资本和金融项目差额 Balance of capital and financial accounts	1 107	1 010	493	942	401	1 985	2 869	2 655	-318	3 262	328
经常项目差额 Balance of current account	687	1 341	2 318	3 532	4 206	2 433	2 378	1 361	2 154	1 828	2 197

注：1. 储备资产的增加用负值表示，储备资产的减少用正值表示。
2. 图中数据根据国家外汇管理局最新数据修订。

Notes: 1. The increase in the reserve assets is expressed in a negative figure and the decresae in the reserve assets is expressed in a positive figure.
2. Data are revised by State Administration of Foregn Exchange.

2014年国际收支平衡表简表
BOP sheet in 2014

单位：亿美元
Unit: USD 100 million

项 目	Items	差额 Balance	贷方 Credit	借方 Debit
一、经常项目	**Current account**	2 197	27 992	25 795
A．货物和服务	Goods and services	2 840	25 451	22 611
a.货物	Goods	4 760	23 541	18 782
b.服务	Services	-1 920	1 909	3 829
B．收益	Yields	-341	2 130	2 471
C．经常转移	Current transfers	-302	411	714
二、资本和金融项目	**Capital and financial accounts**	382	25 730	25 347
A．资本项目	Capital account	0	19	20
B．金融项目	Financial account	383	25 710	25 328
1.直接投资	Direct investment	2 087	4 352	2 266
1.1 我国在外直接投资	FDI outflow	-804	555	1 359
1.2 外国在华直接投资	FDI inflow	2 891	3 797	906
2.证券投资	Portfolio investment	824	1 664	840
2.1 资产	Assets	-108	293	401
2.2 负债	Liabilities	932	1 371	439
3.其他投资	Other investment	-2 528	19 694	22 222
三、储备资产	**Reserve assets**	-1 178	312	1 490
3.1 货币黄金	Monetary gold	0	0	0
3.2 特别提款权	SDRs	1	1	1
3.3 在国际货币基金组织的储备头寸	Reserve position in IMF	10	13	4
3.4 外汇	Foreign exchange	-1 188	298	1 486
3.5 其他债权	Other claims	0	0	0
四、净误差与遗漏	**Errors and omissions (net)**	-1 401	0	1 401

4.外汇储备
(4) Foreign exchange reserves

外汇储备及其增长率
Foreign exchange reserves and growth rates

单位：亿美元
Unit: USD 100 million

年/月 Year/Month	外汇储备 Foreign exchange reserves	同比增长(%) Growth rate (YOY)(%)
2013.07	35 478	9.5
2013.08	35 530	8.6
2013.09	36 627	11.5
2013.10	37 366	13.7
2013.11	37 895	14.9
2013.12	38 213	15.4
2014.01	38 666	13.4
2014.02	39 137	15.3
2014.03	39 481	14.7
2014.04	39 788	12.6
2014.05	39 839	13.3
2014.06	39 932	14.2
2014.07	39 663	11.8
2014.08	39 688	11.7
2014.09	38 877	6.1
2014.10	38 529	3.1
2014.11	38 474	1.5
2014.12	38 430	0.6
2015.01	38 185	-1.2
2015.02	38 015	-2.9
2015.03	37 300	-5.5

外汇储备及其增长率
Foreign exchange reserves and growth rates

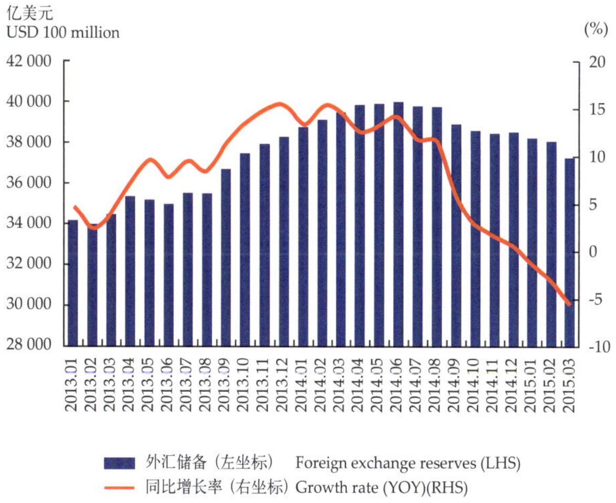

5.外债
(5) External debt

外债余额与外债债务率
Balance and ratio of external debt to foreign exchange income

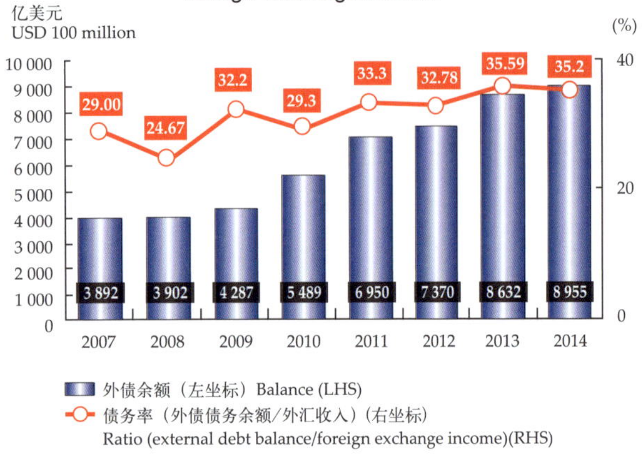

外债余额与外债负债率
Balance and ratio of external debt to GDP

注：图中数据根据国家外汇管理局最新数据修订。
Note: Data are revised by State Administration of Foreign Exchange.

2014年9月末外债数据
External debt balance at the end of September of 2014

单位：亿美元
Unit: USD 100 million

	登记外债 Registered external debt	中资金融机构 Chinese financial institutions	外商投资企业 Foreign investment enterprises	境内外资金融机构 Domestic foreign financial institutions	贸易信贷 Trade credit	合计 Total
外债余额 Debt balance	5 613.35	2 688.42	1 767.97	739.73	3 335.00	8 948.35
比重(%) Share (%)	100	47.89	31.50	13.18	—	—

注：2014年前三个季度，中国新借入中长期外债391.31亿美元，还本253.38亿美元，付息25.71亿美元。
Note: In the first three quarters of 2014, China borrowed medium and long-term external debts totaling USD39.131 billion, repaid principal in the amount of USD25.338 billion and interest in the amount of USD2.571 billion.

2014年年末外债结构
External debt structure at the end of 2014

短期外债余额占比为69.36 %
Balance of short-term external debt accounted for 69.36 percent

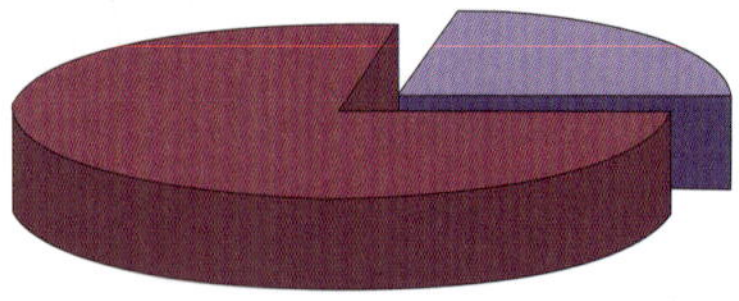

中长期外债余额占比为30.64%
Balance of medium and long-term external debt accounted for 30.64 percent

2014年年末，中国外债余额为8 955亿美元，其中，中长期外债余额为2 744亿美元，占外债余额的30.64%，短期外债余额为6 211亿美元，占外债余额的69.36%。
China's outstanding balance of external debt was USD895.5 billion at the end of 2014, among which USD274.4 billion or 30.64 percent was medium and long-term debt, and USD621.1 billion or 69.36 percent was short-term debt.

六、财政收支与债务
6. Fiscal Revenue, Expenditure and Debt

年度财政收入、财政支出及其增长趋势
Annual budgetary revenue, budgetary expenditure, and their growth

单位：亿元
Unit: RMB 100 million yuan

年 Year	财政收入 Budgetary revenue	财政支出 Budgetary expenditure	财政收入同比增长率(%) Growth rate of budgetary revenue (YOY) (%)	财政支出同比增长率(%) Growth rate of budgetary expenditure (YOY)(%)
1993	4 349	4 642	24.8	24.1
1994	5 218	5 793	20.0	24.8
1995	6 242	6 824	19.6	17.8
1996	7 408	7 938	18.7	16.3
1997	8 651	9 234	16.8	16.3
1998	9 876	10 798	14.2	16.9
1999	11 444	13 188	15.9	22.1
2000	13 395	15 887	17.0	20.5
2001	16 386	18 903	22.3	19.0
2002	18 904	22 053	15.4	16.7
2003	21 715	24 650	14.9	11.8
2004	26 396	28 487	21.6	15.6
2005	31 649	33 930	19.9	19.1
2006	38 760	40 423	22.5	19.1
2007	51 322	49 781	32.4	23.2
2008	61 330	62 593	19.5	25.4
2009	68 518	76 300	11.7	21.9
2010	83 080	89 575	21.3	17.4
2011	103 740	108 930	24.8	21.2
2012	117 210	125 712	12.8	15.1
2013	129 143	139 744	10.2	11.2
2014	140 350	151 662	8.6	8.2

注：表中数据根据财政部最新数据修订。
Note: Data are revised by Ministry of Finance People's Republic of China.

月度累计财政收支增长率与收支差额
Monthly growth rate and balance of accumulated fiscal revenue and expenditure

单位：亿元
Unit: RMB 100 million yuan

年/月 Year/Month	财政收入累计同比增长率(%) Growth rate of accumulated fiscal revenue(YOY)(%)	财政支出累计同比增长率(%) Growth rate of accumulated fiscal expenditure(YOY)(%)	累计财政收支总量差额 Balance of accumulated fiscal revenue and expenditure
2013.01	5.8	19.1	5 289
2013.02	7.2	15.7	6 321
2013.03	6.9	12.1	4 997
2013.04	6.7	13.6	7 120
2013.05	6.6	13.2	9 603
2013.06	7.5	10.8	8 877
2013.07	8.0	8.9	11 371
2013.08	8.1	8.6	10 351
2013.09	8.6	8.8	6 857
2013.10	9.4	10.0	8 486
2013.11	9.9	9.3	4 953
2013.12	10.2	11.2	-12 000
2014.01	13.0	21.3	5 281
2014.02	11.1	6.0	7 856
2014.03	9.3	12.6	4 593
2014.04	9.3	9.6	7 665
2014.05	8.8	12.9	8 545
2014.06	8.8	15.8	5 484
2014.07	8.5	15.0	7 889
2014.08	8.3	13.9	6 795
2014.09	8.1	13.2	2 722
2014.10	8.2	11.3	6 093
2014.11	8.3	10.1	3 287
2014.12	8.6	8.2	-13 500
2015.01	5.0	-19.9	8 067
2015.02	3.2	10.5	6 851
2015.03	3.9	7.8	3 592

注：表中数据根据财政部最新数据修订。
Note: Data are revised by Ministry of Finance People's Republic of China.

年度财政收入、财政支出及其增长趋势
Annual budgetary revenue, budgetary expenditure, and their growth

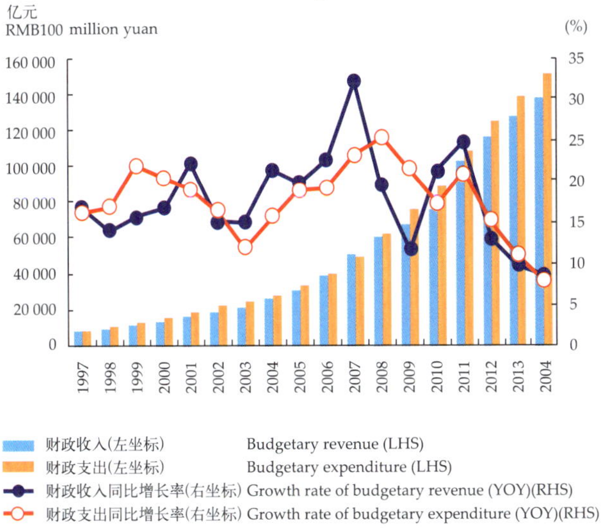

月度累计财政收支增长率与收支差额
Monthly growth rate and balance of accumulated fiscal revenue and expenditure

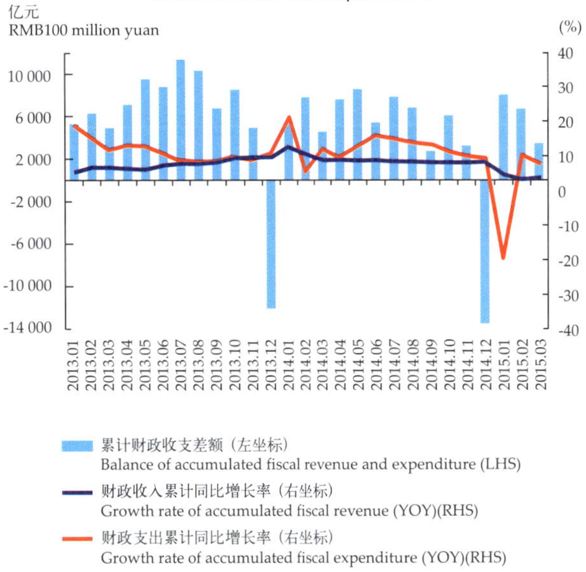

中央财政收支在全部财政收支中所占的比重
Ratio of revenues and expenditures of the central government to total fiscal revenues and expenditures

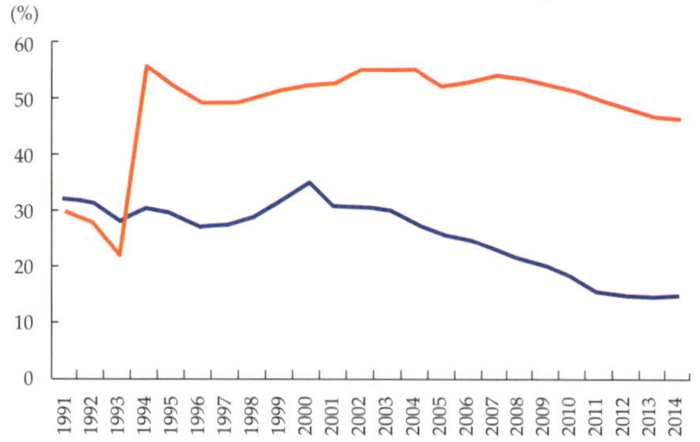

中央财政收入占全部财政收入的百分比
Revenues of central government as a percentage of total fiscal revenues
中央财政支出占全部财政支出的百分比
Expenditures of central government as a percentage of total fiscal expenditures

财政风险
Fiscal risks

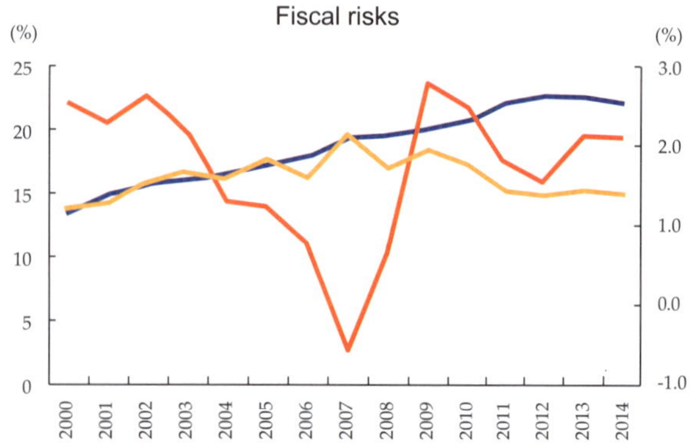

财政赤字/GDP（右坐标）
Fiscal deficit to GDP ratio (RHS)
财政收入/GDP（左坐标）
Fiscal revenue to GDP ratio (LHS)
国债余额/GDP（左坐标）
Outstanding government debt to GDP ratio (LHS)

2015年主要预算指标：

2015年，中央财政预算收入为69 230亿元，比2014年执行数（下同）增长7%。从中央预算稳定调节基金中调入1 000亿元，合计收入总量为70 230亿元。中央一般公共预算支出81 430亿元，增长9.5%。中央财政收支总量相抵，赤字为11 200亿元，比上年预算数增加1 700亿元。中央财政国债余额限额为111 908.35亿元。

汇总中央预算和地方预算安排，2014年全国一般公共预算收入154 300亿元，增长7.3%。加上从中央预算稳定调节基金调入1 000亿元，可安排的收入总量为155 300亿元。全国一般公共预算支出171 500亿元，增长10.6%。赤字16 200亿元，比2014年增加2 700亿元。

Budgetary targets for 2015:

In 2015 Revenue in the central budget will reach RMB6.923 trillion yuan, 7% over the figure for 2014 (here and below). The central budget stabilization fund will contribute RMB100 billion yuan, bringing total revenue to RMB7.023 trillion yuan. Expenditures in the central budget will reach RMB8.143 trillion yuan, an increase of 9.5%. Expenditures in the central budget will exceed revenue, resulting in a deficit of RMB1.12 trillion yuan, an increase of RMB170 billion yuan than previous year's budget. The limit for the outstanding balance of government bonds issued by the central government will be RMB11.190835 trillion yuan.

Total combined revenue of central and local governments is budgeted at RMB15.43 trillion yuan, an increase of 7.3%. Adding RMB100 billion yuan from the central budget stabilization fund, total national revenue is projected to reach RMB15. 53 trillion yuan. Total national expenditures are budgeted at RMB17.15 trillion yuan, up 10.6%. Total expenditures will exceed total revenue by RMB1.62 trillion yuan, an increase of RMB270 billion yuan than previous year's budget.

七、货币银行
7. Money and Banking

1.货币供应量
(1) Money supply

年度M0、M1、M2及其变化趋势
Annual M0, M1 and M2 and their changes

单位：万亿元 Unit: RMB trillion yuan

年 Year	M0	M1	M2	M0同比增长率(%) Growth rate of M0 (YOY)(%)	M1同比增长率(%) Growth rate of M1 (YOY)(%)	M2同比增长率(%) Growth rate of M2 (YOY)(%)
1999	1.4	4.6	12.0	20.1	17.7	14.7
2000	1.5	5.3	13.5	8.9	16.0	12.3
2001	1.6	6.0	15.8	7.1	12.7	14.4
2002	1.7	7.1	18.5	10.1	16.8	16.8
2003	2.0	8.4	22.1	14.3	18.7	19.6
2004	2.2	9.6	25.4	8.7	13.6	14.7
2005	2.4	10.7	29.9	11.9	11.8	17.6
2006	2.7	12.6	34.6	12.7	17.5	16.9
2007	3.0	15.3	40.3	12.1	21.0	16.7
2008	3.4	16.6	47.5	12.7	9.1	17.8
2009	3.8	22.0	60.6	11.8	32.4	27.7
2010	4.5	26.7	72.6	16.7	21.2	19.7
2011	5.1	29.0	85.2	13.8	7.9	13.6
2012	5.5	30.9	97.4	7.7	6.5	13.8
2013	5.9	33.7	110.7	7.1	9.3	13.6
2014	6.0	34.8	122.8	2.9	3.2	12.2

月度M0、M1、M2及其变化趋势
Monthly M0, M1 and M2 and their changes

单位：万亿元 Unit: RMB trillion yuan

年/月 Year/Month	M0	M1	M2	M0同比增长率(%) Growth rate of M0 (YOY)(%)	M1同比增长率(%) Growth rate of M1 (YOY)(%)	M2同比增长率(%) Growth rate of M2 (YOY)(%)
2013.01	6.2	31.1	99.2	4.4	15.3	15.9
2013.02	6.0	29.6	99.9	17.2	9.5	15.2
2013.03	5.5	31.1	103.6	12.4	11.9	15.7
2013.04	5.6	30.8	103.3	10.8	11.9	16.1
2013.05	5.4	31.0	104.2	10.8	11.3	15.8
2013.06	5.4	31.4	105.4	9.9	9.1	14.0
2013.07	5.4	31.1	105.2	9.5	9.7	14.5
2013.08	5.5	31.4	106.1	9.3	9.9	14.7
2013.09	5.6	31.2	107.7	5.7	8.9	14.2
2013.10	5.6	32.0	107.0	8.0	8.9	14.3
2013.11	5.6	32.5	107.9	7.7	9.4	14.2
2013.12	5.9	33.7	110.7	7.1	9.3	13.6
2014.01	7.6	31.5	112.4	22.5	1.2	13.2
2014.02	6.2	31.7	113.2	3.3	6.9	13.3
2014.03	5.8	32.8	116.1	5.2	5.4	12.1
2014.04	5.9	32.4	116.9	5.4	5.5	13.2
2014.05	5.8	32.8	118.2	6.7	5.7	13.4
2014.06	5.7	34.1	121.0	5.3	8.9	14.7
2014.07	5.7	33.1	119.4	5.4	6.7	13.5
2014.08	5.8	33.2	119.7	5.6	5.7	12.8
2014.09	5.9	32.7	120.2	4.2	4.8	12.9
2014.10	5.8	33.0	119.9	3.8	3.2	12.6
2014.11	5.8	33.5	120.9	3.5	3.2	12.3
2014.12	6.0	34.8	122.8	2.9	3.2	12.2
2015.01	6.3	34.8	124.3	-17.6	10.6	10.8
2015.02	7.3	33.4	125.7	17.0	5.6	12.5
2015.03	6.2	33.7	127.5	6.2	2.9	11.6

货币供应量与货币流动性
Money supply and monetary liquidity

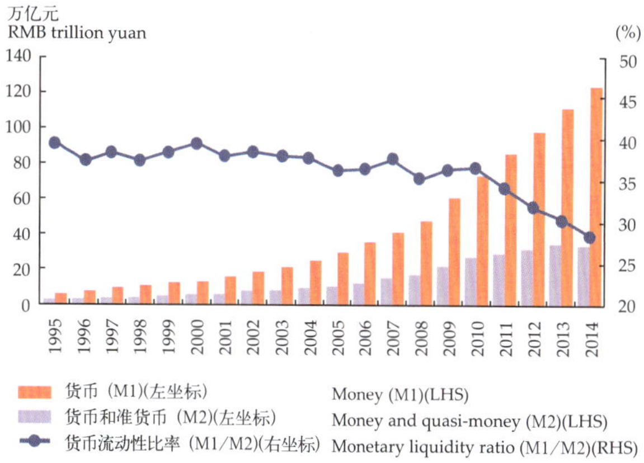

年度M0、M1、M2及其变化趋势
Annual M0, M1 and M2 and their changes

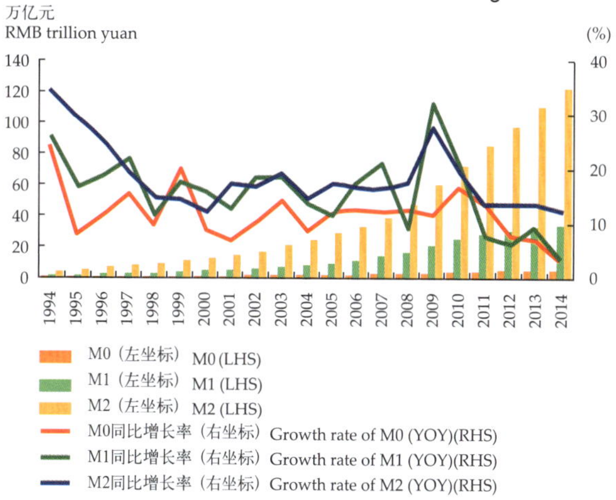

月度M0、M1、M2及其变化趋势
Monthly M0, M1 and M2 and their changes

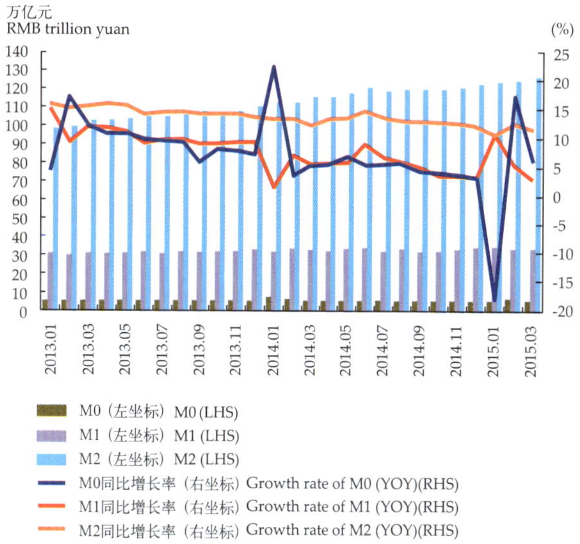

货币供应量构成
Composition of money supply

单位：亿元
Unit: RMB 100 million yuan

年/月 Year/Month	货币和准货币 Money & quasi-money M2	货币 Money M1	流通中货币 Currency in circulation M0	单位活期存款 Coporate demand deposits	准货币 Quasi-money	单位定期存款 Coporate time deposits	个人存款 Personal deposits	其他存款 Other deposits
2013.01	992 129	311 229	62 450	248 779	680 901	202 559	419 143	59 198
2013.02	998 601	296 103	60 314	235 790	702 498	204 965	436 912	60 621
2013.03	1 035 858	310 898	55 461	255 438	724 960	215 733	449 007	60 220
2013.04	1 032 552	307 648	55 607	252 041	724 903	223 900	439 471	61 532
2013.05	1 042 169	310 204	54 431	255 773	731 965	227 155	442 270	62 539
2013.06	1 054 404	313 500	54 064	259 436	740 904	228 029	453 411	59 464
2013.07	1 052 212	310 596	54 413	256 184	741 616	226 039	449 302	66 275
2013.08	1 061 256	314 086	54 925	259 161	747 171	229 496	450 214	67 461
2013.09	1 077 379	312 330	56 493	255 838	765 049	239 080	461 958	64 010
2013.10	1 070 242	319 509	55 596	263 914	750 733	230 221	452 907	67 605
2013.11	1 079 257	324 822	56 441	268 381	754 435	230 550	453 819	70 067
2013.12	1 106 525	337 291	58 574	278 717	769 234	232 697	467 031	69 506
2014.01	1 123 521	314 901	76 489	238 412	808 621	244 132	484 967	79 522
2014.02	1 131 761	316 625	62 321	254 304	815 136	242 009	486 056	87 071
2014.03	1 160 687	327 684	58 329	269 354	833 004	250 779	500 399	81 825
2014.04	1 168 813	324 483	58 616	265 867	844 330	256 490	487 912	99 928
2014.05	1 182 294	327 840	58 051	269 788	854 454	261 048	489 486	103 921
2014.06	1 209 587	341 487	56 951	284 536	868 100	265 644	508 025	94 431
2014.07	1 194 249	331 347	57 347	274 001	862 902	262 743	496 940	103 219
2014.08	1 197 499	332 023	57 998	274 026	865 476	264 734	494 763	105 979
2014.09	1 202 051	327 220	58 845	268 375	874 831	272 197	504 262	98 372
2014.10	1 199 236	329 618	57 692	271 926	869 619	264 805	498 744	106 070
2014.11	1 208 606	335 114	58 439	276 676	873 492	265 229	499 340	108 923
2014.12	1 228 375	348 056	60 260	287 797	880 318	264 056	508 878	107 385
2015.01	1 242 710	348 106	63 041	285 066	894 603	271 426	513 091	110 087
2015.02	1 257 384	334 439	72 896	261 543	922 945	273 553	538 482	110 911
2015.03	1 275 333	337 211	61 950	275 261	938 122	275 189	544 694	118 239

广义货币供应量M2变动
Changes in the composition of broad money M2

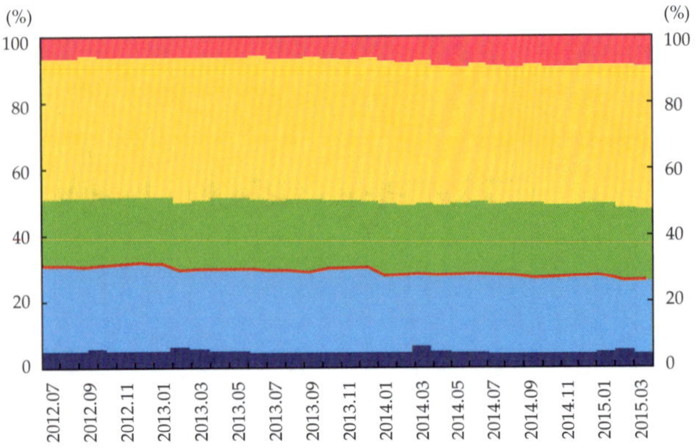

2015年3月末货币供应量构成
Composition of money supply at the end of March, 2015

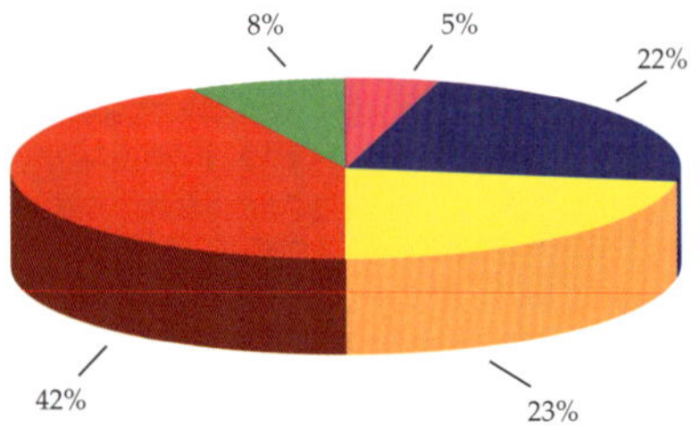

存款性公司概览
Depository corporations survey

单位：万亿元
Unit: RMB trillion yuan

年/月 Year/Month	国外净资产 Net foreign assets	国内信贷 Domestic credit	对政府债权(净) Claims on government (net)	对非金融部门债权 Claims on non-financial sectors	对其他金融部门债权 Claims on other financial sectors	其他 Others	货币和准货币 Money & quasi-money M2
2013.01	26.49	81.43	4.75	70.76	5.93	-8.71	99.21
2013.02	26.69	82.00	4.67	71.54	5.79	-8.83	99.86
2013.03	26.95	84.64	4.86	72.95	6.84	-8.01	103.59
2013.04	27.18	84.53	4.48	73.95	6.10	-8.46	103.26
2013.05	27.22	85.12	4.13	74.60	6.39	-8.13	104.22
2013.06	27.27	86.80	4.16	75.38	7.26	-8.63	105.44
2013.07	27.17	86.98	3.80	76.19	6.99	-8.93	105.22
2013.08	27.20	87.90	3.85	76.92	7.13	-8.97	106.13
2013.09	27.27	89.92	4.16	78.04	7.72	-9.46	107.74
2013.10	27.67	89.61	3.59	78.58	7.44	-10.26	107.02
2013.11	27.97	90.33	3.53	79.02	7.77	-10.37	107.93
2013.12	28.10	92.70	4.90	79.65	8.15	-10.15	110.65
2014.01	28.31	94.12	4.92	81.06	8.13	-10.08	112.35
2014.02	28.36	94.80	4.52	81.77	8.51	-9.98	113.18
2014.03	28.40	97.23	4.84	83.11	9.28	-9.57	116.07
2014.04	28.56	97.95	4.33	83.80	9.82	-9.62	116.88
2014.05	28.75	99.12	4.32	84.65	10.16	-9.64	118.23
2014.06	28.90	101.69	4.67	85.82	11.20	-9.63	120.96
2014.07	28.87	100.81	4.29	86.16	10.36	-10.25	119.42
2014.08	28.87	101.95	4.34	86.89	10.72	-11.07	119.75
2014.09	28.89	103.29	4.71	87.84	10.74	-11.97	120.21
2014.10	28.94	103.26	4.04	88.38	10.84	-12.27	119.92
2014.11	28.95	104.59	4.03	89.34	11.22	-12.68	120.86
2014.12	28.84	107.70	5.50	90.25	11.94	-13.70	122.84
2015.01	29.11	109.36	4.82	91.90	12.64	-14.20	124.27
2015.02	29.36	111.24	5.34	93.16	12.74	-14.86	125.74
2015.03	29.46	113.66	5.62	94.33	13.70	-15.59	127.53

国外净资产及国内信贷对广义货币的影响
The impact of net foreign assets and domestic credit on broad money M2

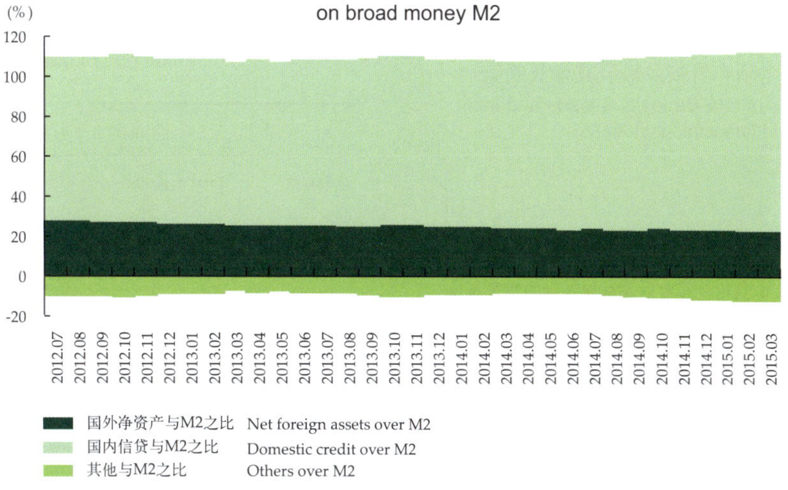

2.存贷款

(2) Deposits and loans

金融机构人民币各项存贷款余额及其增长趋势
Outstanding amounts of total deposits & loans and their growth in financial institutions

单位：万亿元
Unit: RMB trillion yuan

年/月 Year/Month	各项存款 Total deposits	各项贷款 Total loans	各项存款同比增长率(%) Growth rate of deposits (YOY)(%)	各项贷款同比增长率(%) Growth rate of loans (YOY)(%)
2013.01	92.9	64.1	16.0	15.4
2013.02	93.7	64.7	14.6	15.0
2013.03	97.9	65.8	15.6	14.9
2013.04	97.8	66.6	16.2	14.9
2013.05	99.3	67.2	16.2	14.5
2013.06	100.9	68.1	14.3	14.2
2013.07	100.7	68.8	14.6	14.3
2013.08	101.5	69.5	14.9	14.1
2013.09	103.1	70.3	14.6	14.3
2013.10	102.7	70.8	14.5	14.2
2013.11	103.2	71.4	14.5	14.2
2013.12	104.4	71.9	13.8	14.1
2014.01	103.4	73.2	11.3	14.3
2014.02	105.4	73.9	12.5	14.2
2014.03	109.1	74.9	11.4	13.9
2014.04	108.4	75.7	10.9	13.7
2014.05	109.8	76.6	10.6	13.9
2014.06	113.6	77.6	12.6	14.0
2014.07	111.6	78.0	10.9	13.4
2014.08	111.7	78.7	10.1	13.3
2014.09	112.7	79.6	9.3	13.2
2014.10	112.5	80.1	9.5	13.2
2014.11	113.1	81.0	9.6	13.4
2014.12	113.9	81.7	9.1	13.6
2015.01	122.4	83.7	13.7	13.9
2015.02	122.3	84.7	10.9	14.3
2015.03	124.9	85.9	10.1	14.0

注：自2015年起，"各项存款"含非银行业金融机构存放款项，"各项贷款"含拆放给非银行业金融机构的款项。
Note: Beginning in 2015, Total deposits include deposits of non-banking financial institutions, and Total loans include loans to non-banking financial institutions.

金融机构人民币各项存贷款余额及其增长趋势
Outstanding amounts of total deposits & loans and their growth in financial institutions

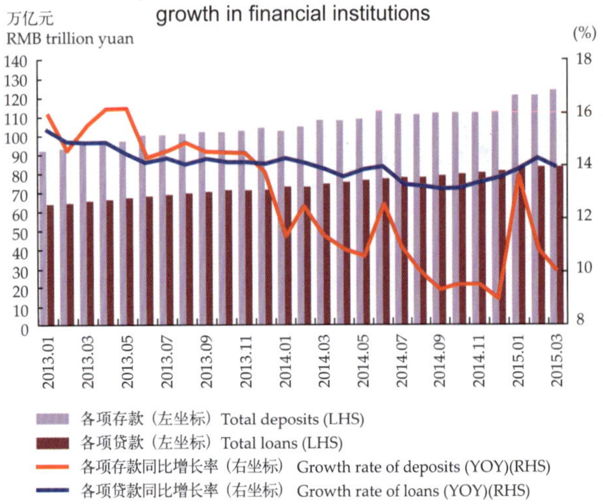

金融机构当年累计新增人民币存款
Accumulated new RMB deposits in financial institutions

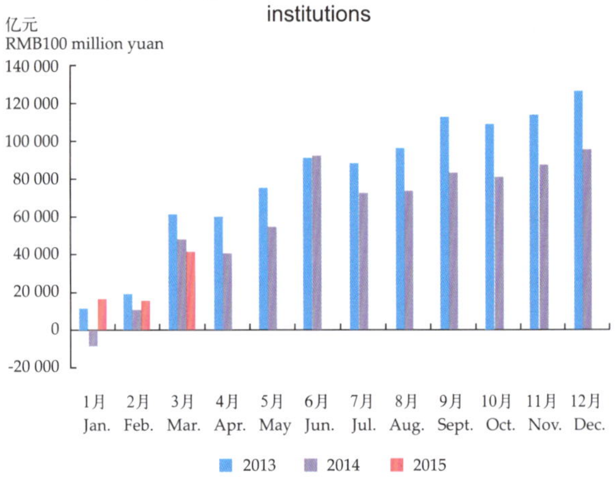

金融机构当月新增人民币存款
New RMB deposits in financial institutions by month

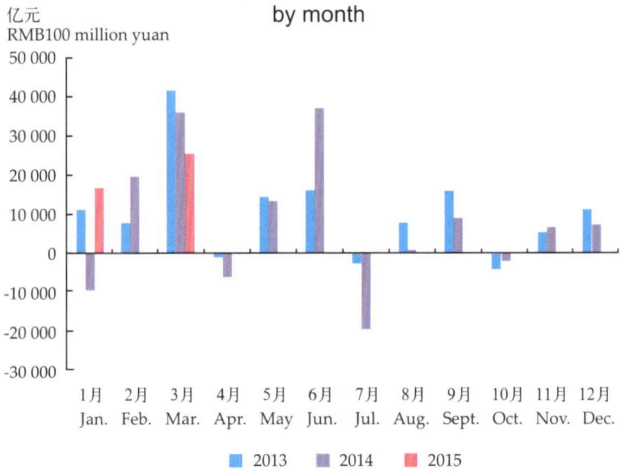

2015年3月末人民币存款余额
Outstanding amounts of RMB deposits at the end of March, 2015

单位：亿元
Unit: RMB 100 million yuan

	余额 Outstanding amount
各项存款 Total deposits	**1 248 866**
境内存款 Domestic Deposits	1 232 919
住户存款 Deposits of households	538 399
非金融企业存款 Deposits of non-financial Enterprises	373 435
政府存款 Deposits of government	224 339
非银行业金融机构存款 Deposits of non-banking financial institutions	96 746
境外存款 Overseas Deposits	15 947

住户存款和非金融企业存款余额
Outstanding amounts of household deposits and non-financial corporate deposits

单位：亿元
Unit: RMB 100 million yuan

年/月 Year/Month	住户存款 Deposits of households	活期及临时性存款 Demand & temporary deposits	定期及保证性存款 Time & marginal deposits	非金融企业存款 Deposits of non-financial enterprises	活期及临时性存款 Demand & temporary deposits	定期及保证性存款 Time & marginal deposits
2013.01	413 958	162 592	251 366	327 904	135 453	192 452
2013.02	431 656	167 187	264 469	318 498	127 440	191 059
2013.03	443 408	173 557	269 851	342 606	137 114	205 492
2013.04	434 067	163 516	270 551	345 752	134 317	211 435
2013.05	436 833	164 319	272 514	349 577	135 071	214 507
2013.06	447 772	169 141	278 632	349 741	135 326	214 415
2013.07	443 837	165 060	278 777	343 816	133 247	210 569
2013.08	444 717	166 378	278 338	347 263	133 646	213 618
2013.09	456 348	171 760	284 589	350 387	131 108	219 279
2013.10	447 381	167 439	279 942	348 348	136 096	212 253
2013.11	448 321	168 230	280 091	352 225	138 403	213 822
2013.12	461 370	178 050	283 320	361 555	145 522	216 033
2014.01	479 173	185 000	294 172	334 200	118 928	215 272
2014.02	480 063	180 468	299 595	343 941	127 359	216 582
2014.03	494 023	189 049	304 974	361 794	134 252	227 542
2014.04	481 741	176 334	305 407	363 513	132 714	230 799
2014.05	483 432	175 586	307 846	368 957	134 154	234 803
2014.06	501 628	187 221	314 407	383 718	141 437	242 281
2014.07	490 837	176 633	314 204	370 175	133 879	236 296
2014.08	488 533	174 560	313 973	370 516	132 896	237 621
2014.09	497 860	179 302	318 557	369 510	129 492	240 019
2014.10	492 465	175 642	316 823	365 028	130 470	234 558
2014.11	493 114	174 947	318 167	369 380	133 980	235 400
2014.12	502 504	182 705	319 799	378 334	143 311	235 023
2015.01	506 890	181 577	325 314	380 697	140 356	240 340
2015.02	532 341	192 473	339 868	363 335	126 935	236 400
2015.03	538 399	189 934	348 465	373 435	132 701	240 734

住户存款和非金融企业存款余额
Outstanding amounts of household deposits and non-financial enterprises deposits

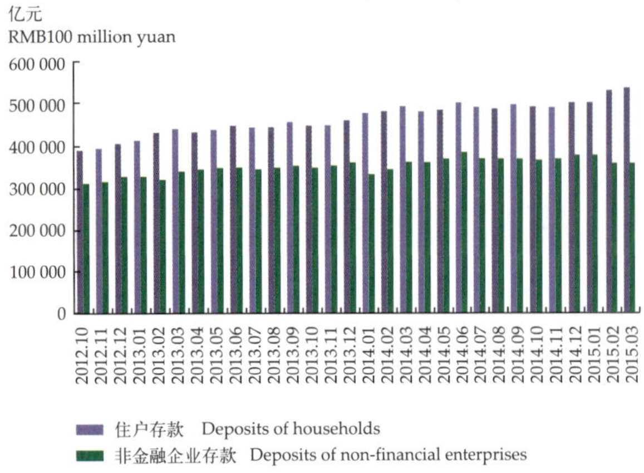

住户存款构成
Composition of households deposits

非金融企业存款构成
Composition of non-financial enterprise deposits

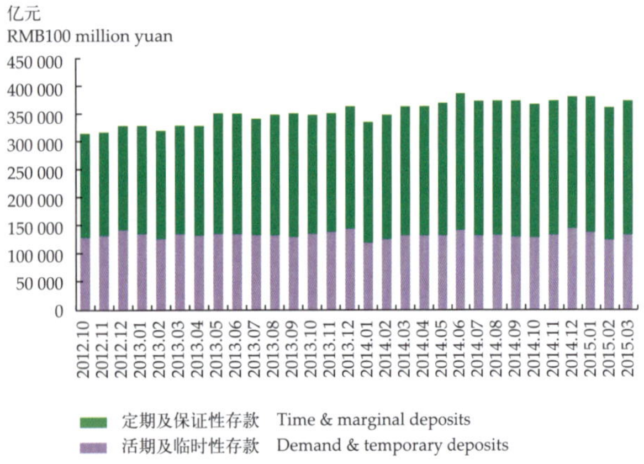

2015年3月末人民币存款余额
Outstanding amounts of RMB deposits at the end of March, 2015

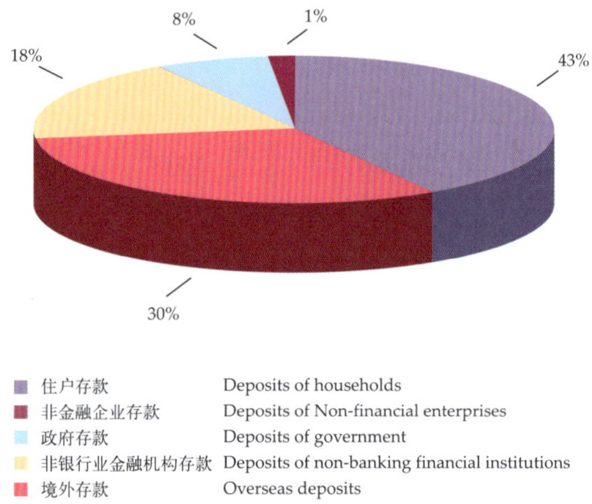

2015年3月末人民币贷款余额
RMB loans issued by the end of March 2015 by sectors

单位：亿元
Unit: RMB 100 million yuan

	余额 Outstanding amounts	比年初增加 Increase over the beginning of the year
各项贷款 Total loans	**859 069**	**36 768**
境内贷款 Domestic loans	856 785	36 665
住户贷款 Loans to households	240 384	8 892
短期贷款 Consumer loans	82 871	2 064
中长期贷款 Business loans	157 513	6 828
非金融性企业及机关团体贷款 Loans to non-financial enterprises and government departments & organizations	610 996	27 140
短期贷款及票据融资 Short-term loans and paper financing	274 663	11 186
中长期贷款 Mid & long-term loans	323 587	14 812
其他贷款 Other loans	12 746	1 143
非银行业金融机构贷款 Loans to non-banking financial institutions	5 404	632
境外贷款 Overseas loans	2 284	103

金融机构当年累计新增人民币贷款
Accumulated new RMB loans in financial institutions

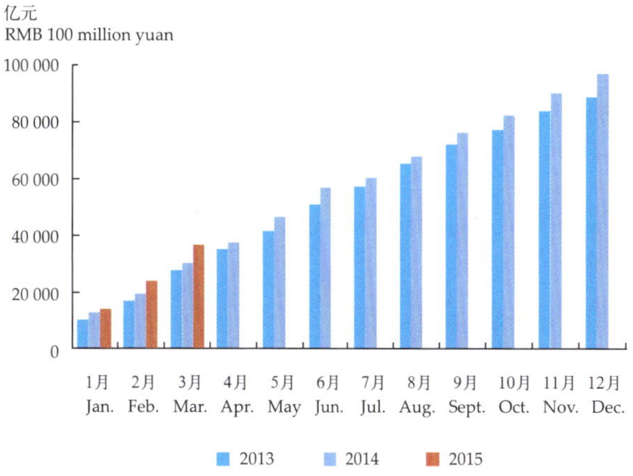

金融机构当月新增人民币贷款
New RMB loans in financial institutions by month

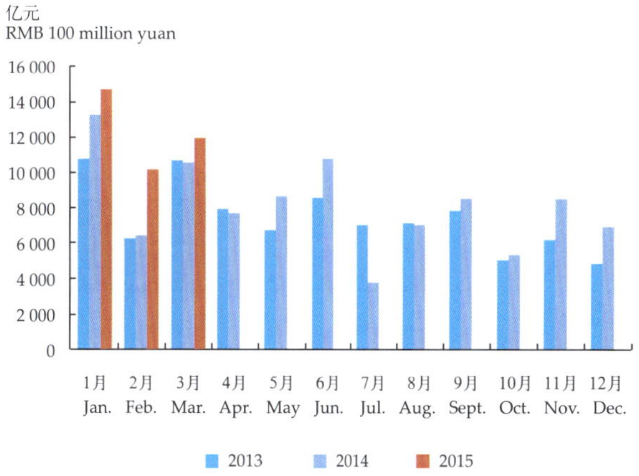

当年累计新增住户贷款
Accumulated new loans to households

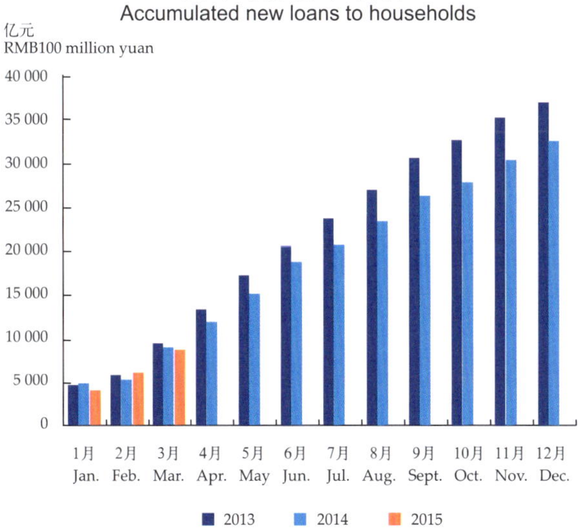

当月新增住户贷款
New loans to households by month

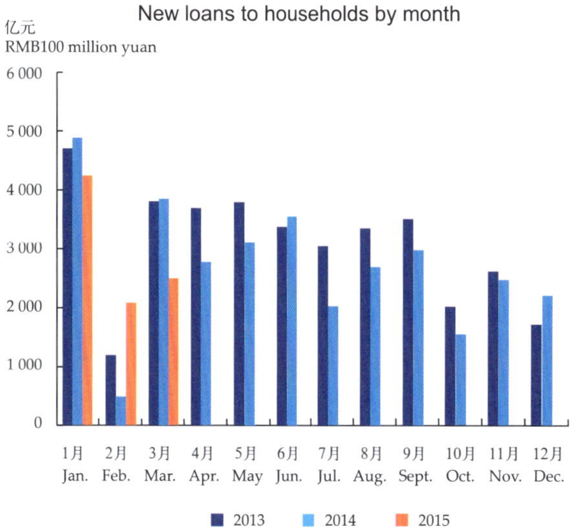

当年累计新增非金融企业及其他部门贷款
Accumulated new loans to non-financial insititutions and other sectors

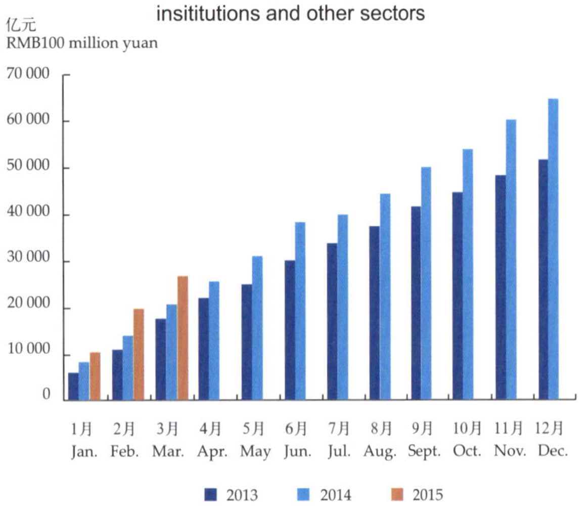

当月新增非金融企业及其他部门贷款
New loans to non-financial institutions and other sectors by month

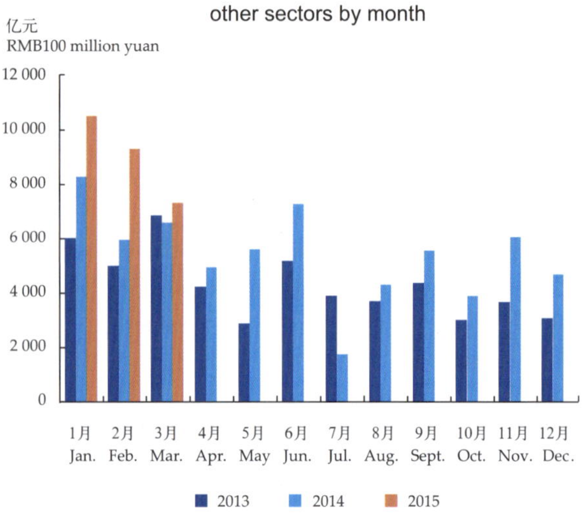

2015年3月末个人消费贷款构成
Composition of consumer loans at the end of March, 2015

单位：亿元
Unit: RMB 100 million yuan

	余额 Outstanding amounts	同比增长率(%) Growth rate (YOY)(%)	比年初增加 Increase over the beginning of the year	比上年同期 Change compared with the same period of last year
个人消费贷款 Consumer loans	**160 567**	**18.5**	**6 917**	**1 160**
个人住房贷款 Individual housing mortgage loans	110 938	17.9	5 353	852
个人汽车消费贷款 Individual auto loans	4 484	26.1	253	59
助学贷款 Student loans	599	10.7	- 14	- 2
其他贷款 Other loans	44 546	19.5	1 325	250

2015年3月末个人消费贷款构成
Composition of consumer loans at the end of March, 2015

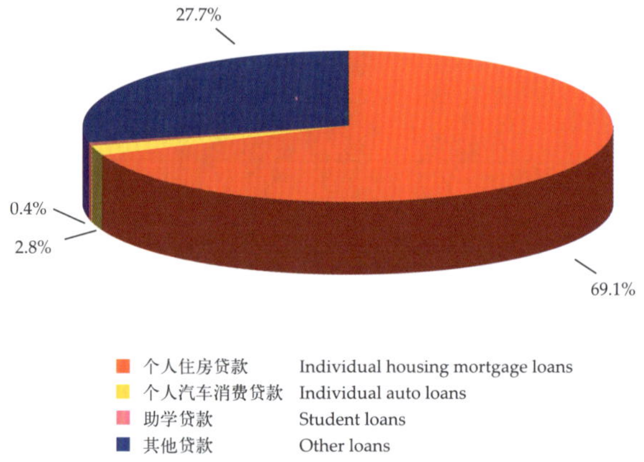

当年累计新增个人消费贷款
Accumulated new consumer loans

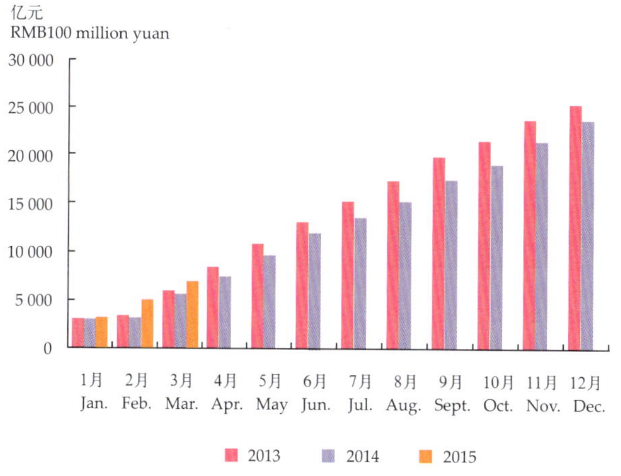

当月新增个人消费贷款
New consumer loans by month

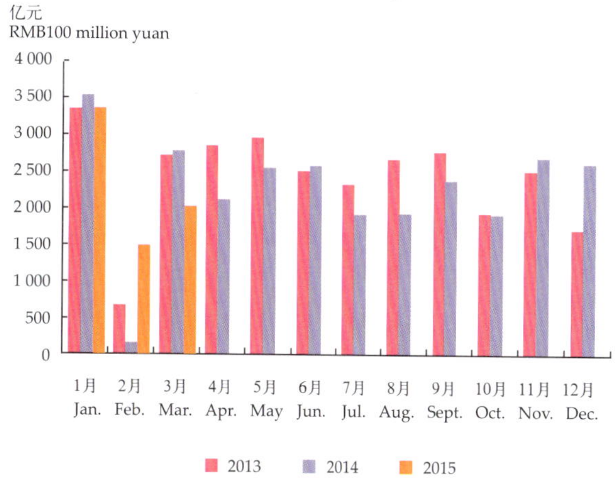

当年累计新增个人住房贷款
Accumulated new housing mortgage loans

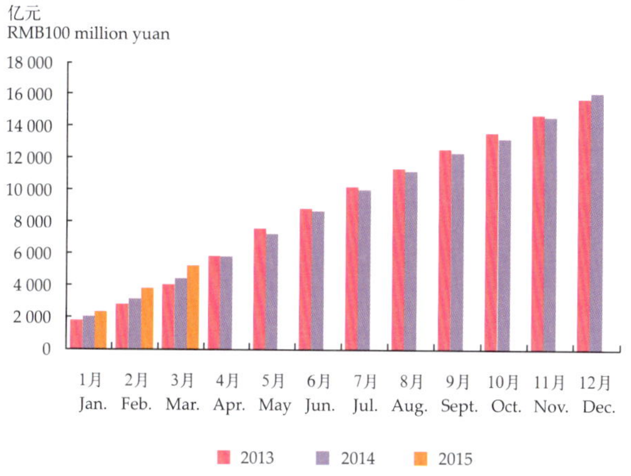

当月新增个人住房贷款
New housing mortgage loans by month

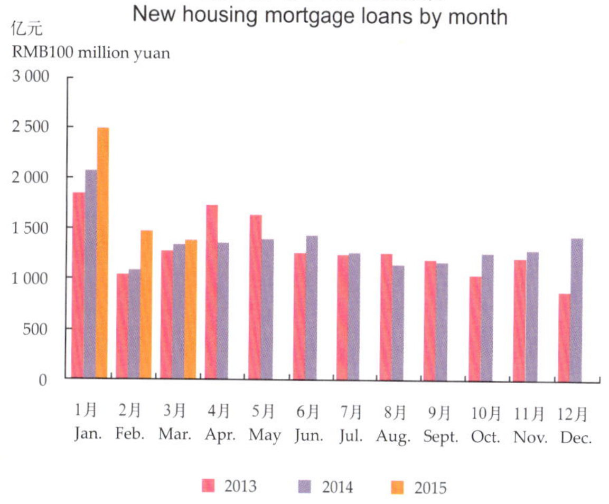

个人消费贷款余额及其增长趋势
Consumer loans and their growth

个人住房贷款余额及其增长趋势
Individual housing mortgage loans and their growth

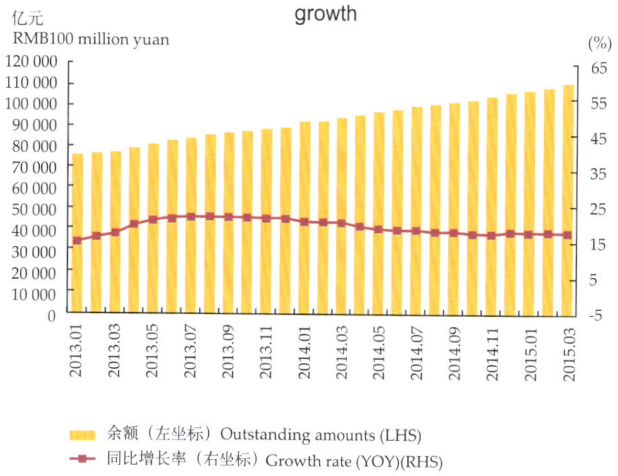

个人汽车消费贷款余额及其增长趋势
Individual auto loans and their growth

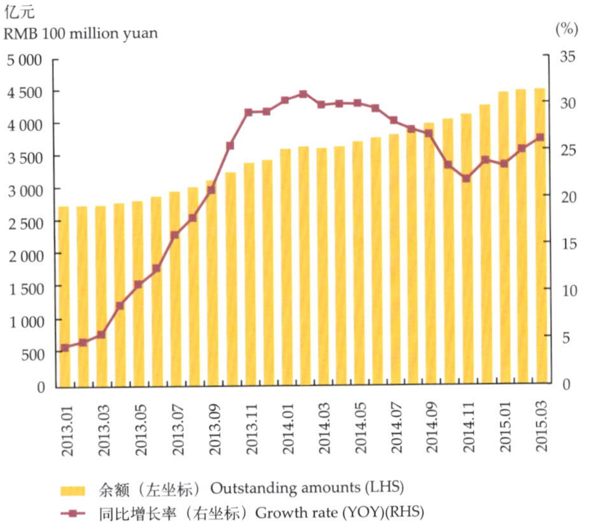

3. 基础货币

(3) Monetary base

基础货币余额及其增长趋势
Monetary base and its growth

单位：万亿元
Unit: RMB trillion yuan

年/月 Year/Month	余额 Outstanding amounts	同比增长率(%) Growth rate (YOY) (%)
2013.01	25.29	6.5
2013.02	25.20	12.8
2013.03	25.37	11.9
2013.04	25.15	12.1
2013.05	24.95	12.4
2013.06	25.78	13.0
2013.07	25.44	12.8
2013.08	25.73	11.4
2013.09	26.31	11.5
2013.10	25.84	10.2
2013.11	26.01	10.7
2013.12	27.10	7.4
2014.01	28.77	13.8
2014.02	27.40	8.7
2014.03	27.47	8.3
2014.04	27.30	8.5
2014.05	27.39	9.8
2014.06	27.99	8.6
2014.07	27.67	8.7
2014.08	27.80	8.0
2014.09	28.53	8.4
2014.10	27.94	8.1
2014.11	28.00	7.7
2014.12	29.41	8.5
2015.01	28.83	0.2
2015.02	29.87	9.0
2015.03	29.58	7.7

助学贷款余额及其增长趋势
Student loans and their growth

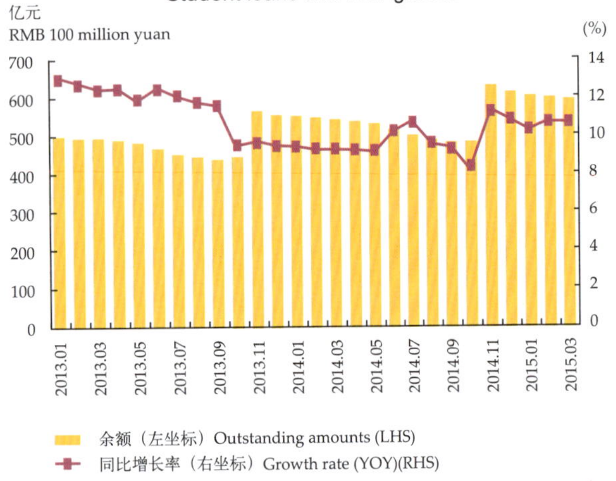

基础货币余额及其增长趋势
Monetary base and its growth

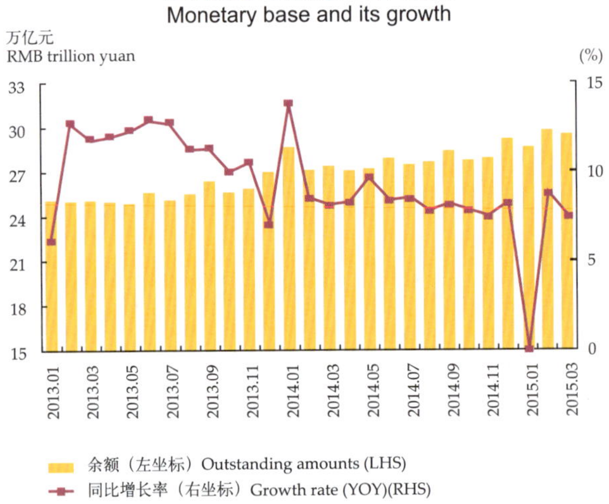

基础货币构成
Composition of monetary base

单位：亿元
Unit: RMB 100 million yuan

年/季 Year/Quarter	货币发行 Currency issue	其他存款性公司存款 Deposits of other depository corporations
2011Q1	49 273	143 293
2011Q2	48 816	154 654
2011Q3	52 203	160 001
2011Q4	55 850	168 792
2012Q1	54 379	172 306
2012Q2	54 294	173 757
2012Q3	59 178	176 855
2012Q4	60 646	191 699
2013Q1	61 331	192 319
2013Q2	59 831	197 945
2013Q3	63 041	200 097
2013Q4	64 981	206 042
2014Q1	64 816	209 925
2014Q2	63 260	216 638
2014Q3	65 545	219 754
2014Q4	67 151	226 942
2015Q1	69 078	226 675

基础货币构成
Composition of monetary base

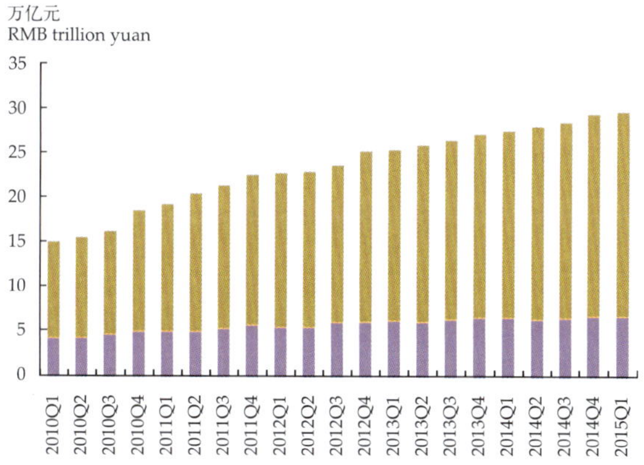

金融机构准备金和超额准备金率
Reserves and excess reserve ratio of financial institutions

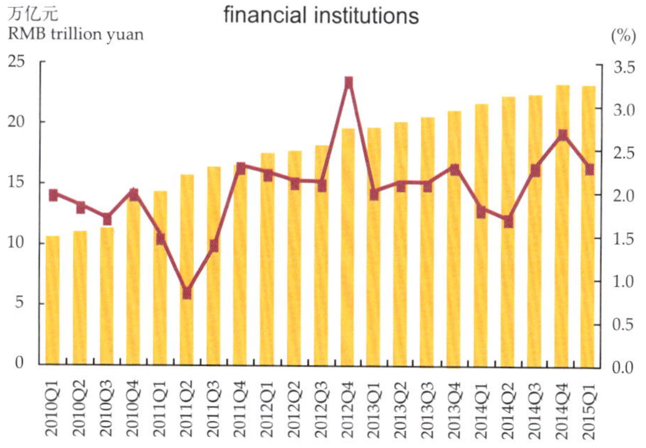

金融机构法定人民币存款准备金率
Official RMB reserve requirement ratios of financial institutions

单位：%
Unit: %

日期 Date	中资全国性大型银行① Chinese-funded large banks operating nationwide[1]	中小金融机构② Medium- and small-sized financial institutions[2]	农村合作银行 Rural cooperative banks	农村信用社和村镇银行 Rural credit cooperatives and township and village banks
2003.09.21	7.0	7.0	—	6.0
2004.04.25	7.5	7.5	7.5	6.0
2006.07.05	8.0	8.0	7.5	6.0
2006.08.15	8.5	8.5	7.5	6.0
2006.11.15	9.0	9.0	8.0	6.5
2007.01.15	9.5	9.5	8.5	7.0
2007.02.25	10.0	10.0	9.0	7.5
2007.04.16	10.5	10.5	9.5	8.0
2007.05.15	11.0	11.0	10.0	8.5
2007.06.05	11.5	11.5	10.5	9.0
2007.08.15	12.0	12.0	11.0	9.5
2007.09.25	12.5	12.5	11.5	10.0
2007.10.25	13.0	13.0	12.0	10.5
2007.11.26	13.5	13.5	12.5	11.0
2007.12.25	14.5	14.5	13.5	12.0
2008.01.25	15.0	15.0	14.0	12.5
2008.03.25	15.5	15.5	14.5	13.0
2008.04.25	16.0	16.0	15.0	13.5
2008.05.20	16.5	16.5	15.5	14.0
2008.06.15	17.0	17.0	16.0	14.5
2008.06.25	17.5	17.5	16.5	15.0
2008.09.25	17.5	16.5	15.5	14.0
2008.10.15	17.0	16.0	15.0	13.5
2008.12.05	16.0	14.0	13.0	11.5
2008.12.25	15.5	13.5	11.0	11.0
2010.01.18	16.0	14.0	11.0	11.0
2010.02.25	16.5	14.5	11.0	11.0
2010.05.10	17.0	15.0	11.5	11.0
2010.11.16	17.5	15.5	12.0	11.5
2010.11.29	18.0	16.0	12.5	12.0
2010.12.20	18.5	16.5	13.0	12.5
2011.01.20	19.0	17.0	13.5	13.0
2011.02.24	19.5	17.5	14.0	13.5
2011.03.25	20.0	18.0	14.5	14.0
2011.04.21	20.5	18.5	15.0	14.5
2011.05.18	21.0	19.0	15.5	15.0
2011.06.20	21.5	19.5	16.0	15.5
2011.12.05	21.0	19.0	15.5	15.0
2012.02.24	20.5	18.5	15.0	14.5
2012.05.18	20.0	18.0	14.5	14.0
2015.02.05	19.5	17.5	14.0	13.5

注：①包括中国工商银行、中国农业银行、中国银行、中国建设银行、交通银行和中国邮政储蓄银行。
②包括中国农业发展银行、股份制商业银行、城市商业银行、农村商业银行、有关外资金融机构。
③2014年4月、6月和2015年2月，中国人民银行三次实施定向降准。

Notes: 1. Including Industrial and Commercial Bank of China, Agricultural Bank of China, Bank of China, China Construction Bank, Bank of Communications, Postal Savings Bank of China.
2. Including Agricultural Development Bank of China, joint-stock commercial banks, city commercial banks, rural commercial banks and foreign-funded financial institutions.
3. In April and June, 2014, and February, 2015, the PBC conducted targeted reductions of the deposit reserve requirement ratio (RRR) on 3 occasions.

4. 社会融资规模

(4) All-system financing aggregate

社会融资规模统计表

Statistics of all-system financing aggregate

单位：亿元人民币
Unit: RMB100 million yuan

日期 Date	社会融资规模 All-system financing aggregate	其中 Of which:						
		人民币贷款 RMB bank loans	外币贷款(折合人民币) Foreign currency bank loans (converted into RMB)	委托贷款 Entrusted loans	信托贷款 Trust loans	未贴现的银行承兑汇票 Undiscounted bankers' acceptences	企业债券 Net financing of corporate bonds	非金融企业境内股票融资 Equity financing on the domestic stock market by non-financial enterprises
2013.01	25 446	10 721	1 795	2 061	2 108	5 798	2 249	244
2013.02	10 705	6 200	1 149	1 426	1 825	-1 823	1 454	165
2013.03	25 503	10 625	1 509	1 748	4 312	2 731	3 870	208
2013.04	17 629	7 923	847	1 926	1 942	2 218	2 039	274
2013.05	11 871	6 694	357	1 967	971	-1 141	2 230	231
2013.06	10 375	8 628	133	1 990	1 208	-2 615	323	126
2013.07	8 191	6 997	-1 157	1 927	1 151	-1 777	476	128
2013.08	15 841	7 128	- 360	2 938	1 209	3 049	1 240	136
2013.09	14 120	7 870	891	2 218	1 130	- 79	1 443	113
2013.10	8 645	5 060	53	1 834	431	- 345	1 078	78
2013.11	12 310	6 246	122	2 704	1 006	60	1 424	147
2013.12	12 532	4 824	509	2 727	1 111	1 679	287	369
2014.01	26 004	13 190	1 588	3 971	1 059	4 902	375	454
2014.02	9 370	6 448	1 302	799	747	-1 419	1 026	169
2014.03	20 934	10 497	1 363	2 413	1 071	2 252	2 464	352
2014.04	15 259	7 745	186	1 505	398	789	3 664	582
2014.05	14 013	8 708	- 162	1 987	125	- 94	2 797	162
2014.06	19 673	10 793	357	2 616	1 200	1 445	2 626	154
2014.07	2 737	3 852	- 169	1 219	- 158	-4 157	1 435	332
2014.08	9 577	7 025	- 201	1 751	- 515	-1 116	1 934	217
2014.09	11 355	8 572	- 506	1 610	- 326	-1 410	2 338	612
2014.10	6 807	5 483	- 716	1 377	- 215	-2 411	2 590	279
2014.11	11 459	8 527	- 26	1 270	- 314	- 668	1 807	379
2014.12	16 945	6 973	540	4 551	2 102	601	761	658
2015.01	20 469	14 708	212	832	52	1 946	1 821	526
2015.02	13 564	11 437	- 146	1 299	38	- 592	670	542
2015.03	12 407	9 920	- 4	1 111	- 77	- 910	1 318	639

注：①社会融资规模是指一定时期内实体经济从金融体系获得的资金总额，是增量概念。
②当期数据为初步统计数。
③表中的人民币贷款为历史公布数。

数据来源：中国人民银行、国家发展和改革委员会、中国证券监督管理委员会、中国保险监督管理委员会、中央国债登记结算有限责任公司和银行间市场交易商协会等部门。

Notes: 1. All-system financing aggregate refers to the total value of funds provided by the financial system to the real economy in a certain period of time. It is a flow.
2. Data for the current period is preliminary.
3. Data for RMB loans in the table are the historical numbers released in the past.

Sources: The People's Bank of China, National Development and Reform Commission, China Securities Regulatory Commission, China Insurance Regulatory Commission, China Government Securities Depository Trust and Clearing Co., Ltd., National Association of Financial Market Institutional Investors, and etc..

5. 利率
(5) Interest rates

中央银行基准利率
Central bank benchmark interest rates

单位：年利率%
Unit: annual interest rate%

日期 Date	法定存款准备金 Required reserves	超额存款准备金 Excess reserves	对金融机构贷款 Lending to financial institutions				再贴现 Rediscount
			1年期 1-year	6个月以内 6-month and less	3个月以内 3-month and less	20天以内 20 days and less	
1996.05.01	8.82	8.82	10.98	10.17	10.08	9.00	*
1996.08.23	8.28	7.92	10.62	—	9.72	—	*
1997.10.23	7.56	7.02	9.36	9.09	8.82	8.55	*
1998.03.25	5.22	—	7.92	7.02	6.84	6.39	6.03
1998.07.01	3.51	—	5.67	5.58	5.49	5.22	4.32
1998.12.07	3.24	—	5.13	5.04	4.86	4.59	3.96
1999.06.10	2.07	—	3.78	3.69	3.51	3.24	2.16
2001.09.11	—	—	—	—	—	—	2.97
2002.02.21	1.89	—	3.24	3.15	2.97	2.70	2.97
2003.12.20	—	1.62	—	—	—	—	—
2004.03.25	—	—	3.87	3.78	3.60	3.33	3.24
2005.03.17	—	0.99	—	—	—	—	—
2008.01.01	—	—	4.68	4.59	4.41	4.14	4.32
2008.11.27	1.62	0.72	3.60	3.51	3.33	3.06	2.97
2008.12.23	—	—	3.33	3.24	3.06	2.79	1.80
2010.12.26	—	—	3.85	3.75	3.55	3.25	2.25

注：①1998年3月法定准备金和超额准备金两个账户合并为准备金账户。
②*按同档次中央银行贷款利率下浮5%～10%。

Notes: 1. The required reserves account and excess reserves account were merged into the reserves account in March 1998.
2. *The interest rate is 5%~10% below that of the central bank lending rate of the same tranche.

法定存款准备金利率和再贴现利率
Required reserves interest rates and rediscount interest rates

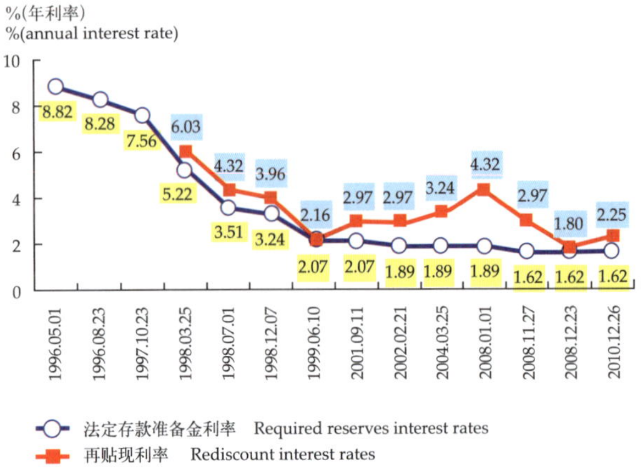

对金融机构贷款利率
Interest rates of central bank lending to financial institutions

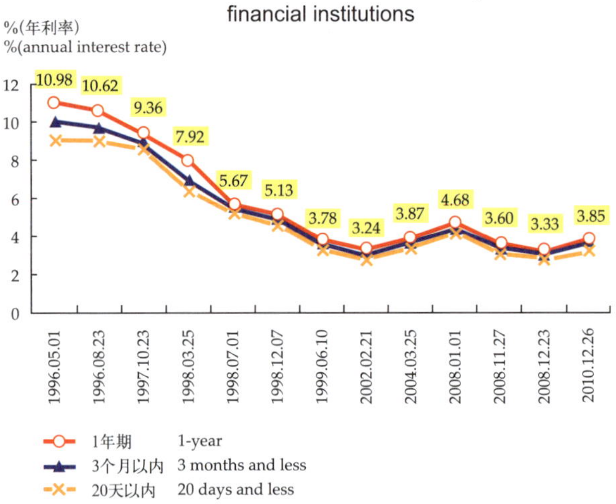

金融机构人民币存款基准利率
RMB deposit benchmark interest rates in financial institutions

单位：年利率%
Unit: annual interest rate %

日期 Date	活期 Demand deposits	定期 Time deposits					
		3个月 3-month	6个月 6-month	1年 1-year	2年 2-year	3年 3-year	5年 5-year
1990.04.15	2.88	6.30	7.74	10.08	10.98	11.88	13.68
1990.08.21	2.16	4.32	6.48	8.64	9.36	10.08	11.52
1991.04.21	1.80	3.24	5.40	7.56	7.92	8.28	9.00
1993.05.15	2.16	4.86	7.20	9.18	9.90	10.80	12.06
1993.07.11	3.15	6.66	9.00	10.98	11.70	12.24	13.86
1996.05.01	2.97	4.86	7.20	9.18	9.90	10.80	12.06
1996.08.23	1.98	3.33	5.40	7.47	7.92	8.28	9.00
1997.10.23	1.71	2.88	4.14	5.67	5.94	6.21	6.66
1998.03.25	1.71	2.88	4.14	5.22	5.58	6.21	6.66
1998.07.01	1.44	2.79	3.96	4.77	4.86	4.95	5.22
1998.12.07	1.44	2.79	3.33	3.78	3.96	4.14	4.50
1999.06.10	0.99	1.98	2.16	2.25	2.43	2.70	2.88
2002.02.21	0.72	1.71	1.89	1.98	2.25	2.52	2.79
2004.10.29	0.72	1.71	2.07	2.25	2.70	3.24	3.60
2006.08.19	0.72	1.80	2.25	2.52	3.06	3.69	4.14
2007.03.18	0.72	1.98	2.43	2.79	3.33	3.96	4.41
2007.05.19	0.72	2.07	2.61	3.06	3.69	4.41	4.95
2007.07.21	0.81	2.34	2.88	3.33	3.96	4.68	5.22
2007.08.22	0.81	2.61	3.15	3.60	4.23	4.95	5.49
2007.09.15	0.81	2.88	3.42	3.87	4.50	5.22	5.76
2007.12.21	0.72	3.33	3.78	4.14	4.68	5.40	5.85
2008.10.09	0.72	3.15	3.51	3.87	4.41	5.13	5.58
2008.10.30	0.72	2.88	3.24	3.60	4.14	4.77	5.13
2008.11.27	0.36	1.98	2.25	2.52	3.06	3.60	3.87
2008.12.23	0.36	1.71	1.98	2.25	2.79	3.33	3.60
2010.10.20	0.36	1.91	2.20	2.50	3.25	3.85	4.20
2010.12.26	0.36	2.25	2.50	2.75	3.55	4.15	4.55
2011.02.09	0.40	2.60	2.80	3.00	3.90	4.50	5.00
2011.04.06	0.50	2.85	3.05	3.25	4.15	4.75	5.25
2011.07.07	0.50	3.10	3.30	3.50	4.40	5.00	5.50
2012.06.08	0.40	2.85	3.05	3.25	4.10	4.65	5.10
2012.07.06	0.35	2.60	2.80	3.00	3.75	4.25	4.75
2014.11.22	0.35	2.35	2.55	2.75	3.35	4.00	—
2015.03.01	0.35	2.10	2.30	2.50	3.10	3.75	—

注：2014年11月起，中国人民银行不再公布人民币5年期定期存款基准利率。
Note: Since November, 2014, the PBC stopped publishing the benchmark interest rate for 5-year RMB deposits.

人民币存款基准利率
RMB deposit benchmark interest rates

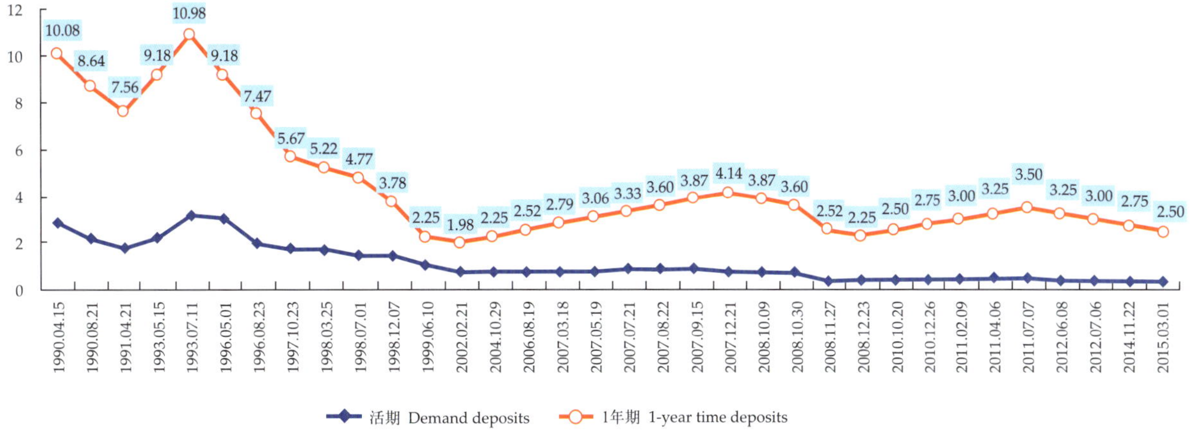

金融机构人民币贷款基准利率
RMB lending benchmark interest rates in financial institutions

单位：年利率%
Unit: annual interest rate %

日期 Date	短期贷款 Short-term loans		中长期贷款 Medium- and long-term loans		
	6个月以内(含6个月)① 6-month and less (including 6-month) 1	6个月至1年(含1年)② 6-month to 1-year (including 1-year) 2	1～3年(含3年) 1 to 3-year (including 3-year)	3～5年(含5年)③ 3 to 5-year (including 5-year) 3	5年以上 More than 5-year
1991.04.21	8.10	8.64	9.00	9.54	9.72
1993.05.15	8.82	9.36	10.80	12.06	12.24
1993.07.11	9.00	10.98	12.24	13.86	14.04
1995.01.01	9.00	10.98	12.96	14.58	14.76
1995.07.01	10.08	12.06	13.50	15.12	15.30
1996.05.01	9.72	10.98	13.14	14.94	15.12
1996.08.23	9.18	10.08	10.98	11.70	12.42
1997.10.23	7.65	8.64	9.36	9.90	10.53
1998.03.25	7.02	7.92	9.00	9.72	10.35
1998.07.01	6.57	6.93	7.11	7.65	8.01
1998.12.07	6.12	6.39	6.66	7.20	7.56
1999.06.10	5.58	5.85	5.94	6.03	6.21
2002.02.21	5.04	5.31	5.49	5.58	5.76
2004.10.29	5.22	5.58	5.76	5.85	6.12
2006.04.28	5.40	5.85	6.03	6.12	6.39
2006.08.19	5.58	6.12	6.30	6.48	6.84
2007.03.18	5.67	6.39	6.57	6.75	7.11
2007.05.19	5.85	6.57	6.75	6.93	7.20
2007.07.21	6.03	6.84	7.02	7.20	7.38
2007.08.22	6.21	7.02	7.20	7.38	7.56
2007.09.15	6.48	7.29	7.47	7.65	7.83
2007.12.21	6.57	7.47	7.56	7.74	7.83
2008.09.16	6.21	7.20	7.29	7.56	7.74
2008.10.09	6.12	6.93	7.02	7.29	7.47
2008.10.30	6.03	6.66	6.75	7.02	7.20
2008.11.27	5.04	5.58	5.67	5.94	6.12
2008.12.23	4.86	5.31	5.40	5.76	5.94
2010.10.20	5.10	5.56	5.60	5.96	6.14
2010.12.26	5.35	5.81	5.85	6.22	6.40
2011.02.09	5.60	6.06	6.10	6.45	6.60
2011.04.06	5.85	6.31	6.40	6.65	6.80
2011.07.07	6.10	6.56	6.65	6.90	7.05
2012.06.08	5.85	6.31	6.40	6.65	6.80
2012.07.06	5.60	6.00	6.15	6.40	6.55
2014.11.22	—	5.60	—	6.00	6.15
2015.03.01	—	5.35	—	5.75	5.90

注：①2014年11月起，中国人民银行将贷款基准利率期限档次简并为1年以内（含1年）、1～5年（含5年）和5年以上三个档次。
②2014年11月后为1年以内（含1年）。
③2014年11月后为1～5年（含5年）。

Note: 1. Since November, 2014, the PBC simplified the term category of RMB benchmark lending rates, which thereafter inclued less than 1-year(including 1-year), 1 to 5-year (including 5-year), and more than 5-year.
2. Less than 1-year (including 1-year) after November, 2014.
3. 1 to 5-year (including 5-year) after November, 2014.

人民币贷款基准利率
RMB lending benchmark interest rates

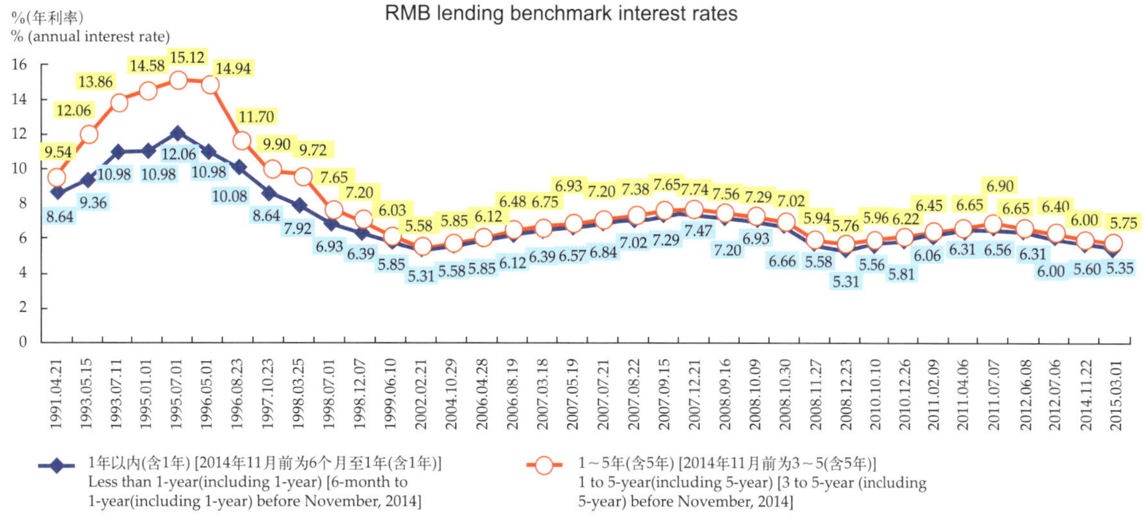

金融机构人民币贷款各利率区间占比表
Share of loans with floating rates in various ranges

单位：%　Unit: %

日期 Date	下浮 Floating downward	基准 At benchmark	上浮 Floating upward					
			小计 Subtotal	(1.0, 1.1]	(1.1, 1.3]	(1.3, 1.5]	(1.5, 2.0]	2.0以上Above 2.0
2012.01	4.79	26.22	68.99	22.33	25.51	8.76	9.22	3.17
2012.02	5.53	27.59	66.88	23.12	23.76	7.98	8.61	3.40
2012.03	4.62	24.95	70.43	21.12	26.99	9.48	9.41	3.43
2012.04	5.03	23.06	71.91	20.76	28.92	10.10	8.98	3.16
2012.05	5.35	24.08	70.57	20.51	28.90	9.73	8.31	3.12
2012.06	7.92	25.08	66.99	19.94	27.87	8.90	7.66	2.63
2012.07	9.51	24.38	66.11	19.74	26.78	9.13	7.61	2.85
2012.08	11.61	22.66	65.73	19.64	26.45	8.30	8.33	3.01
2012.09	11.31	24.57	64.12	20.16	25.18	8.13	7.67	2.98
2012.10	10.88	26.80	62.32	20.15	24.30	7.28	7.53	3.06
2012.11	11.70	25.74	62.56	19.43	24.52	7.64	7.71	3.26
2012.12	14.16	26.10	59.74	18.41	22.87	7.58	7.84	3.04
2013.01	10.62	25.08	64.30	19.84	25.23	7.87	8.29	3.07
2013.02	11.69	25.05	63.26	19.57	23.96	7.88	8.83	3.02
2013.03	11.44	23.79	64.77	19.55	24.71	8.15	9.27	3.09
2013.04	10.56	23.53	65.91	18.96	25.52	8.96	9.23	3.24
2013.05	11.89	22.45	65.66	19.65	25.92	8.84	8.46	2.79
2013.06	12.55	24.52	62.93	19.47	24.95	7.95	8.04	2.52
2013.07	10.54	23.32	66.14	19.99	27.07	8.61	7.96	2.51
2013.08	10.23	21.95	67.82	19.70	27.33	9.46	8.60	2.73
2013.09	10.70	23.31	65.99	19.59	26.58	9.33	8.03	2.46
2013.10	9.81	24.23	65.96	19.85	26.26	8.86	8.41	2.58
2013.11	10.41	24.09	65.50	19.13	26.15	8.90	8.45	2.87
2013.12	12.48	24.12	63.40	17.89	24.66	9.64	8.55	2.66
2014.01	8.20	22.81	68.99	17.90	27.39	11.00	9.78	2.92
2014.02	7.56	24.96	67.48	20.61	26.09	10.13	8.05	2.60
2014.03	8.35	21.40	70.25	18.81	27.69	11.17	9.56	3.02
2014.04	6.14	20.60	73.26	20.20	28.47	11.93	9.69	2.97
2014.05	7.35	19.81	72.84	20.45	28.12	11.97	9.52	2.78
2014.06	9.32	21.57	69.11	20.24	26.71	11.19	8.42	2.55
2014.07	8.23	19.68	72.09	19.35	27.78	12.46	9.69	2.81
2014.08	7.50	18.80	73.70	18.28	29.35	13.21	9.81	3.05
2014.09	8.31	20.43	71.26	19.01	28.18	12.29	9.00	2.78
2014.10	8.91	20.43	70.66	18.55	27.29	12.08	9.63	3.12
2014.11	9.44	19.94	70.63	18.73	26.84	12.32	9.55	3.19
2014.12	13.10	19.64	67.26	18.87	24.89	11.26	9.22	3.02
2015.01	10.20	19.93	69.87	19.90	25.31	11.87	9.37	3.42
2015.02	10.83	19.40	69.77	19.18	23.72	12.22	10.89	3.76
2015.03	11.30	19.77	68.93	18.65	23.14	12.55	10.58	4.01

2015年第一季度金融机构人民币贷款各利率区间占比表
Share of loans with rates floating at various ranges in the first quarter of 2015

单位：% Unit: %

	下浮 Floating downward	基准 At benchmark	上浮 Floating upward					
			小计 Subtotal	(1.0, 1.1]	(1.1, 1.3]	(1.3, 1.5]	(1.5, 2.0]	2.0以上 Above 2.0
四大国有商业银行 Four state-owned commercial banks	14.84	26.26	58.90	27.67	24.17	6.34	0.64	0.09
股份制商业银行 Joint-stock commercial banks	7.85	16.75	75.40	23.41	35.19	12.36	2.10	2.34
外资商业银行 Foreign commercial banks	38.99	13.27	47.74	18.21	21.84	6.05	1.23	0.41
城市商业银行 City commercial banks	3.01	13.35	83.64	12.36	31.65	20.73	14.30	4.60
城乡信用社 Urban and rural credit cooperatives	2.47	5.99	91.54	5.46	15.32	21.42	36.65	12.69
政策性银行 Policy banks	25.69	51.05	23.26	20.55	2.68	0.04	0.00	0.00
合计 Total	10.45	19.80	69.75	19.73	24.48	12.05	9.76	3.73

大额美元存款与美元贷款平均利率表
Average interest rates of large-value dollar deposits and loans

单位：% Unit: %

日期 Date	大额存款 Large-value deposits						贷款 Loans				
	活期 Demand	3个月以内 Within 3 months	3(含)~6个月 3~6 months (including 3 months)	6(含)~12个月 6~12 months (including 6 months)	1年 1 year	1年以上 Above 1 year	3个月以内 Within 3 months	3(含)~6个月 3~6 months (including 3 months)	6(含)~12个月 6~12 months (including 6 months)	1年 1 year	1年以上 Above 1 year
2013.01	0.11	0.90	1.35	1.75	1.90	2.45	1.74	2.04	1.87	2.00	3.25
2013.02	0.12	0.84	1.42	1.75	2.04	2.12	2.18	1.91	1.82	2.14	4.08
2013.03	0.11	0.92	1.57	1.91	2.44	1.54	1.97	2.16	2.07	2.35	3.03
2013.04	0.10	0.82	1.36	2.04	2.36	1.27	1.99	2.13	2.22	2.30	3.26
2013.05	0.12	0.80	1.39	1.89	2.31	1.20	2.00	2.11	2.34	2.38	3.02
2013.06	0.12	1.07	1.69	1.86	2.50	1.14	2.23	2.34	2.40	2.78	3.33
2013.07	0.13	1.14	1.97	2.15	2.57	1.79	2.25	2.58	2.69	2.77	3.13
2013.08	0.12	1.17	1.84	2.05	2.68	2.39	2.29	2.41	2.57	2.63	3.23
2013.09	0.19	1.58	2.37	2.06	3.43	2.22	2.28	2.80	2.63	2.49	3.18
2013.10	0.22	1.63	2.38	2.65	3.18	1.58	2.46	2.60	2.83	2.75	3.36
2013.11	0.17	1.81	2.69	2.91	3.36	1.87	2.52	2.64	2.88	2.91	3.29
2013.12	0.18	1.99	3.19	2.89	2.70	1.96	2.66	2.82	2.88	2.95	3.71
2014.01	0.21	2.41	3.43	3.48	3.54	2.68	2.82	2.90	3.14	2.88	3.56
2014.02	0.20	2.50	3.54	3.68	3.66	3.08	3.08	3.13	3.46	3.10	3.08
2014.03	0.25	2.60	3.68	3.63	3.85	2.72	3.08	3.20	3.35	3.30	3.16
2014.04	0.27	2.45	3.56	3.70	3.66	2.81	3.11	3.24	3.59	3.52	3.47
2014.05	0.26	2.21	3.24	3.43	3.58	2.83	2.97	3.09	3.45	3.52	3.63
2014.06	0.22	1.99	3.03	3.17	3.69	2.78	2.87	3.03	3.37	3.42	3.45
2014.07	0.21	1.59	2.72	2.96	3.47	2.48	2.73	2.97	3.32	3.24	3.72
2014.08	0.19	1.09	2.13	2.77	3.06	2.16	2.61	2.66	3.01	2.89	3.39
2014.09	0.14	0.83	1.76	2.30	2.40	1.18	2.53	2.51	2.67	2.74	3.55
2014.10	0.15	0.86	1.59	2.19	2.46	1.57	2.59	2.52	2.78	2.74	3.39
2014.11	0.12	0.70	1.41	2.08	2.53	1.85	2.15	2.22	2.57	2.75	3.68
2014.12	0.14	0.64	1.31	1.87	2.03	1.40	2.29	2.22	2.36	2.72	3.47
2015.01	0.14	0.87	1.33	1.75	2.25	1.50	2.06	1.97	2.24	2.50	3.44
2015.02	0.22	0.64	1.35	1.50	1.92	1.54	1.90	2.08	2.15	2.48	3.50
2015.03	0.15	0.71	1.18	1.45	1.97	1.25	1.73	2.28	1.77	2.42	3.42

八、金融市场
8. Financial Market

1.货币市场
(1) Money market

银行间市场交易量
Transaction volume in the inter-bank market

单位：万亿元
Unit: RMB trillion yuan

年 Year	债券回购 Repurchasing	同业拆借 Inter-bank borrowing	现券买卖 Outright transactions
2000	1.6	0.7	0.1
2001	4.0	0.8	0.1
2002	10.2	1.2	0.4
2003	11.7	2.4	3.1
2004	9.4	1.5	2.5
2005	15.9	1.3	6.0
2006	26.6	2.2	10.2
2007	44.8	10.6	15.6
2008	58.1	15.0	37.1
2009	70.3	19.4	47.3
2010	87.6	27.9	64.0
2011	99.5	33.4	63.6
2012	141.7	46.7	75.2
2013	158.2	35.5	41.6
2014	224.4	37.7	40.4

银行间市场交易量
Transaction volume in the inter-bank market

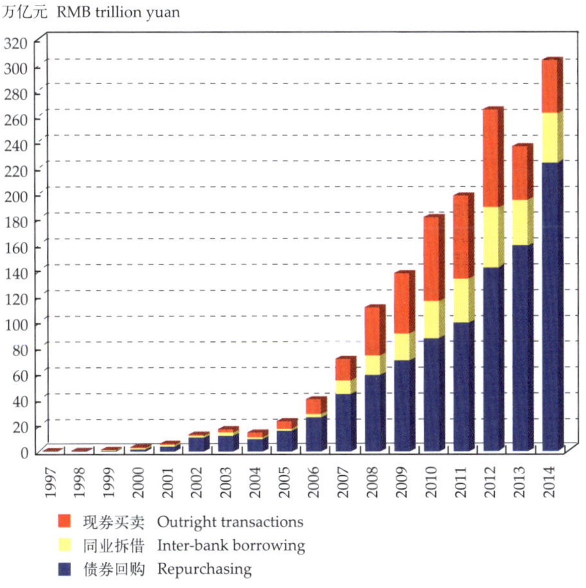

银行间市场月加权平均利率
Monthly weighted average interest rates in the inter-bank market

单位：% Unit: %

年/月 Year/Month	同业拆借市场 Inter-bank borrowing market	质押式债券回购 Bond-pledged repurchasing
2013.04	2.50	2.55
2013.05	2.92	3.01
2013.06	6.58	6.82
2013.07	3.54	3.60
2013.08	3.44	3.45
2013.09	3.47	3.49
2013.10	3.83	3.86
2013.11	4.12	4.12
2013.12	4.16	4.28
2014.01	3.86	3.98
2014.02	3.01	2.99
2014.03	2.49	2.48
2014.04	2.72	2.69
2014.05	2.56	2.56
2014.06	2.85	2.89
2014.07	3.41	3.41
2014.08	3.17	3.11
2014.09	2.97	2.93
2014.10	2.69	2.64
2014.11	2.82	2.79
2014.12	3.49	3.49
2015.01	3.18	3.10
2015.02	3.64	3.62
2015.03	3.69	3.61

银行间市场月加权平均利率
Monthly weighted average interest rates in the inter-bank market

各品种Shibor走势图
Movements of the Shibor

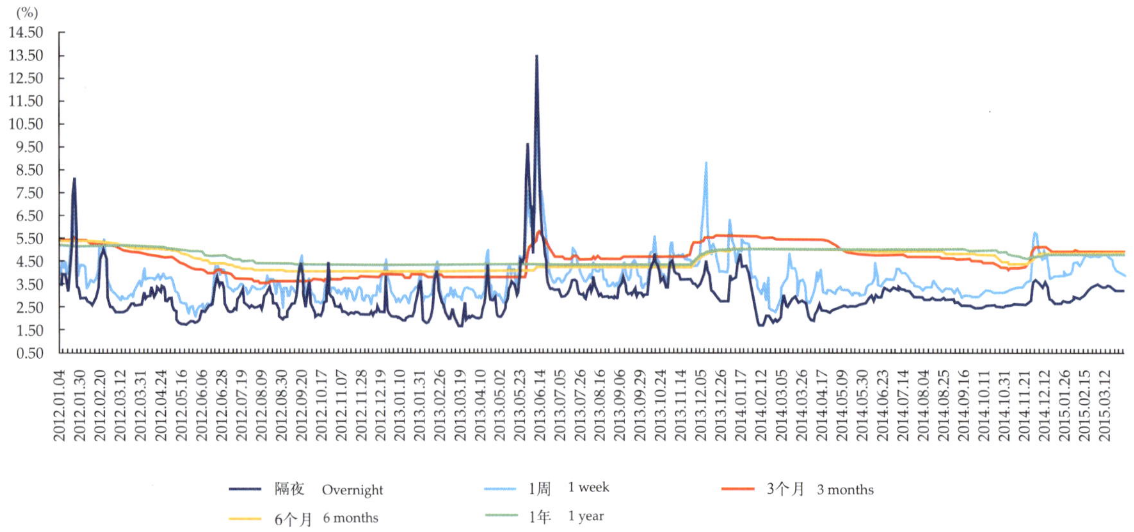

全国银行间同业拆借各期限当月交易量及月加权平均利率
Monthly transaction volume and monthly weighted average interest rates of inter-bank borrowing with different maturities

单位：亿元、%
Unit: RMB 100 million yuan, %

年/月 Year/Month	1天 1 day		7天 7 days		14天 14 days		21天 21 days		1个月 1 month		2个月 2 months		3个月 3 months		4个月 4 months		6个月 6 months		9个月 9 months		1年 1 year	
	交易量 Volume	利率 Rate	交易量 Volume	利率 Rate	交易量 Volume	利率 Rate	交易量 Volume	利率 Rate	交易量 Volume	利率 Rate	交易量 Volume	利率 Rate	交易量 Volume	利率 Rate	交易量 Volume	利率 Rate	交易量 Volume	利率 Rate	交易量 Volume	利率 Rate	交易量 Volume	利率 Rate
2013.04	37 911	2.38	3 160	3.37	738	3.50	345	3.32	588	3.66	53	3.52	116	3.88	2	4.20	5	4.01	0	—	1	4.00
2013.05	38 622	2.80	3 953	3.71	864	3.69	67	3.34	748	3.88	69	3.57	53	4.26	2	4.03	0	—	0	—	1	4.33
2013.06	11 324	6.43	3 125	6.98	805	7.07	32	7.13	161	6.79	57	6.44	86	5.92	3	5.00	23	5.91	0	—	11	3.97
2013.07	18 775	3.34	3 759	4.10	807	4.24	101	4.58	352	5.23	52	5.07	152	5.08	3	4.43	6	5.01	0	4.80	8	5.23
2013.08	19 592	3.23	3 911	4.10	675	4.52	97	4.83	255	4.67	55	5.27	84	5.24	2	5.80	14	4.98	0	—	15	5.49
2013.09	22 371	3.22	3 892	3.87	1 911	4.64	473	4.57	447	5.18	83	5.41	125	5.46	6	4.57	0	—	2	5	18	5.51
2013.10	16 880	3.62	3 311	4.39	1 158	4.24	92	5.04	440	5.26	116	5.05	225	5.32	4	4.30	7	5.78	0	—	10	5.72
2013.11	20 190	3.88	4 623	4.53	1 057	5.08	34	6.01	390	5.75	159	5.68	335	6.45	2	4.63	8	5.25	0	—	0	—
2013.12	16 345	3.71	3 839	5.17	1 143	5.63	204	5.51	352	5.82	212	6.18	205	6.10	15	5.35	12	7.00	0	—	2	6.47
2014.01	16 783	3.36	3 864	4.84	1 333	5.44	221	6.38	462	6.07	170	6.72	103	6.14	5	6.95	6	5.47	0	—	2	6.24
2014.02	12 863	2.49	3 036	4.40	675	4.50	51	4.97	220	5.15	114	5.27	194	5.84	10	5.70	11	6.32	0	—	21	6.66
2014.03	26 694	2.30	3 079	3.47	662	3.42	58	3.57	394	4.04	102	4.26	198	5.35	9	5.42	7	5.52	8	5.64	6	6.20
2014.04	24 816	2.47	4 190	3.62	677	3.76	21	4.33	675	3.90	143	4.10	199	5.20	5	4.75	4	5.08	0	—	12	5.87
2014.05	34 823	2.44	3 316	3.31	561	3.44	106	3.47	464	3.77	52	4.41	95	4.74	1	4.55	10	5.10	8	5.17	12	5.46
2014.06	31 107	2.72	4 171	3.45	486	4.21	63	4.51	307	4.53	26	4.47	89	4.98	2	5.06	1	5.06	5	5.00	13	4.20
2014.07	26 053	3.23	5 104	3.98	1 078	4.51	59	4.30	414	4.38	142	4.05	107	4.89	0	0.00	3	4.83	0	0.00	26	5.13
2014.08	19 470	2.97	6 185	3.61	1 446	3.75	21	4.26	247	3.90	81	3.68	118	4.75	3	4.60	3	4.63	0	0.00	1	5.70
2014.09	27 646	2.81	6 762	3.41	1 660	3.39	111	4.24	246	4.15	112	3.77	138	4.90	11	4.79	9	4.87	0	0.00	3	4.84
2014.10	30 502	2.52	6 456	3.18	1 337	3.39	87	3.66	470	3.89	81	3.64	117	4.69	0	4.35	4	4.50	0	0.00	25	4.75
2014.11	24 463	2.59	7 456	3.33	801	3.68	43	4.69	451	4.01	64	4.11	159	4.79	11	4.60	21	4.56	1	4.95	29	4.24
2014.12	19 761	2.97	7 440	4.46	1 052	4.93	57	5.64	314	5.80	150	5.15	153	5.13	3	5.58	20	5.08	1	5.50	15	4.79
2015.01	19 544	2.81	5 736	4.11	556	4.86	17	5.02	135	4.95	149	4.96	160	5.12	12	4.53	15	4.95	3	4.87	35	4.72
2015.02	13 448	3.07	4 569	4.73	997	4.92	169	5.52	262	5.43	143	5.47	111	5.39	12	5.49	6	5.05	2	4.95	48	5.19
2015.03	27 839	3.37	6 294	4.74	1 594	4.66	116	5.17	377	5.22	60	5.18	148	5.26	7	5.26	10	5.11	0	—	3	5.26

全国银行间同业拆借各期限月加权平均利率

Monthly weighted average interest rates of inter-bank borrowing with different maturities

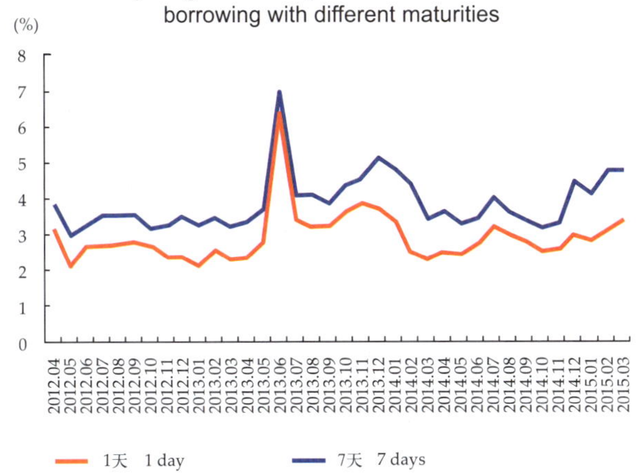

全国银行间同业拆借各期限当月交易量

Monthly transaction volume of inter-bank borrowing with different maturities

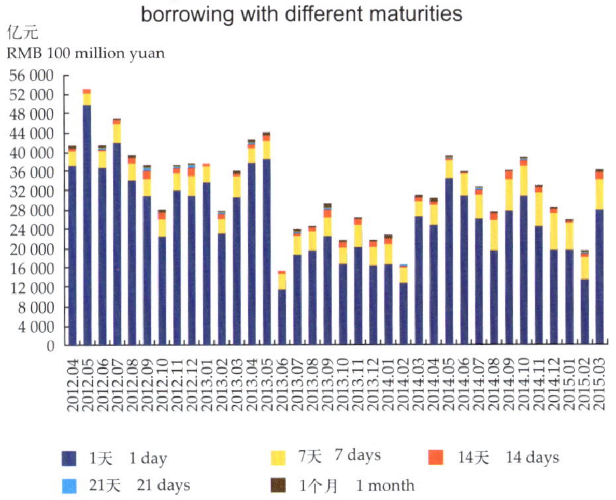

2. 债券市场

(2) Bond market

债券回购交易成交金额

Turnover of repurchasing

单位：亿元
Unit: RMB 100 million yuan

年/月 Year/Month	银行间债券市场 Inter-bank bond market	交易所 Stock exchanges
2013.04	147 431	40 396
2013.05	147 189	56 130
2013.06	122 313	50 127
2013.07	127 290	70 623
2013.08	127 709	67 660
2013.09	125 937	55 901
2013.10	115 707	56 056
2013.11	143 350	69 318
2013.12	146 351	77 148
2014.01	121 232	68 877
2014.02	101 112	54 808
2014.03	166 090	67 165
2014.04	171 563	69 560
2014.05	185 808	68 650
2014.06	197 533	70 541
2014.07	208 708	82 413
2014.08	199 723	78 113
2014.09	219 390	79 945
2014.10	216 200	73 794
2014.11	219 020	86 451
2014.12	237 846	106 849
2015.01	224 725	91 469
2015.02	171 564	72 242
2015.03	267 582	46 150

债券现券交易成交金额
Turnover of outright transactions

单位：亿元
Unit: RMB 100 million yuan

年/月 Year/Month	银行间债券市场 Inter-bank bond market	交易所 Stock exchanges
2013.04	67 927	1 424
2013.05	26 892	1 525
2013.06	11 839	1 266
2013.07	12 852	1 417
2013.08	13 688	1 323
2013.09	14 058	1 663
2013.10	14 540	1 139
2013.11	17 925	1 682
2013.12	19 454	2 025
2014.01	19 145	1 690
2014.02	21 018	1 514
2014.03	30 728	2 017
2014.04	34 436	1 877
2014.05	36 436	1 626
2014.06	33 562	2 062
2014.07	36 582	2 484
2014.08	34 172	2 115
2014.09	39 894	2 259
2014.10	36 557	2 211
2014.11	38 486	3 089
2014.12	42 550	5 140
2015.01	43 022	3 480
2015.02	30 285	1 827
2015.03	52 825	2 408

债券回购交易成交金额
Turnover of repurchasing

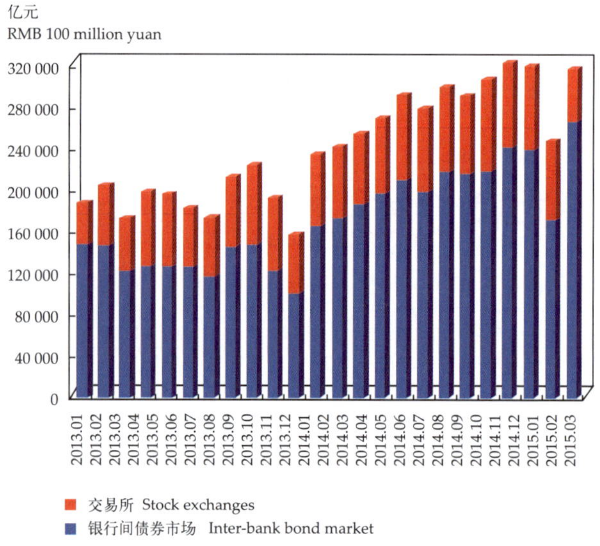

债券现券交易成交金额
Turnover of outright transactions

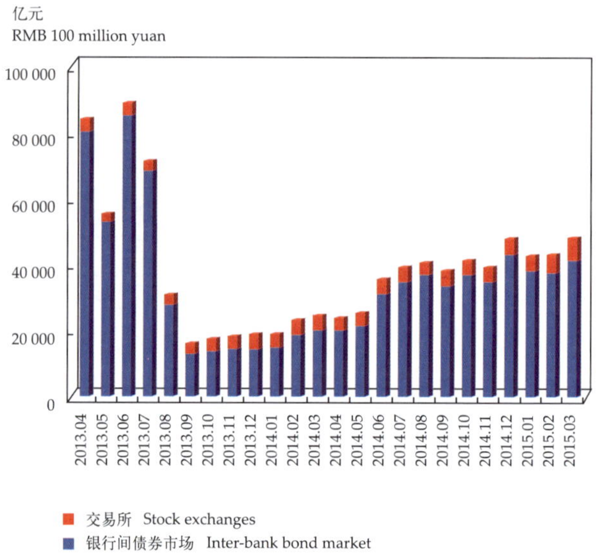

国债发行、兑付、期末余额
Issue and redemption values and end-period balance of government bonds

单位：亿元
Unit: RMB 100 million yuan

年/月 Year/Month	发行额 Issue value	兑付额 Redemption value	期末余额 End-period balance
2013.04	2 231	687	85 668
2013.05	2 310	506	87 161
2013.06	1 537	927	88 092
2013.07	2 281	432	89 697
2013.08	2 585	1 193	91 278
2013.09	2 062	830	92 601
2013.10	2 346	363	94 216
2013.11	1 280	878	94 878
2013.12	965	374	95 471
2014.01	540	753	95 235
2014.02	560	601	95 200
2014.03	1 040	1 267	95 162
2014.04	2 157	1 124	95 940
2014.05	1 836	577	97 134
2014.06	2 587	1 675	98 361
2014.07	2 787	693	100 966
2014.08	2 804	1 458	102 300
2014.09	2 274	423	104 151
2014.10	1 997	602	105 253
2014.11	1 681	539	106 380
2014.12	1 484	654	107 275
2015.01	600	691	104 163
2015.02	400	883	106 664
2015.03	1 099	526	105 629

国债发行与兑付
Issue and redemption values of government bonds

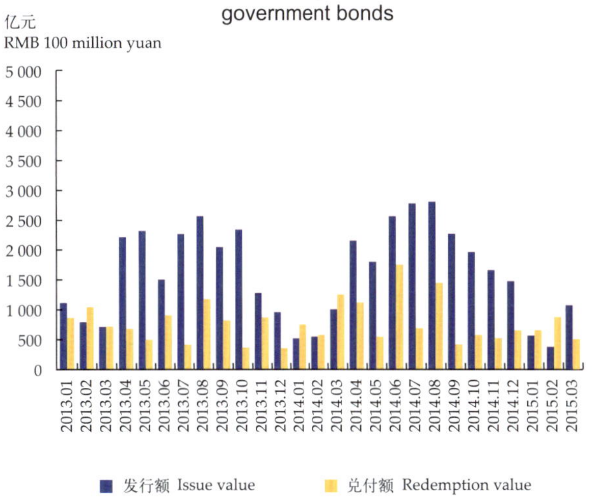

国债期末余额
Outstanding amounts of government bonds at end-period

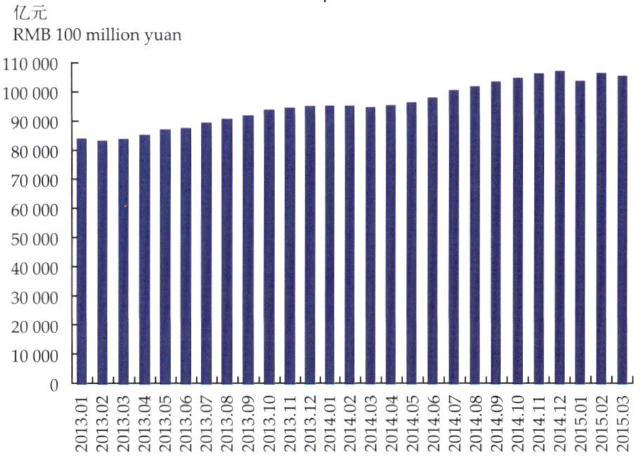

3.股票市场
(3) Stock market

股票成交、发行筹资额
Turnover of stock trading and funds raised in the stock market

年/月 Year/month		成交金额（亿元） Turnover of stock trading (RMB100 million yuan)		A股筹资（亿元） A-shares capital raised (RMB100 million yuan)					B股筹资（亿美元） B-shares capital rasied (USD100 million)	H股筹资（亿美元） H-shares capital rasied (USD100 million)	
		上海证券交易所A股 A-shares on the Shanghai stock exchange	深圳证券交易所A股 A-shares on the Shenzhen stock exchange	首次发行金额 Initial public offering	公开增发 Additional offering	定向增发（现金） Placement (Cash)	配股 Allotment	权证行权 Exercise warrant		首次发行金额 Initial public offering	再筹资金额 Refinancing
2012	1	9 052	7 531	63.6	0.0	17.2	0.0	0.0	0.0	0.0	0.0
	2	17 706	15 867	73.6	84.8	48.7	22.1	0.0	0.0	0.0	3.2
	3	20 278	18 239	214.3	19.9	375.4	73.0	0.0	0.0	0.0	14.4
	4	14 682	12 079	112.2	0.0	98.8	0.0	0.0	0.0	18.5	0.0
	5	19 408	15 645	135.2	0.0	60.3	6.2	0.0	0.0	0.0	0.0
	6	12 137	11 823	127.2	0.0	214.6	0.0	0.0	0.0	3.5	0.0
	7	12 167	12 723	135.0	0.0	181.5	0.0	0.0	0.0	10.9	0.0
	8	11 447	12 510	72.9	0.0	432.9	0.0	0.0	0.0	0.0	42.4
	9	11 555	11 606	68.5	0.0	122.8	6.3	0.0	0.0	0.0	0.0
	10	9 216	8 986	31.6	0.0	56.5	0.0	0.0	0.0	5.3	0.0
	11	9 193	8 276	0.4	0.0	101.1	5.7	0.0	0.0	0.0	13.4
	12	17 208	14 383	0.0	0.0	157.6	7.7	0.0	0.0	44.3	3.8
2013	1	22 552	20 394	0.0	10.3	452.1	18.5	0.0	0.0	0.0	0.0
	2	16 243	13 875	0.0	0.0	165.0	193.5	0.0	0.0	0.0	31.3
	3	20 389	18 176	0.0	0.0	159.6	48.4	0.0	0.0	0.0	5.3
	4	12 848	12 799	0.0	0.0	238.4	35.7	0.0	0.0	0.0	0.0
	5	20 915	23 965	0.0	7.8	262.4	0.0	0.0	0.0	28.9	0.0
	6	13 290	15 115	0.0	16.4	83.6	26.4	0.0	0.0	0.0	5.0
	7	18 206	23 224	0.0	7.0	112.9	7.8	0.0	0.0	0.0	0.0
	8	20 669	24 394	0.0	7.0	114.7	14.5	0.0	0.0	0.0	0.0
	9	25 377	21 378	0.0	0.0	112.9	275.3	0.0	0.0	0.0	11.8
	10	20 956	22 394	0.0	0.0	78.5	0.0	0.0	0.0	0.0	6.2
	11	19 249	20 755	0.0	0.0	146.6	0.0	0.0	0.0	18.9	0.0
	12	18 224	21 244	0.0	32.0	320.1	49.2	0.0	0.0	65.4	0.0
2014	1	13 638	22 086	188.0	0.0	407.0	8.0	0.0	0.0	0.9	9.6
	2	17 933	25 884	36.0	0.0	137.0	39.0	0.0	0.0	0.0	1.5
	3	18 671	23 472	0.0	0.0	339.0	13.0	0.0	0.0	0.0	2.3
	4	16 853	17 957	0.0	0.0	619.4	0.0	0.0	0.0	0.0	0.0
	5	12 039	15 436	0.0	3.7	239.7	30.7	0.0	0.0	12.2	5.5
	6	13 179	19 091	16.9	0.0	125.7	11.1	0.0	0.0	8.2	0.0
	7	23 967	29 283	46.2	0.0	266.8	18.7	0.0	0.0	2.5	4.0
	8	27 940	32 778	35.1	0.0	230.5	2.5	0.0	0.0	0.0	0.0
	9	35 594	40 811	69.1	0.0	542.7	0.0	0.0	0.0	0.0	1.6
	10	31 336	33 685	54.3	0.0	248.6	7.4	0.0	0.0	2.5	65.3
	11	48 934	39 858	29.4	0.0	341.9	7.8	0.0	0.0	0.3	4.1
	12	115 066	65 887	194.0	0.0	533.6	0.0	0.0	0.0	102.1	118.9
2015	1	78 409	49 140	122.0	0.0	402.7	1.4	0.0	0.0	0.6	0.0
	2	41 414	34 494	132.0	0.0	450.4	5.9	0.0	0.0	0.0	0.0
	3	112 932	95 421	227.6	0.0	562.2	0.0	0.0	0.0	9.9	0.0

月末加权平均市盈率
Weighted average price-earnings ratio at month-end

年/月 Year/Month	上海证券交易所A股 A-shares on the Shanghai stock exchange	上海证券交易所B股 B-shares on the Shanghai stock exchange	深圳证券交易所A股 A-shares on the Shenzhen stock exchange	深圳证券交易所B股 B-shares on the Shenzhen stock exchange
2013.04	11.9	13.7	24.1	13.9
2013.05	11.8	12.3	27.5	14.9
2013.06	10.2	11.2	23.5	13.1
2013.07	10.3	11.1	24.9	13.0
2013.08	10.8	11.3	26.3	13.6
2013.09	11.2	11.7	27.8	13.8
2013.10	11.1	11.5	26.9	13.8
2013.11	11.5	11.7	28.7	14.7
2013.12	11.0	11.6	28.0	14.5
2014.01	10.6	11.3	28.7	14.0
2014.02	10.7	10.4	28.9	13.7
2014.03	10.7	10.3	25.6	9.6
2014.04	10.7	10.4	24.5	8.5
2014.05	9.8	12.0	25.2	8.1
2014.06	9.8	11.9	26.2	8.7
2014.07	10.6	12.8	27.7	9.5
2014.08	10.7	13.6	28.9	9.6
2014.09	11.5	14.4	32.0	10.0
2014.10	11.8	14.1	32.5	10.0
2014.11	13.1	15.0	34.4	10.1
2014.12	16.0	15.8	34.6	10.5
2015.01	15.9	15.7	37.4	10.9
2015.02	16.6	16.0	39.9	11.3
2015.03	19.0	16.8	45.9	13.6

股票成交金额
Turnover of stock trading

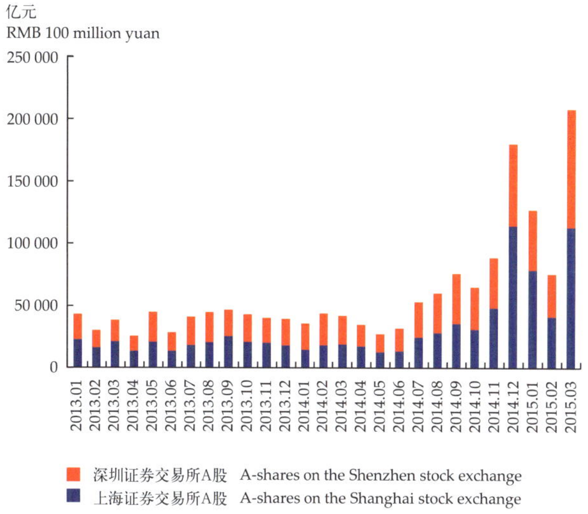

月末加权平均市盈率
Weighted average price-earnings ratio at month-end

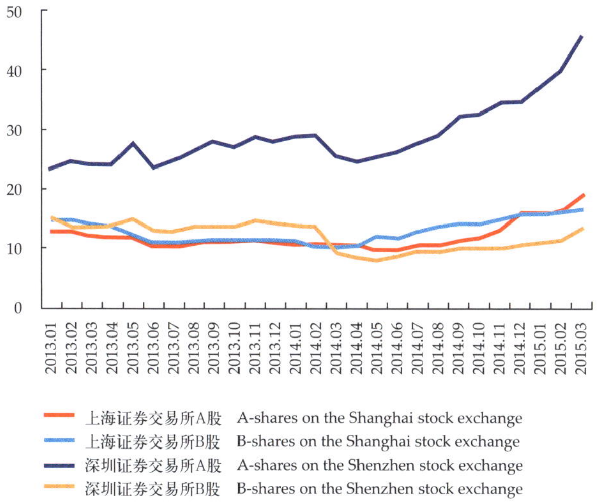

月末收盘指数
Closing index at month-end

4.票据市场
(4) Commercial paper market

票据市场交易额与期末余额
Transactions and outstanding balance of commercial paper market

单位：亿元
Unit: RMB 100 million yuan

年/月 Year/Month	商业汇票 Drafts	贴现 Discount bills	再贴现 Rediscount bills
	发生额 Transactions during the period		
2013.04	16 417	35 659	272
2013.05	18 754	55 447	261
2013.06	17 444	37 239	319
2013.07	10 751	44 562	281
2013.08	16 395	31 899	242
2013.09	17 857	46 205	34
2013.10	17 727	35 687	494
2013.11	15 719	43 037	308
2013.12	17 301	31 655	403
2014.01	21 998	34 951	286
2014.02	12 832	28 495	207
2014.03	21 947	44 792	273
2014.04	16 796	44 197	274
2014.05	18 350	53 959	319
2014.06	17 653	50 041	347
2014.07	17 905	54 236	312
2014.08	15 351	49 393	323
2014.09	19 622	65 083	372
2014.10	18 079	46 418	293
2014.11	19 289	75 034	359
2014.12	20 927	60 691	493
2015.01	20 045	64 402	151
2015.02	13 940	49 590	391
2015.03	20 047	78 286	404
	期末余额 Outstanding balance at the end of the period		
2013.04	94 127	23 207	865
2013.05	94 428	24 045	935
2013.06	91 557	23 283	1 034
2013.07	88 653	22 245	1 028
2013.08	95 874	22 118	1 047
2013.09	89 381	20 594	1 016
2013.10	88 632	19 887	1 007
2013.11	89 487	20 078	1 004
2013.12	90 371	19 594	1 136
2014.01	94 162	17 353	1 115
2014.02	92 671	18 432	1 072
2014.03	94 870	18 840	1 054
2014.04	96 551	19 696	1 036
2014.05	98 782	21 239	1 031
2014.06	102 013	22 028	1 120
2014.07	98 214	23 754	1 154
2014.08	97 437	26 100	1 229
2014.09	97 232	27 000	1 257
2014.10	98 099	28 149	1 259
2014.11	99 979	30 572	1 266
2014.12	98 782	29 169	1 372
2015.01	101 753	30 088	2 144
2015.02	102 240	30 488	1 263
2015.03	101 740	30 769	1 322

商业汇票交易情况
Draft transactions

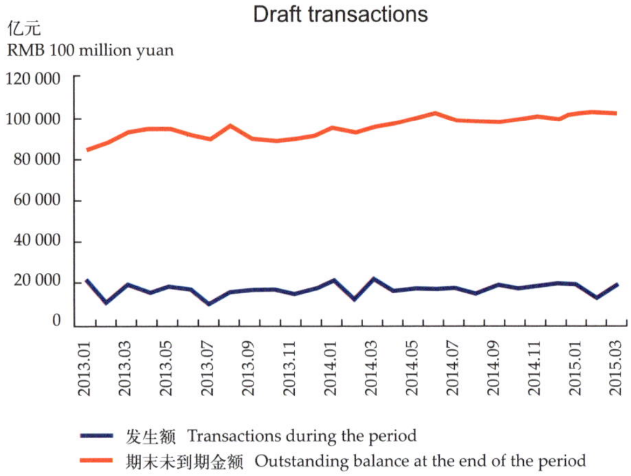

贴现情况
Discount bills

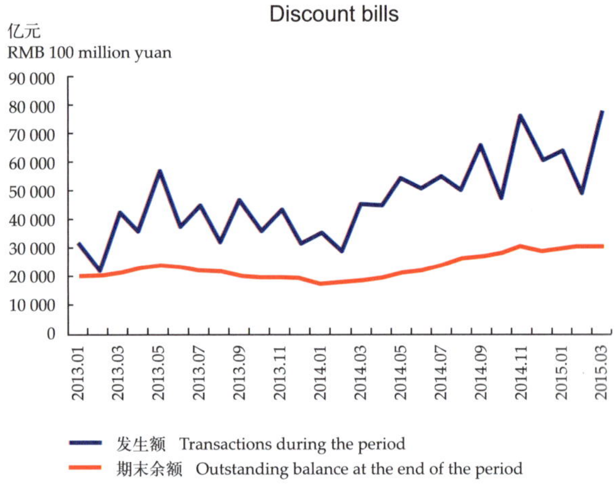

再贴现情况
Rediscount bills

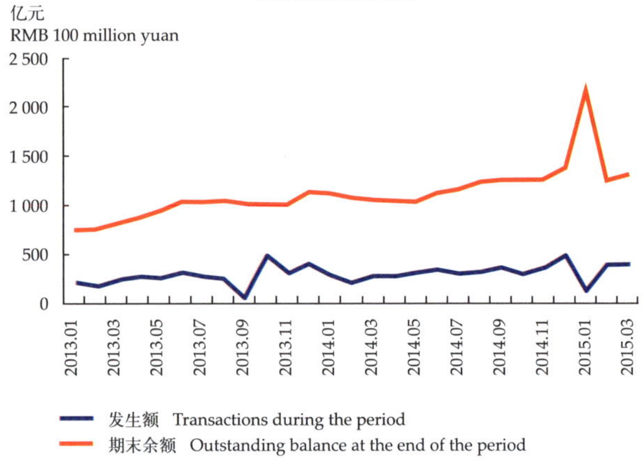

5.外汇市场
(5) Foreign exchange market

世界主要货币兑人民币月平均汇率
Monthly average exchange rate of the RMB against major foreign currencies

年/月 Year/Month	人民币/美元 RMB/USD	人民币/欧元 RMB/EUR	人民币/100日元 RMB/100JPY	人民币/港元 RMB/HKD	卢布/人民币 RUB/RMB
2013.04	6.2471	8.1325	6.3673	0.8047	5.0441
2013.05	6.1970	8.0402	6.1261	0.7984	5.0870
2013.06	6.1718	8.1382	6.3292	0.7953	5.2555
2013.07	6.1725	8.0758	6.1831	0.7958	5.3346
2013.08	6.1708	8.2204	6.2977	0.7957	5.3765
2013.09	6.1588	8.2087	6.1972	0.7942	5.3252
2013.10	6.1393	8.3824	6.2606	0.7918	5.2426
2013.11	6.1372	8.2808	6.1333	0.7917	5.3589
2013.12	6.1160	8.3757	5.8995	0.7888	5.4018
2014.01	6.1043	8.3179	5.8544	0.7869	5.5453
2014.02	6.1128	8.3675	5.9641	0.7880	5.7944
2014.03	6.1358	8.4826	6.0057	0.7905	5.8710
2014.04	6.1553	8.5001	6.0202	0.7938	5.7451
2014.05	6.1636	8.4637	6.0726	0.7951	5.5940
2014.06	6.1557	8.3687	6.0467	0.7941	5.5387
2014.07	6.1569	8.3425	6.0652	0.7944	5.6037
2014.08	6.1606	8.2062	5.9850	0.7949	5.8566
2014.09	6.1528	7.9466	5.7381	0.7937	6.1733
2014.10	6.1441	7.7992	5.7079	0.7921	6.7042
2014.11	6.1432	7.6599	5.2882	0.7922	7.5037
2014.12	6.1238	7.5621	5.1436	0.7897	9.1139
2015.01	6.1272	7.1357	5.1975	0.7903	10.3771
2015.02	6.1339	6.9877	5.2033	0.7910	10.4967
2015.03	6.1507	6.6871	5.1284	0.7928	9.7030

世界主要货币兑人民币期末汇率
Exchange rate of the RMB against major foreign currencies at the end of the period

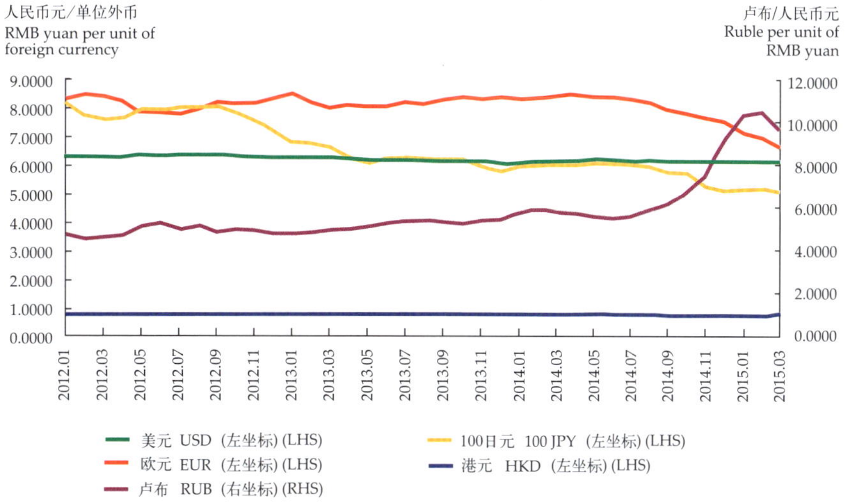

人民币/美元中间价
Central parity of the RMB against the USD
2005年7月21日至2015年3月31日
From July 21, 2005 to March 31, 2015

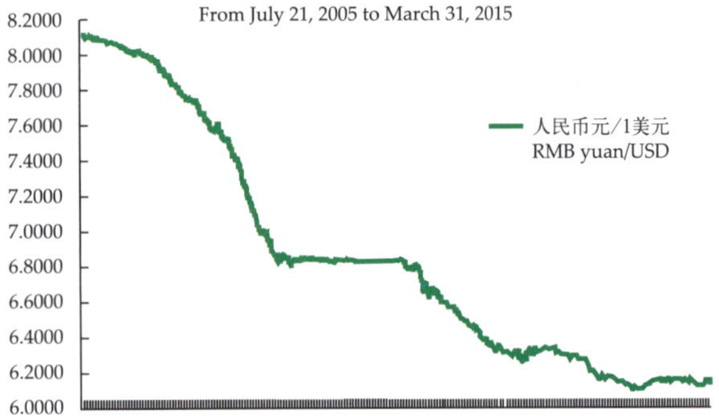

人民币/日元中间价
Central parity of the RMB against the JPY
2005年7月21日至2015年3月31日
From July 21, 2005 to March 31, 2015

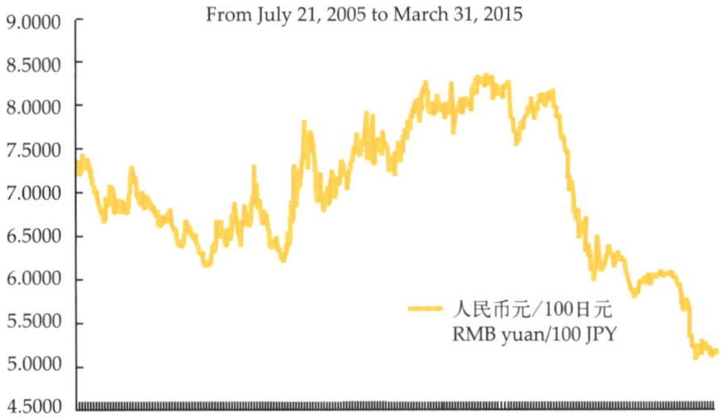

人民币/欧元中间价
Central parity of the RMB against the EUR
2005年7月21日至2015年3月31日
From July 21, 2005 to March 31, 2015

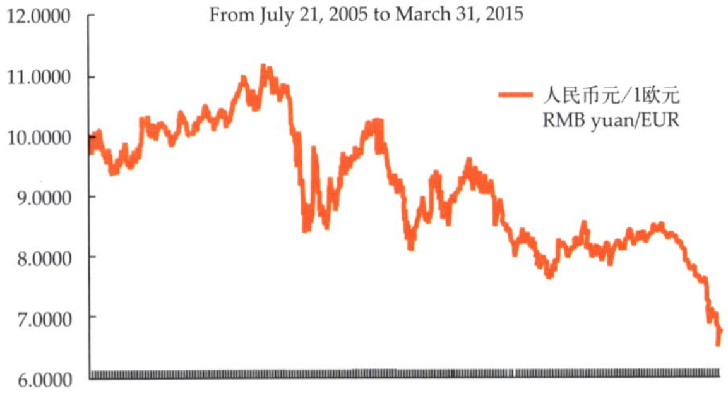

人民币/港元中间价
Central parity of the RMB against the HKD
2005年7月21日至2015年3月31日
From July 21, 2005 to March 31, 2015

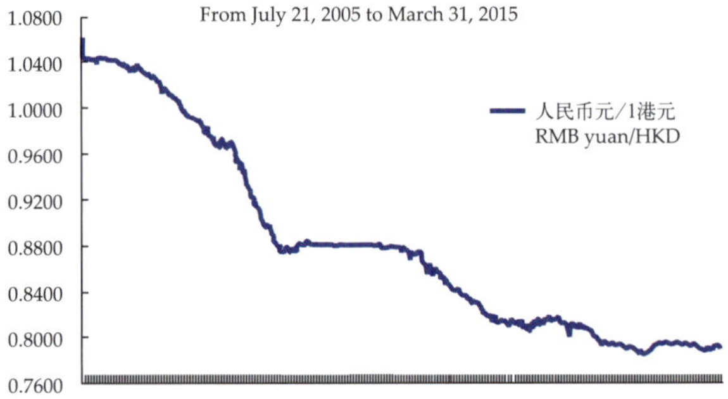

卢布/人民币中间价
Central parity of the RUB against the RMB
2010年11月22日至2015年3月31日
From November 22, 2010 to March 31, 2015

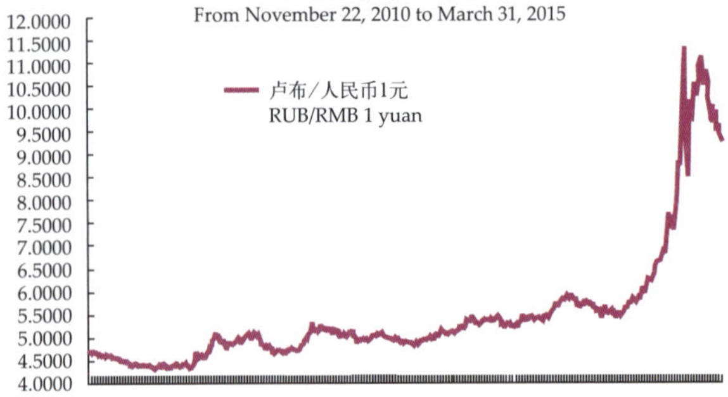

2015年1月5日以来人民币汇率中间价

Central parity of RMB against major foreign currencies
Since January 5, 2015

日期 Date	人民币/美元 RMB/USD	人民币/欧元 RMB/EUR	人民币/100日元 RMB/100JPY	人民币/港元 RMB/HKD	卢布/人民币 RUB/RMB
2015-01-05	6.1248	7.3461	5.1160	0.7897	9.5292
2015-01-06	6.1256	7.3303	5.1484	0.7899	9.7704
2015-01-07	6.1269	7.2885	5.1762	0.7901	10.2056
2015-01-08	6.1302	7.2718	5.1511	0.7905	10.1553
2015-01-09	6.1296	7.2477	5.1343	0.7904	9.6822
2015-01-12	6.1233	7.2796	5.1937	0.7898	9.9204
2015-01-13	6.1195	7.2573	5.1977	0.7893	10.2106
2015-01-14	6.1205	7.2220	5.2164	0.7894	10.5544
2015-01-15	6.1193	7.2225	5.2234	0.7892	10.4395
2015-01-16	6.1188	7.1244	5.2775	0.7893	10.3911
2015-01-19	6.1230	7.0910	5.2256	0.7900	10.5383
2015-01-20	6.1226	7.1143	5.2147	0.7898	10.4812
2015-01-21	6.1268	7.1391	5.1800	0.7903	10.5150
2015-01-22	6.1247	7.1204	5.2052	0.7901	10.5410
2015-01-23	6.1342	6.9795	5.1899	0.7912	10.4808
2015-01-26	6.1384	6.8744	5.2361	0.7918	10.2819
2015-01-27	6.1364	6.9146	5.1983	0.7915	11.0029
2015-01-28	6.1282	6.9803	5.2218	0.7905	10.8888
2015-01-29	6.1335	6.9426	5.2329	0.7912	10.9005
2015-01-30	6.1370	6.9678	5.2100	0.7917	11.0519
2015-02-02	6.1385	6.9626	5.2544	0.7918	11.1397
2015-02-03	6.1369	6.9832	5.2485	0.7915	10.9693
2015-02-04	6.1318	7.0489	5.2298	0.7908	10.4490
2015-02-05	6.1366	6.9748	5.2546	0.7916	10.9145
2015-02-06	6.1261	7.0531	5.2469	0.7902	10.6484
2015-02-09	6.1311	6.9637	5.1838	0.7909	10.6653
2015-02-10	6.1295	6.9698	5.1929	0.7906	10.5867
2015-02-11	6.1315	6.9612	5.1582	0.7908	10.5889
2015-02-12	6.1333	6.9580	5.1238	0.7909	10.5903
2015-02-13	6.1288	7.0059	5.1729	0.7904	10.5499
2015-02-16	6.1273	7.0189	5.1962	0.7901	10.2282
2015-02-25	6.1384	6.9960	5.1968	0.7914	10.1526
2015-02-26	6.1379	7.0041	5.1948	0.7914	9.9028
2015-02-27	6.1475	6.9256	5.1839	0.7927	9.8635
2015-03-02	6.1513	6.8907	5.1577	0.7933	9.9246
2015-03-03	6.1543	6.9014	5.1437	0.7936	10.0718
2015-03-04	6.1525	6.8990	5.1646	0.7933	9.9618
2015-03-05	6.1528	6.8427	5.1678	0.7934	9.9341
2015-03-06	6.1533	6.8061	5.1456	0.7934	9.7965
2015-03-09	6.1563	6.7012	5.1248	0.7936	9.7023
2015-03-10	6.1572	6.6880	5.0911	0.7935	9.7378
2015-03-11	6.1597	6.6101	5.1055	0.7938	9.9025
2015-03-12	6.1617	6.5186	5.0942	0.7934	9.8789
2015-03-13	6.1588	6.5549	5.0930	0.7931	9.8158
2015-03-16	6.1615	6.4852	5.0987	0.7935	10.0554
2015-03-17	6.1585	6.5201	5.0907	0.7932	10.0054
2015-03-18	6.1556	6.5395	5.0907	0.7930	9.8794
2015-03-19	6.1460	6.6925	5.1338	0.7923	9.5324
2015-03-20	6.1496	6.5718	5.1078	0.7926	9.6899
2015-03-23	6.1448	6.6499	5.1288	0.7922	9.5856
2015-03-24	6.1398	6.7296	5.1361	0.7916	9.4991
2015-03-25	6.1410	6.7163	5.1398	0.7918	9.3173
2015-03-26	6.1375	6.7467	5.1523	0.7914	9.2584
2015-03-27	6.1397	6.6971	5.1670	0.7918	9.2524
2015-03-30	6.1402	6.6890	5.1649	0.7919	9.3547
2015-03-31	6.1422	6.6648	5.1272	0.7921	9.3089

九、中央银行公开市场业务
9. Central Bank Open Market Operations

中央银行公开市场业务交易
Central bank open market operations

日期 Date		操作工具 Mode of transaction	招标方式 Mode of bidding	期限品种(天) Maturity (Day)	招标数量(亿元) Bidding amount (RMB 100 million yuan)	操作量/买入面额(亿元) Transaction volume/ Purchasing face value (RMB 100 million yuan)	发行价格(元)/买入金额(亿元) Issue price (RMB yuan)/ purchasing amount (RMB 100 million yuan)	中标利率/参考收益率(%) Interest rate of successful bidding/ reference yield (%)
2015.01.22	周四 Thursday	逆回购 Repurchase	利率招标 Interest rate bidding	7天 7-day	500	500	—	3.85
2015.01.27	周二 Tuesday	逆回购 Repurchase	利率招标 Interest rate bidding	7天 7-day	300	300	—	3.85
2015.01.27	周二 Tuesday	逆回购 Repurchase	利率招标 Interest rate bidding	28天 28-day	300	300	—	4.80
2015.01.29	周四 Thursday	逆回购 Repurchase	利率招标 Interest rate bidding	28天 28-day	450	450	—	4.80
2015.02.03	周二 Tuesday	逆回购 Repurchase	利率招标 Interest rate bidding	7天 7-day	350	350	—	3.85
2015.02.03	周二 Tuesday	逆回购 Repurchase	利率招标 Interest rate bidding	28天 28-day	550	550	—	4.80
2015.02.05	周四 Thursday	逆回购 Repurchase	利率招标 Interest rate bidding	28天 28-day	300	300	—	4.80
2015.02.10	周二 Tuesday	逆回购 Repurchase	利率招标 Interest rate bidding	14天 14-day	250	250	—	4.10
2015.02.10	周二 Tuesday	逆回购 Repurchase	利率招标 Interest rate bidding	21天 21-day	550	550	—	4.40
2015.02.12	周四 Thursday	逆回购 Repurchase	利率招标 Interest rate bidding	14天 14-day	800	800	—	4.10
2015.02.12	周四 Thursday	逆回购 Repurchase	利率招标 Interest rate bidding	21天 21-day	800	800	—	4.40
2015.02.26	周四 Thursday	逆回购 Repurchase	利率招标 Interest rate bidding	14天 14-day	380	380	—	4.10
2015.03.03	周二 Tuesday	逆回购 Repurchase	利率招标 Interest rate bidding	7天 7-day	350	350	—	3.75
2015.03.05	周四 Thursday	逆回购 Repurchase	利率招标 Interest rate bidding	7天 7-day	400	400	—	3.75
2015.03.10	周二 Tuesday	逆回购 Repurchase	利率招标 Interest rate bidding	7天 7-day	350	350	—	3.75
2015.03.12	周四 Thursday	逆回购 Repurchase	利率招标 Interest rate bidding	7天 7-day	250	250	—	3.75

中央银行公开市场业务交易
Central bank open market operations

续表

日期 Date		操作工具 Mode of transaction	招标方式 Mode of bidding	期限品种(天) Maturity (Day)	招标数量(亿元) Bidding amount (RMB 100 million yuan)	操作量/买入面额(亿元) Transaction volume/ Purchasing face value (RMB 100 million yuan)	发行价格(元)/买入金额(亿元) Issue price (RMB yuan)/ purchasing amount (RMB 100 million yuan)	中标利率/参考收益率(%) Interest rate of successful bidding/ reference yield (%)
2015.03.17	周二 Tuesday	逆回购 Repurchase	利率招标 Interest rate bidding	7天 7-day	200	200	—	3.65
2015.03.19	周四 Thursday	逆回购 Repurchase	利率招标 Interest rate bidding	7天 7-day	150	150	—	3.65
2015.03.24	周二 Tuesday	逆回购 Repurchase	利率招标 Interest rate bidding	7天 7-day	200	200	—	3.55
2015.03.26	周四 Thursday	逆回购 Repurchase	利率招标 Interest rate bidding	7天 7-day	250	250	—	3.55
2015.03.31	周二 Tuesday	逆回购 Repurchase	利率招标 Interest rate bidding	7天 7-day	250	250	—	3.55

附录四 世界主要经济体经济和金融指标

Appendix 4 Economic and Financial Indicators of Major Economies

一、经济增长率

1. Economic Growth Rate

世界经济增长率

World economic growth rate

单位：% Unit: %

		2012	2013	2014	2015年1月预计 Projection in January, 2015		2015年4月预计 Projection in April, 2015	
					2015	2016	2015	2016
国际货币基金组织 IMF	按购买力平价方法计算的实际GDP增长率 Real GDP growth rate based on PPP	3.4	3.4	3.4	3.5	3.7	3.5	3.8
	按市场汇率法计算的实际GDP增长率 Real GDP growth rate based on market exchange rate	2.4	2.5	2.6	3.0	3.2	2.9	3.2
世界银行 World Bank	按2005年不变价及市场汇率法计算的实际GDP增长率 Real GDP growth rate based on 2005 constant price and market exchange rate	2.4	2.5	2.6	3.0	3.3	—	—

数据来源：国际货币基金组织《世界经济展望》（2015年4月），世界银行《全球经济展望》（2015年1月）。

Source : *World Economic Outlook*, IMF, April, 2015; *Global Economic Prospects Forecast*, The World Bank, January, 2015.

世界经济增长率

World economic growth rate

单位：% Unit: %

年 Year	国际货币基金组织按购买力平价方法计算的实际GDP增长率 Real GDP growth rate based on PPP (IMF)	国际货币基金组织按市场汇率法计算的实际GDP增长率 Real GDP growth rate based on market exchange rate (IMF)
1985	3.6	3.6
1986	3.5	3.3
1987	3.7	3.5
1988	4.5	4.5
1989	3.7	3.7
1990	2.9	2.8
1991	1.5	1.0
1992	2.0	1.2
1993	2.0	1.2
1994	3.4	3.0
1995	3.3	2.9
1996	3.7	3.2
1997	4.0	3.5
1998	2.5	2.1
1999	3.5	3.1
2000	4.7	4.1
2001	2.2	1.5
2002	2.8	1.9
2003	3.6	2.6
2004	4.9	4.0
2005	4.4	3.4
2006	5.1	3.9
2007	5.2	3.7
2008	3.0	1.8
2009	-0.7	-2.3
2010	5.1	4.1
2011	3.9	2.9
2012	3.4	2.4
2013	3.4	2.5
2014	3.4	2.6
2015*	3.5	2.9
2016*	3.8	3.2

注：*为预测数。

Note: * Projection.

世界经济增长

World economic growth

国际货币基金组织按购买力平价方法计算的实际GDP增长率 Real GDP growth rate based on PPP (IMF)

国际货币基金组织按市场汇率法计算的实际GDP增长率 Real GDP growth rate based on market exchange rate (IMF)

注：*为预测数。

Note: * Projection.

GDP年度增长率
Annual growth rate of GDP

单位：% Unit: %

年 Year	美国 U.S.	日本 Japan	欧元区 Euro Area	英国 U.K.
2002	1.6	0.3	0.9	2.1
2003	2.5	1.4	0.8	2.8
2004	3.6	2.7	2.1	3.3
2005	2.9	1.9	1.6	1.8
2006	2.8	2.4	2.8	2.8
2007	2.1	2.3	2.7	2.6
2008	0.0	-1.2	0.5	-0.1
2009	-3.5	-6.3	-4.3	-4.9
2010	2.4	4.5	2.0	1.8
2011	1.8	-0.6	1.5	1.1
2012	2.3	1.5	-0.7	0.3
2013	2.2	1.6	-0.5	1.7
2014	2.4	-0.1	0.9	2.6
2015*	3.1	1.0	1.5	2.7
2016*	3.1	1.2	1.6	2.3

注：＊为预测数。
Note:＊Projection.

GDP季度同比增长率
Year-on-year growth rate of GDP

单位：% Unit: %

年/季 Year/Quarter	美国 U.S.	日本 Japan	欧元区 Euro Area	英国 U.K.
2011Q2	2.9	-1.5	1.7	1.4
2011Q3	0.8	-0.5	1.3	1.5
2011Q4	4.6	0.1	0.7	1.5
2012Q1	2.3	3.5	0.0	1.0
2012Q2	1.6	3.5	-0.4	0.6
2012Q3	2.5	0.2	-0.6	0.7
2012Q4	0.1	0.0	-0.9	0.4
2013Q1	2.7	0.4	-1.0	0.9
2013Q2	1.8	1.4	-0.6	1.7
2013Q3	4.5	2.2	-0.3	1.6
2013Q4	3.5	2.3	0.5	2.4
2014Q1	-2.1	2.4	0.9	2.7
2014Q2	4.6	-0.4	0.8	2.9
2014Q3	5.0	-1.4	0.8	2.8
2014Q4	2.2	-1.0	0.9	3.0
2015Q1	-0.2	-0.9	1.0	2.4

GDP年度增长率
Annual growth rate of GDP

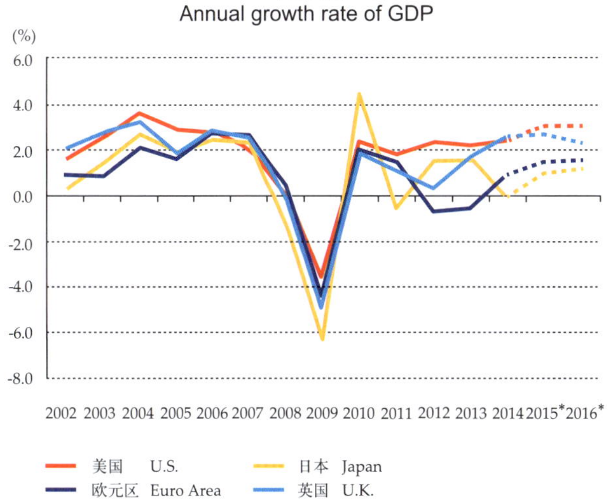

注：＊为预测数。
Note: ＊Projection.
数据来源：国际货币基金组织《世界经济展望》(2015年4月)。
Source: *World Economic Outlook*, IMF, April, 2015.

GDP季度同比增长率
Year-on-year growth rate of GDP

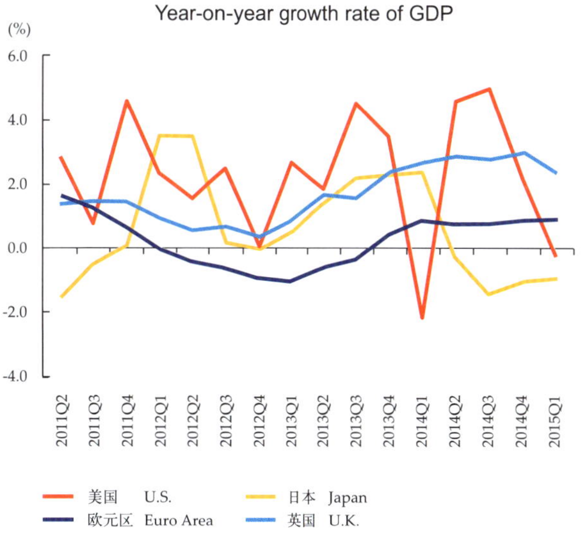

注：美国GDP增长率为环比折年率季节调整后的数据，折年率方法为 $[(GDP_1/GDP_0)^4-1]x100$。
Note: The U.S. GDP growth rate is an annualized rate after a seasonal adjustment. It can be written as $[(GDP_1/GDP_0)^4-1]x100$.
数据来源：各经济体官方统计网站。
Source: Official Statistical Websites of the Economies.

二、消费价格指数
2. CPI

消费价格当月同比指数
Monthly CPI (YOY)

单位：% Unit: %

年/月 Year/Month	美国 U.S.	日本 Japan	欧元区 Euro Area	英国 U.K.
2014.01	1.6	1.4	0.8	1.9
2014.02	1.1	1.5	0.7	1.7
2014.03	1.5	1.6	0.5	1.6
2014.04	2.0	3.4	0.7	1.8
2014.05	2.1	3.7	0.5	1.5
2014.06	2.0	3.6	0.5	1.9
2014.07	2.0	3.4	0.4	1.6
2014.08	1.7	3.3	0.4	1.5
2014.09	1.6	3.2	0.3	1.2
2014.10	1.6	2.9	0.4	1.3
2014.11	1.3	2.4	0.3	1.0
2014.12	0.7	2.4	-0.2	0.5
2015.01	-0.2	2.4	-0.6	0.3
2015.02	-0.1	2.2	-0.3	0.0
2015.03	0.0	2.3	-0.1	0.0

数据来源：各经济体官方统计网站。
Source: Official Statistical Websites of the Economies.

消费价格当月同比指数
Monthly CPI (YOY)

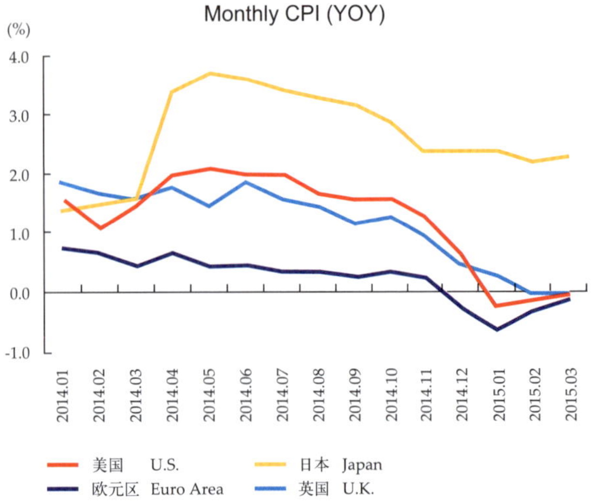

数据来源：各经济体官方统计网站。
Source: Official Statistical Websites of the Economies.

三、失业率
3. Unemployment Rate

失业率（季节调整后）
Unemployment rate
(after seasonal adjustment)

单位：% Unit: %

年/月 Year/Month	美国 U.S.	日本 Japan	欧元区 Euro Area	英国 U.K.
2014.01	6.6	3.7	11.8	6.8
2014.02	6.7	3.6	11.8	6.8
2014.03	6.7	3.6	11.8	6.8
2014.04	6.3	3.6	11.7	6.4
2014.05	6.3	3.5	11.6	6.2
2014.06	6.1	3.7	11.6	6.2
2014.07	6.2	3.8	11.6	6.2
2014.08	6.1	3.5	11.5	6.0
2014.09	5.9	3.6	11.5	6.0
2014.10	5.7	3.5	11.5	6.0
2014.11	5.8	3.5	11.5	5.7
2014.12	5.6	3.4	11.4	5.7
2015.01	5.7	3.6	11.3	5.7
2015.02	5.5	3.5	11.2	5.5
2015.03	5.5	3.4	11.2	5.5

数据来源：各经济体官方统计网站。
Source: Official Statistical Websites of the Economies.

失业率（季节调整后）
Unemployment rate
(after seasonal adjustment)

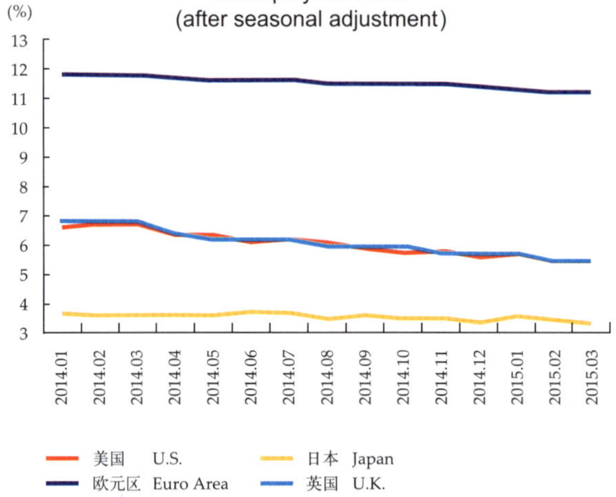

数据来源：各经济体官方统计网站。
Source: Official Statistical Websites of the Economies.

四、国际收支①
4. BOP [1]

经常项目差额
Current account balance

单位：10亿美元
Unit: USD billion

年/季 Year/Quarter	美国 U.S.	日本 Japan	欧元区 Euro Area	英国 U.K.
2010Q1	-90.73	59.29	-17.28	-16.98
2010Q2	-117.66	46.68	-5.46	-15.28
2010Q3	-133.40	62.62	9.62	-22.99
2010Q4	-102.15	48.96	25.35	-19.98
2011Q1	-96.91	51.74	-23.33	-7.70
2011Q2	-125.17	21.24	-13.06	-1.50
2011Q3	-127.02	42.00	8.79	-18.05
2011Q4	-110.25	11.25	43.57	-5.51
2012Q1	-101.80	25.79	-2.97	-18.18
2012Q2	-126.48	13.13	35.76	-27.63
2012Q3	-129.48	20.04	56.91	-26.70
2012Q4	-102.98	0.13	81.68	-21.76
2013Q1	-81.02	17.15	38.03	-24.32
2013Q2	-113.09	17.51	79.02	-10.84
2013Q3	-118.71	13.66	68.84	-41.55
2013Q4	-87.43	-14.26	119.52	-37.50
2014Q1	-77.08	-7.96	43.32	-25.72
2014Q2	-103.29	3.50	77.27	
2014Q3	-118.75	15.67		
2014Q4	-118.75	15.67		

资本项目差额
Capital account balance

单位：10亿美元
Unit: USD billion

年/季 Year/Quarter	美国 U.S.	日本 Japan	欧元区 Euro Area	英国 U.K.
2010Q1	0.00	-1.34	3.19	1.74
2010Q2	0.00	-0.75	1.56	1.28
2010Q3	-0.15	-1.91	1.69	1.12
2010Q4	-0.01	-0.96	0.85	1.60
2011Q1	-0.03	-2.04	2.77	0.91
2011Q2	-0.85	-0.06	1.31	1.49
2011Q3	-0.30	-0.10	2.70	1.62
2011Q4	0.00	2.69	7.26	1.16
2012Q1	-0.05	0.76	-8.87	1.66
2012Q2	-0.24	0.28	1.46	1.64
2012Q3	-0.47	-1.51	4.17	1.71
2012Q4	7.67	-0.54	10.51	1.65
2013Q1	-0.04	-2.49	2.62	1.58
2013Q2	-0.23	-3.52	7.09	2.47
2013Q3	-0.15	-1.12	5.79	1.91
2013Q4	0.00	-0.54	12.40	2.50
2014Q1	-0.04	-0.55	7.57	1.84
2014Q2	0.00	-0.38	3.75	
2014Q3	0.00	-0.65		
2014Q4	0.00	-0.65		

经常项目差额
Current account balance

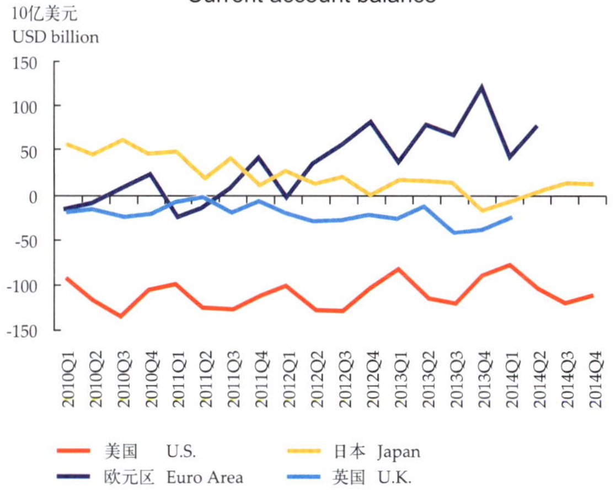

数据来源：国际货币基金组织《国际金融统计》(2015年5月)。
Source: *International Finance Statistics*, IMF, May, 2015.

资本项目差额
Capital account balance

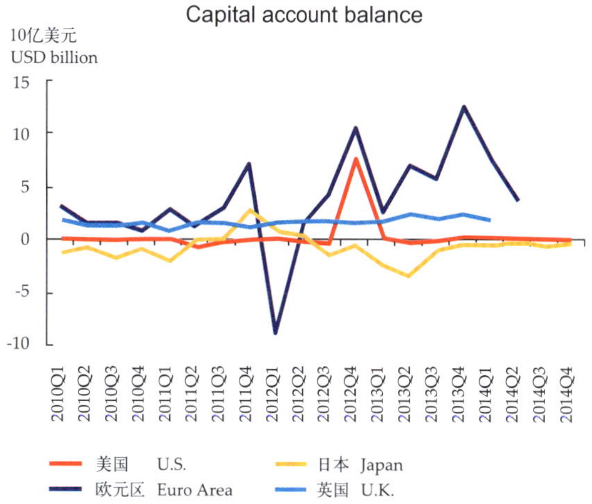

数据来源：国际货币基金组织《国际金融统计》(2015年5月)。
Source: *International Finance Statistics*, IMF, May, 2015.

①国际货币基金组织《国际金融统计》自2012年8月起，将国际收支统计规则由BPM5调整至BPM6。数据从2005年起调整。根据BMP6，金融账户由"贷方和借方"改为"金融资产净获得和负债净产生"，金融账户的总差额为净贷款/净借款。净贷款表示，考虑了金融资产的取得和处置以及负债的发生和偿还后，一个经济体向世界其他地方提供资金。

1. The IMF's *International Financial Statistics* (IFS) is publishing balance of payments data on BPM6 presentational basis instead of BPM5 since the August 2012.The data series stars in 2005. In BPM6, the headings of the financial account have been changed from "credit and debits" to "net acquisition of financial assets" and "net incurrence of liabilities". The overall balance on the financial account is called net lending/net borrowing. Net lending means the economy supplies funds to the rest of the world, taking into account acquisition and disposal of financial assets and incurrence and repayment of liabilities.

金融项目差额
Financial account balance

单位：10亿美元
Unit: USD billion

年/季 Year/Quarter	美国 U.S.	日本 Japan	欧元区 Euro Area	英国 U.K.
2010Q1	-72.25	77.85	-19.77	-13.78
2010Q2	-24.21	37.56	-2.15	-3.70
2010Q3	-230.19	62.09	13.28	-21.76
2010Q4	-112.16	31.73	20.86	-34.42
2011Q1	-202.78	60.62	9.10	0.29
2011Q2	-133.21	9.16	8.94	-13.95
2011Q3	-158.09	6.80	27.75	-0.78
2011Q4	-37.55	-88.22	57.45	-5.71
2012Q1	-242.91	39.69	-14.33	-5.94
2012Q2	-31.11	36.86	29.19	-44.94
2012Q3	7.29	28.32	62.35	-26.40
2012Q4	-161.23	-4.44	136.43	-36.98
2013Q1	-60.18	-4.35	38.10	-16.21
2013Q2	-78.35	-26.88	94.10	-0.76
2013Q3	-68.67	6.41	72.84	-56.31
2013Q4	-160.35	-30.51	140.11	-47.87
2014Q1	-82.99	-19.09	35.05	-19.12
2014Q2	-16.25	20.27	83.28	
2014Q3	-14.44	23.68		
2014Q4	-14.44	23.68		

金融项目差额
Financial account balance

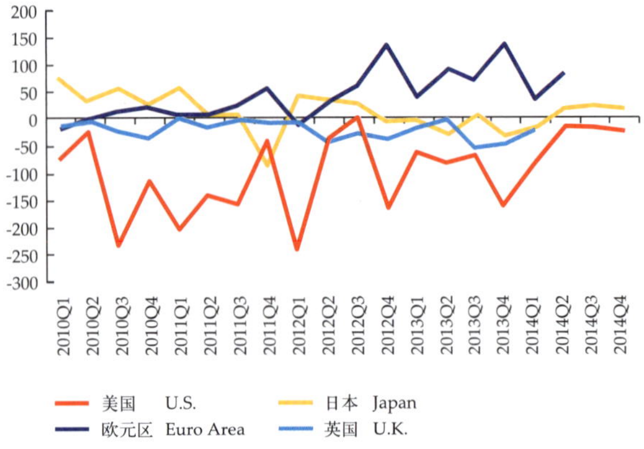

数据来源：国际货币基金组织《国际金融统计》(2015年5月)。
Source: *International Finance Statistics*, IMF, May, 2015.

五、利率
5. Interest Rates

1. 中央银行目标利率
(1) Central bank base rates

中央银行目标利率
Central bank base rates

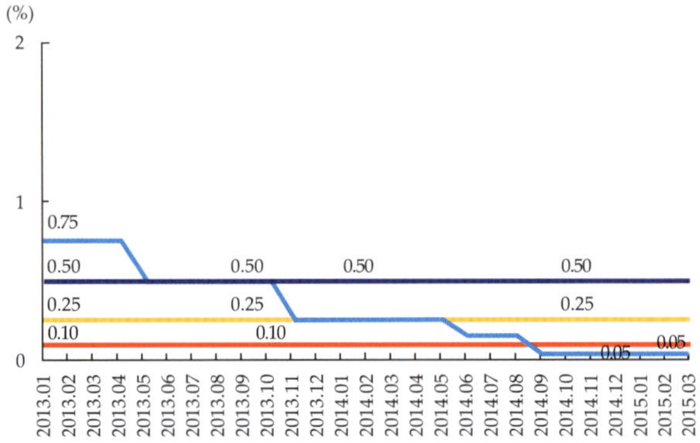

数据来源：各经济体中央银行网站。
Source: Central Bank Websites of the Economies.

2.短期利率
(2) Short-term interest rates

3个月期银行间市场拆借利率（年率，月平均）
3-month inter-bank rate (annualized, monthly average)

单位：% Unit: %

年/月 Year/Month	美元 USD	日元 JPY	欧元 EUR	英镑 GBP
2014.01	0.24	0.14	0.29	0.53
2014.02	0.24	0.14	0.29	0.53
2014.03	0.23	0.14	0.31	0.53
2014.04	0.23	0.14	0.33	0.53
2014.05	0.23	0.14	0.32	0.55
2014.06	0.23	0.13	0.24	0.55
2014.07	0.23	0.13	0.21	0.55
2014.08	0.23	0.13	0.19	0.55
2014.09	0.23	0.12	0.10	0.55
2014.10	0.23	0.11	0.08	0.54
2014.11	0.23	0.11	0.08	0.53
2014.12	0.24	0.11	0.08	0.53
2015.01	0.25	0.10	0.06	0.53
2015.02	0.26	0.10	0.05	0.53
2015.03	0.27	0.10	0.03	0.53

3.长期利率
(3) Long-term interest rates

10年期国债收益率（年率，月平均）
10-year government bond yield (annualized, monthly average)

单位：% Unit: %

年/月 Year/Month	美元 USD	日元 JPY	欧元 EUR	英镑 GBP
2014.01	2.86	0.72	3.21	2.99
2014.02	2.71	0.60	3.09	2.88
2014.03	2.72	0.60	2.89	2.86
2014.04	2.71	0.63	2.61	2.81
2014.05	2.56	0.60	2.55	2.76
2014.06	2.60	0.61	2.28	2.84
2014.07	2.54	0.56	2.16	2.78
2014.08	2.42	0.52	1.99	2.57
2014.09	2.53	0.52	1.85	2.52
2014.10	2.30	0.49	1.69	2.27
2014.11	2.33	0.47	1.62	2.18
2014.12	2.21	0.38	1.45	1.93
2015.01	1.88	0.27	1.27	1.59
2015.02	1.98	0.38	1.21	1.73
2015.03	2.04	0.37	0.96	1.78

3个月期银行间市场拆借利率（年率，月平均）
3-month inter-bank rate
(annualized, monthly average)

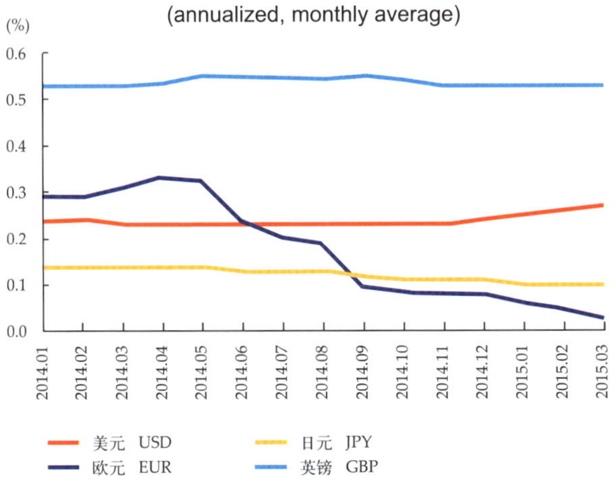

数据来源：《欧洲中央银行经济公报》及CEIC。
Source: *Economic Bulletin of ECB*, CEIC.

10年期国债收益率（年率，月平均）
10-year government bond yield
(annualized, monthly average)

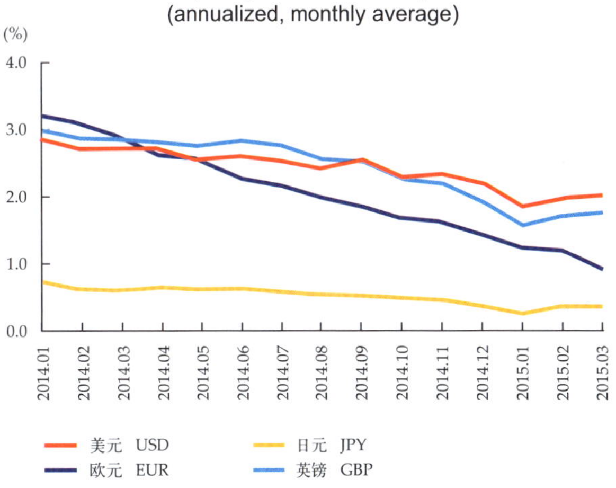

数据来源：CEIC。
Source: CEIC.

六、汇率
6. Exchange Rates

汇率（月平均）
Exchange rates (monthly average)

年/月 Year/Month	美元/欧元 USD/EUR	美元/英镑 USD/GBP	日元/美元 JPY/USD
2014.01	1.3610	1.6474	103.94
2014.02	1.3659	1.6541	102.16
2014.03	1.3823	1.6624	102.27
2014.04	1.3813	1.6738	102.56
2014.05	1.3732	1.6850	101.79
2014.06	1.3592	1.6904	102.05
2014.07	1.3539	1.7072	102.78
2014.08	1.3316	1.6703	102.96
2014.09	1.2901	1.6297	107.24
2014.10	1.2673	1.6066	108.06
2014.11	1.2472	1.5776	116.21
2014.12	1.2331	1.5646	119.31
2015.01	1.1621	1.5137	118.31
2015.02	1.1350	1.5327	118.56
2015.03	1.0838	1.4979	120.39

实际有效汇率（月平均，2010年=100）
Real effective exchange rates (monthly average, year 2010=100)

年/月 Year/Month	美元 USD	欧元 EUR	日元 JPY	英镑 GBP
2013.12	99.4	101.0	75.5	109.6
2014.01	100.4	101.0	75.4	111.3
2014.02	100.4	100.9	76.5	111.5
2014.03	99.9	101.6	76.1	111.3
2014.04	99.4	100.7	76.9	111.9
2014.05	99.3	98.6	77.6	113.6
2014.06	99.3	98.5	77.3	114.4
2014.07	99.4	98.2	76.8	116.0
2014.08	100.0	97.5	77.0	115.1
2014.09	101.7	96.0	74.7	115.1
2014.10	103.2	95.5	74.6	115.1
2014.11	104.9	95.6	70.0	114.7
2014.12	106.7	96.0	68.7	115.4
2015.01	108.9	92.0	70.4	116.7
2015.02	110.2	90.5	70.7	120.3

汇率（月平均）
Exchange rates (monthly average)

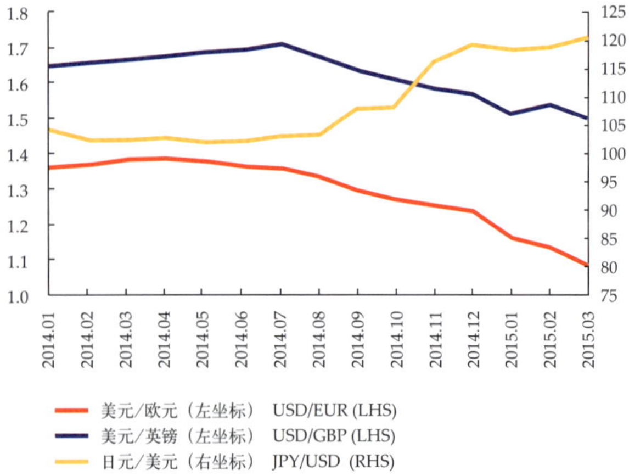

数据来源：国际货币基金组织《国际金融统计》(2015年5月)。
Source: *International Finance Statistics*, IMF, May, 2015.

实际有效汇率（月平均，2010年=100）
Real effective exchange rates (monthly average, year 2010=100)

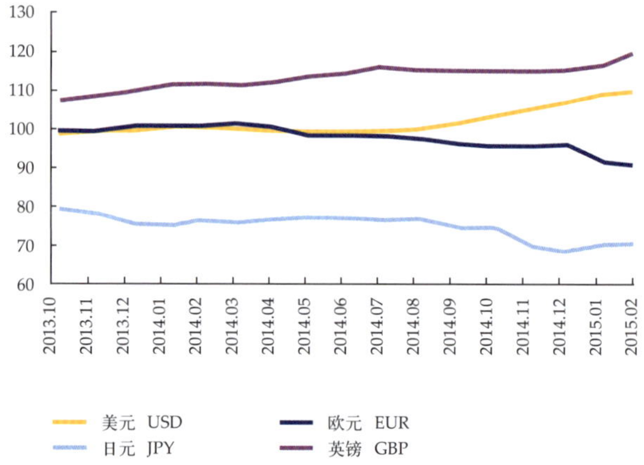

数据来源：国际货币基金组织《国际金融统计》(2015年5月)。
Source: *International Finance Statistics*, IMF, May, 2015.

七、股票市场指数
7. Stock Market Indices

主要股票市场指数（期末）
Major stock market indices (end-period)

年/月 Year/Month	美国道琼斯30种股票平均价格指数 Dow Jones 30	纳斯达克综合指数 NASDAQ	日本日经225种股票平均价格指数 Nikkei 225	道琼斯欧元区STOXX50股票指数 Dow Jones EURO STOXX 50
2014.01	15 699	4 104	14 915	3 014
2014.02	16 322	4 308	14 841	3 149
2014.03	16 458	4 199	14 828	3 162
2014.04	16 581	4 115	14 304	3 198
2014.05	16 717	4 243	14 632	3 245
2014.06	16 827	4 408	15 162	3 228
2014.07	16 563	4 370	15 621	3 115
2014.08	17 098	4 580	15 425	3 173
2014.09	17 043	4 493	16 174	3 226
2014.10	17 391	4 631	16 414	3 113
2014.11	17 828	4 792	17 460	3 251
2014.12	17 823	4 736	17 451	3 146
2015.01	17 165	4 635	17 674	3 351
2015.02	18 133	4 964	18 798	3 599
2015.03	17 776	4 901	19 207	3 697

主要股票市场指数（期末）
Major stock market indices (end-period)

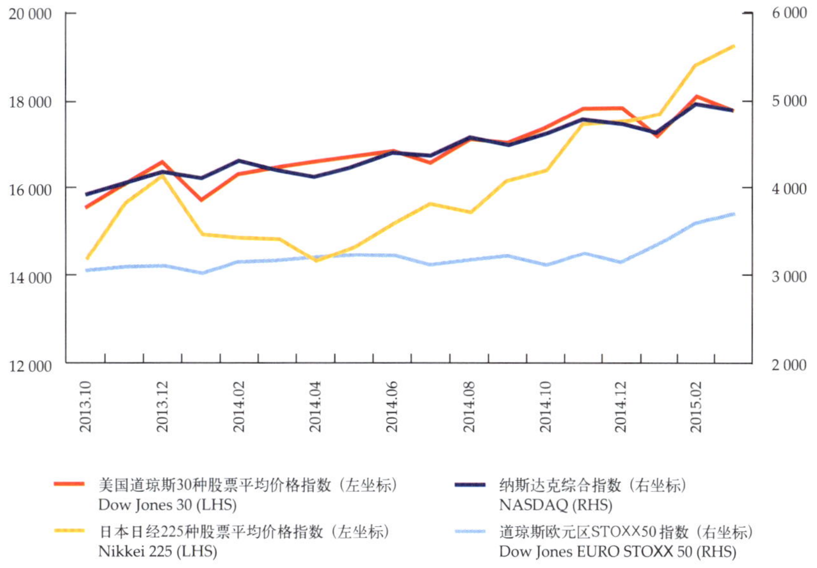